Reiseführer Natur
Südliches Afrika

August Sycholt

Reiseführer Natur
Südliches AFRIKA

Die Deutsche Bibliothek – CIP-Einheitsaufnahme

Reiseführer Natur Südliches Afrika:
August Sycholt.-
München; Wien; Zürich: BLV, 1995
ISBN 3-405-14511-2
NE: Sycholt, August; Südliches Afrika

Umschlagfotos: A. Sycholt (vorn: Elefant;
hinten: Flußpferd, Königsprotea;
großes Foto: Dünen im Namib-Naukluft-Nationalpark)

Foto S. 1: Affenbrotbaum
Foto S. 2/3: Blick vom Blauwberg-Strand auf den
Tafelberg mit Kapstadt

BLV Verlagsgesellschaft mbH
München Wien Zürich
80797 München

Umschlaggestaltung: Julius Negele, München
Karten: Viertaler + Braun, Grafik + DTP, München
Redaktionelle Mitarbeit: Dr. Einhard Bezzel,
Prof. Dr. Josef H. Reichholf
Lektorat: Dr. Friedrich Kögel
Layout: Volker Fehrenbach, München
Herstellung: Hermann Maxant
Satz: Grafisches Büro V. Fehrenbach, München
Reproduktionen: Fotolitho Longo, Bozen
Druck: Appl, Wemding
Bindung: Bückers GmbH, Anzing
Gedruckt auf chlorfrei gebleichtem Papier

Printed in Germany · ISBN 3-405-14511-2

Inhalt

Einführung

Essays

Hauptreiseziele

Nebenreiseziele

Reiseplanung

Anhang

Zum Geleit

Reiseführer Natur — eine Chance für den sanften Tourismus?

Dem Massentourismus ist sehr viel Natur zum Opfer gefallen. Der Versuch, der Unwirtlichkeit der Städte und der Industriegesellschaft in eine »intakte Natur« für die kostbarsten Wochen des Jahres zu entfliehen, mißlang gründlich. Denn der Ruhe, Entspannung und Naturgenuß suchende Mensch wurde im Touristikboom schnell wieder in die Massen einbezogen und beinahe zu einer »Ware« degradiert. Der zähe Brei des Massentourismus wälzte sich, da er fortlaufend seine eigenen Existenzgrundlagen zerstört, immer weiter hinaus bis in die letzten Winkel der Erde. Mit größter Sorge betrachteten Naturschützer in aller Welt diese Entwicklung und versuchten – vergeblich – sich dagegenzustemmen. Sie waren und sind machtlos gegen die Flut, die über sie und die wenigen geschützten Gebiete hereinbrach. Die Naturschützer hatten so gut wie keine Chancen, die Natur vor dem Massenansturm zu bewahren.

So wurde denn der Tourismus in Bausch und Bogen als nicht natur- und umweltverträglich verdammt und gebrandmarkt. Nicht ganz zu Recht, wie man bei objektiver Betrachtung der Sachlage zugeben muß. Denn nicht wenige der wichtigen, ja unersetzlichen Naturreservate der Welt konnten gerade wegen des Tourismus gesichert werden, der Staaten wie Tansania mit der weltberühmten Serengeti und Ecuador mit seinen Galápagos-Inseln mehr harte Währung einbrachte, als eine Umwidmung der geschützten Flächen zu anderen Formen der Nutzung. Durch geschickte und gezielte Lenkung des Besucherstromes ist es möglich, die Schäden gering zu halten, aber großen Nutzen einzubringen. Viele Beispiele gibt es hierfür. In Amerika, in Afrika und in Südostasien gelingt es offenbar weitaus besser, Naturreservate zu erhalten als hierzulande in Mitteleuropa, wo Naturschutzgebiete fast automatisch zu Sperrgebieten für Naturfreunde gemacht werden (während andere Nutzungsformen, insbesondere Jagd und Fischerei, in der Regel uneingeschränkt weiterlaufen dürfen).

Es fehlt an Information und an Personal, das die Schutzgebiete überwacht, Besucher betreut und für die Erhaltung der Natur wie für die Einhaltung der Schutzbestimmungen sorgt. Vielfach können gerade da, wo die Schutzgebiete mit strengem »Betreten verboten« ausgewiesen sind, die Schutzziele nicht eingehalten werden. Es fehlen die »Verbündeten«; sie sind als Naturfreunde ausgeschlossen und damit keine starken Partner. Eine grundsätzliche Änderung, eine Wende zum Besseren ist derzeit nicht in Sicht. So bleibt der Naturfreund auf sich allein gestellt, Natur zu erleben, ohne sie zu zerstören.

Die neue Serie »Reiseführer Natur« folgt diesem Leitgedanken. Sie will den engagierten Naturfreunden die Möglichkeit aufzeigen, sich schöne Landschaften mit einem reichhaltigen oder einzigartigen Tier- und Pflanzenleben auf eine »umweltverträgliche« Art und Weise zu erschließen. Ein Tourismus dieser Art, der auf Information aufbaut und dessen Ziel die Sicherung der Naturschönheiten ist, wird vielleicht die überfällige Wende bringen. Unberührte Natur, naturnahe Landschaften und freilebende Tiere und Pflanzen haben ihren besonderen Wert. Aber er wird nicht zum Nulltarif auf Dauer zu erhalten sein.

Dr. Einhard Bezzel
Prof. Dr. Josef H. Reichholf

Vorwort

Am Anfang lockten die »großen Fünf« rekordsüchtige Großwildjäger nach Afrika, »das eigentliche Vaterland unserer Thiere«, wie Alfred Brehm schrieb. Hätte man die Schießwütigen noch länger gewähren lassen, Elefant, Nashorn, Büffel, Löwe und Leopard wären nur wehmütige Erinnerungen. Auch die Natur- und Wildreservate, in denen sie zu bewundern sind, gäbe es dann nicht.

Heute zieht der Zauber der weiten Savannen und ihre Tierwelt den Naturfreund nach Afrika. Ihm ist längst bewußt, daß es mehr zu erleben gibt als die glorreichen Fünf.

Die Wildreservate des Südens beherbergen die größte Artenvielfalt des Kontinents. In Hunderten Reservaten kann Afrikas Tierwelt in natürlicher Umgebung beobachtet werden, etwa 250 Landsäugetierarten, 400 Reptilien- und Amphibienarten. In den Ozeanen leben Wale, Delphine, Meeresschildkröten, Haie und viele andere Arten. Sogar Korallenriffe gibt es. Elefanten, die liebenswerten Riesen, findet man überall. Nirgends sind sie gefährdet. Je nach Reservat können die größten Herden oder die eindrucksvollsten Elfenbeinträger aus nächster Nähe beobachtet werden. Nashörner, der Welt zweitgrößte Landtiere, werden überall geschützt und ihre Bestände wachsen. In Steppen, Waldsavannen und an Gewässern lebt eine überwältigende Vogelwelt, vom größten Vogel der Welt, dem Strauß, bis zum kleinsten Amarant.

Auch die Pflanzenwelt ist reich. Der größte Teil des Gebietes liegt im ariden subtropischen Klimagürtel und umfaßt Lebensräume, die von wilder Meeresküste, vom subtropischen und feuchtheißen Tiefland, über Baumsavanne, Regenwald, Trockensteppe bis in die alpine Lebenswelt reichen. Ein großer Teil des Landes ist kultiviert. Aber genug großartige Landschaften sind noch wenig angetastet und weltberühmt, wie das Kap der Guten Hoffnung, die Namibwüste, Viktoriafälle und das Okavango-Delta. Natur- und Wildreservate kommen in allen Größen und Zielsetzungen vor (s. S. 24), vom wenige Hektar großen Lebensraum, etwa zum Schutz einer bedrohten Art, bis zu Arealen von Zehntausenden von Quadratkilometern, die ganze Vegetationszonen umfassen wie das »Fynbos-Biom« am Kap der Guten Hoffnung, das wegen seiner einzigartigen Pflanzenwelt zu einem eigenen Florenreich erklärt wurde.

Das südliche Afrika besitzt das angenehmste Klima Afrikas. Es ist reich an Natur. Wir schauen und staunen, verwundern uns über die Kraft massiger, doch harmonischer Leiber, bestaunen bizarre Formen, schillernde Farben und stehen atemlos vor unberührten Landschaften.

Sind wir uns bewußt, daß wir Lebewesen und Landschaften vor uns sehen, die es in 50 oder 100 Jahren vielleicht nicht mehr geben wird, daß auch in Afrika die Umwelt bedroht ist? Die »unberührten« Lebensräume des südlichen Afrikas sind umbrandet von landhungrigen Menschen, die im System des kolonialen Wild- und Naturschutzes keinen Platz fanden, letzten Endes aber über die Zukunft der Naturreservate entscheiden werden. Wir können Einfluß nehmen durch unsere Besuche, durch angemessenes ökologisches Verhalten und manchmal auch durch direkte finanzielle Hilfe für lebenswichtige Projekte. Unsere Besuche werden uns anregen, darüber nachzudenken, wie wir zur Erhaltung der Artenvielfalt beitragen könnten. Das gibt den Reisen zur fernen Natur tieferen Sinn.

August Sycholt

7

Einführung

Zur Benutzung des Buches

Dieser »Reiseführer Natur« soll den Benutzer unterstützen, die vielfältige Tierwelt, die Pflanzen und die abwechslungsreichen Landschaften des südlichen Afrikas auf möglichst umweltschonende Weise zu erkunden, kennenzulernen und zu genießen. Das Buch will dabei helfen, die Auswahl aus der Fülle der angebotenen Naturreiseziele zu erleichtern, vor allem aber auch den Leser so nah wie möglich an Afrikas Tierwelt heranzuführen und seine Chancen erhöhen, zu befriedigenden Fotos zu kommen, ohne daß Natur und Nachbar gestört werden.

Die Gliederung ist aus dem Inhaltsverzeichnis ersichtlich. Die Einführung gibt eine Übersicht über Lage und Klima der Region, über seine Einwohner, über geographische, geologische, naturkundliche und historische Fakten. Dieser Teil soll auch zu einer vertieften Beschäftigung mit naturkundlichen Themen anregen, die in der Regel nicht nur Vorfreude und Erwartung steigert, sondern auch den Aufenthalt in der fernen Welt bereichert.

26 Haupt- und 27 Nebenreiseziele bilden den natur-touristischen Teil. Alle Ziele sind hinten in der Umschlagskarte mit ihren Kapitelnummern und ihrem Seitenbeginn aufgeführt. Die Hauptreiseziele, mehr als die Hälfte von ihnen große Nationalparks, sind so aneinandergereiht, daß man sie, wenigstens in der Theorie, auf einer einzigen langen Rundreise kennenlernen kann. Zu erwartende Höhepunkte werden am Kapitelanfang stichwortartig vorgestellt, gefolgt von praktischen, wichtigen und wissenswerten Einzelheiten. Bei der Auswahl der Fotos wurde darauf geachtet, daß die abgebildeten Tiere, Pflanzen und Landschaften für den oft zeitgeplagten Besucher verhältnismäßig leicht erreichbar

sind. Folgt man dazu den wenigen einfachen Grundregeln, sind gute Erfolgsquoten mit Foto- und Videokamera zu erwarten, auch ohne hohen technischen Aufwand. Die Hinweise zum Verhalten bei Tierbegegnungen sollten beachtet werden.

Querverweise auf Fotos (S. ...) und Textstellen (s.S. ...) verknüpfen Arten und Informationen aus verschiedenen Gebieten miteinander. Blau unterlegte Essays vermitteln Eindrücke von bemerkenswerten Besonderheiten oder auch Problemen. Der Blick in die Umgebung soll zum Aufsuchen leicht erreichbarer zusätzlicher interessanter Ziele in der Nachbarschaft ermuntern.

Nebenreiseziele (abgekürzt als N 1 usw. bezeichnet – bitte nicht mit Straßennummern verwechseln) erfordern oft zusätzliche Vorbereitungen. Sie besitzen nicht selten besondere Zugkraft, durch die sie für Reisende mit speziellen Interessen leicht zu einem Hauptziel aufrücken können. Allerdings kann die besondere Anziehungskraft saisonabhängig sein. Deshalb können manche Nebenziele nur sehr bedingt in eine langfristigere Planung aufgenommen werden.

Die Karten helfen, besonders in Verbindung mit der Rubrik »Im Gebiet unterwegs«, beim Auffinden einzelner Ziele. Sie beschreiben bewährte Routen und führen zu besonders interessanten und typischen Plätzen. Gebräuchliche Auto- oder Urlaubskarten sollen sie nicht ersetzen. Eine gute Übersichtskarte sollte bei der Planung schon allein deswegen zur Hand sein, um die oft großen Entfernungen zwischen einzelnen wichtigen Zielen nicht aus den Augen zu verlieren. Es sind ausschließlich Routen und Fahrwege aufgenommen worden, die in der Regel »stabil« sind, d.h. nicht leicht durch kurzfristige Witterungseinflüsse und willkürliche Änderungen beeinflußt werden. Trotzdem: Immer aufmerksam fahren. In Zweifelsfällen vor Reiseantritt oder Weiterfahrt Erkundigungen einziehen

Die **Reiseplanung** gibt ersten Rat bei den Reisevorbereitungen. Da die großen Entfernungen zusätzliche Reisekosten verursachen können, sollten die Vorbereitungen besonders sorgfältig sein. Auch die Tips und Hinweise auf besondere Bedingungen und allgemeine Konventionen in den verschiedenen Ländern können zu Kostensenkungen beitragen. Hinweise auf Unterbringung und Verpflegung findet man auch bei den Hauptreisezielen unter der Rubrik »Praktische Tips«. Bitte berücksichtigen: Kurzfristige Änderungen sind überall und immer möglich und nur in seltenen Fällen voraussehbar. Das gilt natürlich auch für die angegebenen Telefonnummern und Anschriften im Hauptteil und in der Reiseplanung.

Literaturempfehlungen im Anhang des Buches verweisen auf leicht verständliche weiterführende Literatur und auf spezielle Führer und Bestimmungsbücher, die zum großen Teil auch im südlichen Afrika erhältlich sind.

Das zweiteilige **Wörterbuch** der Tier- und Pflanzennamen enthält alle im Text erwähnten Arten. Dem deutschen Namen folgt die englische und wissenschaftliche Bezeichnung. Gibt es keinen deutschen Namen, wie gelegentlich bei Pflanzen, rückt der wissenschaftliche Name auf den ersten Platz vor. Wird man unterwegs mit englischen Artnamen konfrontiert, kann man im englischen Teil den deutschen Artnamen feststellen und dann auch leicht den wissenschaftlichen Namen finden.

Das abschließende **Register** ist unterteilt in einen geographischen Teil, in dem die Namen der besprochenen Nationalparks, Reservate, Orte und Landschaften aufgeführt sind. Im Artenregister sind alle im Text erwähnten Tier- und Pflanzennamen enthalten.

Zeichenerklärung für die Karten im Text
Um die Übersichtlichkeit der im Text wendeten Karten zu gewährleisten, wurden vor allem die für den Naturtouristen interessanten Informationen aufgenommen. Die verwendeten Symbole und Abkürzungen werden in der folgenden Übersicht erklärt.

Verwendete Kartensymbole

═══════	Teerstraße jeglicher Breite und Ausbaustufe
N7	Straßennummer
═══╪═══	Tor (z.B. Parkeingang)
───────	Geschotterte und unbefestigte Fahrwege
- - - - -	nur mit Vierradantrieb
··········	Wanderweg
▲▲▲▲▲▲▲	Abbruchkante
────	Fluß
- - - -	Trockenfluß
── ─ ──	Staatsgrenze
⌒⌒	Dünen
△	Berge, Hügel
●	Ortschaft
ⓘ	Empfang/Information
⋀	Campingplatz
⌂	Rastparks (mit Übernachtungsmöglichkeiten usw.)
⋈	Brücke, Paß
③	Besuchspunkte (mit Querverweisen im Text)
▮	Nationalpark/Naturreservat
▮	Stadt
▮	See, Meer, Stausee, Wasserstelle
▮	Land

Kleine Landeskunde

Lage und Größe

Die Südspitze Afrikas besteht aus ausgedehntem Hochland mit teilweise steil abfallenden Randgebirgen, umrandet von schmalem Küstentiefland, das im Süden und Südosten vom Indischen Ozean, im Westen vom Atlantik begrenzt wird. Die geographische Grenze zwischen beiden Ozeanen liegt bei Kap Agulhas, dem südlichsten Punkt Kontinental-Afrikas. Die Nordgrenze des behandelten Gebietes wird vom Sambesi-Becken gebildet.

7 Länder gehören zur Region: Botswana, Lesotho, Mosambik, Namibia, Simbabwe, Südafrika und Swaziland. Sie nehmen zusammen eine Fläche von annähernd 4 Mio. Quadratkilometern ein. Die wenig gegliederte Küste erstreckt sich über 6000 km von der Kunene-Mündung auf der Westseite bis zur Sambesi-Mündung in Mosambik im Osten. Die Landmasse des Subkontinents liegt zum größten Teil unterhalb des südlichen Wendekreises. Die Entfernung nach Mitteleuropa beträgt etwa 10 000 km. Durch die Lage auf der südlichen Erdhälfte zwischen 20. und 30. Längengrad beträgt die Zeitverschiebung nur eine Stunde.

Entstehung und Landschaften

Afrika gehörte im Erdaltertum zu Gondwanaland, das einen Superkontinent auf der Südhalbkugel bildete, der später auseinanderbrach. Afrika in seiner heutigen Form entstand wahrscheinlich im Erdmittelalter, als sich neue Kontinente aus den Resten von Gondwana bildeten und Aufwölbungen, Brüche und Senkungen die Erdoberfläche veränderten. Es gab starke Eruptionen geschmolzener Gesteine, die große Teile des südlichen Afrikas bedeckten. Die Lavaschichten sind zum größten Teil abgetragen und Reste heute hauptsächlich auf das Hochland von Lesotho im Südosten beschränkt. Zum Festlandkern Afrikas gehört der Transvaal- oder Kapvaal-Granitschild, der den größten Teil des Subkontinents bildet. Aus ähnlichen Gesteinsmassen besteht auch das Grundgebirge des nördlich daran anschließenden Hochlandes von Simbabwe.

Das Gestein der kontinentalen Erdkrustenplatte stammt aus der Urzeit der Erde (Präkambrium). Bei der Goldstadt Barberton im Osttransvaal streicht es exemplarisch an der Oberfläche aus. Die basaltischen Schichten sind hier bis zu 15 km dick und zwischen 3,3 Mrd. und 3,5 Mrd. Jahre alt. Sie sind das älteste Gestein des Subkontinentes. In Ablagerungsschichten wurden algenähnliche Gebilde gefunden, die zu den ältesten Lebensformen der Erde gehören.

Die reichen Erzlagerstätten im Hochland des Südens stammen ebenfalls aus erdgeschichtlicher Urzeit; es gibt Uran, Kupfer und Eisen, aber auch Gold in den fossilen Flußseifen des Witwatersrand. Hier gefundene kohlige Substanzen sind etwa 2,6 Mrd. Jahre alt.

Mehrere ausgedehnte Eiszeiten im Präkambrium beeinflußten das südliche Afrika. Eine Haupteiszeit gab es vor 250 Mio. Jahren, zwischen Karbon und Perm, als sich eine Eisschicht vom Südpol über die Landmasse von Gondwanaland erstreckte und die Südspitze Afrikas einschloß. In Europa herrschte tropisches Klima. Die gewaltige Eisschicht hinterließ Tillit-Ablagerungen mit zahlreichen Felsblockeinschlüssen, meist aus »Bushveld-Granit«. Die Ablagerungen erreichten Mächtigkeiten von 500 m. Sie streichen heute überall zwischen Kapstadt und Natal aus. Tillit-Schichten sind auch auf anderen Kontinenten der südlichen Erdhälfte zu finden. Sie belegen die Theorie der »Kontinentalverschiebung«.

Die Eiszeiten des Pleistozäns waren auf die hohen Berge beschränkt. Sie haben aber vermutlich das Makroklima der Region beeinflußt. In Südafrika waren nur

Spießböcke in der Vornamib. Sie gehört zum größten Schutzgebiet des südlichen Afrikas. Dahinter die Naukluft-Berge.

die Drakensberge betroffen. Heute ist der jährliche Schneefall im südlichen Afrika auf die Drakensberge und die Bergketten der Kapprovinz beschränkt und längst nicht ausreichend für eine Gletscherbildung.

Ebenfalls aus dem Pleistozän datieren die Ablagerungen von kontinentalen Sedimenten im großen Kalahari-Becken und die Bildung von Flußauen sowie die Anhebung der Küste.

Die präkambrischen Gesteine prägen noch heute das Gesicht des südlichen Afrikas mit seinen ausgedehnten Hochebenen. Die aufgewölbten Ränder des Hochplateaus steigen fast überall auf über 1500 m an. In den **Nataler Drakensbergen** erreicht die Aufwölbung mit 3400 m ihre größte Höhe. Von unten gesehen geben sie den Eindruck einer langen Bergkette, deren Basaltwände bis zu 1800 m senkrecht auf-

steigen. In den Drakensbergen entspringt der Orange River, der mit dem Vaal River und anderen Nebenflüssen das Hochland zum Atlantik entwässert.

Das muldenförmige Hochland besteht aus einförmigen Ebenen, die mit sanften Hügelwellen wechseln. Sie sind unterbrochen von höheren Bergrücken, **Kopjes** genannt. Sie bestehen aus Gestein, das der Erosion größeren Widerstand geleistet hat. Im Gebiet des Witwatersrand und Orange-Free-State erreicht das Hochland 1800 m und wird als **Highveld** bezeichnet. Das Hochland ist von einem relativ schmalen Küstengürtel umgeben, der nur im nördlichen Natal und in Mosambik zu einer richtigen Küstentiefebene wird. Im Südosten ist der Küstengürtel von tiefen Flußtälern durchschnitten. Im Osten wird das ausgedehnte Tiefland von Mosambik durch die Lebombo-Bergkette von dem

150–600 m hoch gelegenem Transvaaler Lowveld (Tiefland) getrennt.

Die **Kap-Berge** sind überwiegend einfach strukturiert mit parallel verlaufenden Bergrücken. Sie stammen von Faltengebirgen aus dem Erdmittelalter. Aber auch Reste aus präkambrischer Zeit sind in den Kap-Ketten erhalten. Vom Kap steigt die weite Beckenlandschaft der **Großen Karoo** in mehreren Stufen bis zu den Randbergen des Hochlands an, das sich im Nordwesten langsam zum großen **Kalahari-Becken** absenkt, das den größten Teil von Botswana einnimmt. Nach Norden reicht es weit über das südliche Afrika hinaus und bildet das größte Sandbecken der Erde. Die durchschnittlich 900 m hoch gelegene, leichtgewellte Trockensavanne der Kalahari geht im Osten in eine formenreichere Hügellandschaft über. Eine große Senke im Norden wird vom Okavango River bewässert und bildet das Sumpfland des riesigen **Okavango-Deltas**.

Der übrige Teil des Landes ist Halbwüste ohne nennenswertes Oberflächenwasser. Man findet abflußlose Salzpfannen und Seen, wie Makarikari und den kurzlebigen Lake Ngami.

An der Westküste bildet die **Namib** eine 2000 km lange schmale Ebene von 60 bis 160 km Breite. Südwärts reicht sie über den Unterlauf des Oranje Rivers hinaus und im Norden über den Kunene weit nach Süd-Angola hinein. Die beiden Flüsse sind die einzigen in der ariden Region, die das Jahr hindurch Wasser führen.

Im Osten wird die Namib vom Steilrand des südlichen Hochlandes begrenzt, das in der Landesmitte auf 2400 m ansteigt. Nach Osten senkt sich dieses zum Kalahari-Becken und nach Norden zur flachen, teils sumpfigen Etosha-Pfanne.

Das Hochland des Subkontinentes wird vom Tal des Limpopo River unterbrochen. Es setzt sich in Simbabwe bis zum Sambesi fort, der die Nordgrenze der Region bildet. Der zentrale, höher gelegene Teil wird hier ebenfalls Highveld genannt. Das sogenannte **Lowveld** erstreckt sich im Süden am Limpopo River entlang und schließt im Norden an das Sambesi-Becken an. Sanftes Hügelland überwiegt in Simbabwe; ausgenommen ist der schmale Gürtel des Steilrandes zum Sambesi mit spektakulären Schluchten, Wasserfällen und fruchtbaren Flußauen am Mittellauf.

Die **Eastern Highlands** bilden die Ostgrenze nach Mosambik. Die schmale, bis 2600 m hohe Bergkette liegt am Rand des großen Hochlandes von Süd- und Zentralafrika. Es setzt sich nach Mosambik in einem niedriger liegenden Tafelland fort, das in eine feuchtheiße Küstentiefebene übergeht, die von zahlreichen größeren Flüssen durchschnitten wird, von denen der Sambesi der weitaus größte ist. Der Sambesi endet in einem breiten Delta im Küstentiefland von Mosambik. Er ist auf 450 km schiffbar.

Klima

Die große Zahl der jährliche Sonnentage, besonders auf dem Hochland, machen das Klima des südlichen Afrikas besonders angenehm. Am höchsten ist die Sonneneinstrahlung im westlichen Inland. Sie nimmt nach Osten ab. Der trockene, wüstenhafte westliche Teil des Subkontinentes erhält nur geringe Niederschläge, aber starke Dauernebel liegen über der Küste. Die Großwetterlage wird von einem ausdauernden Hochdruckgebiet über dem Atlantik beeinflußt. Auch Passatwinde und der Benguelastrom beeinflussen die unfruchtbare Trockenzone mit ihren starken Temperaturunterschieden zwischen kaltem Atlantik und heißer Wüste. Nach Osten werden die Niederschläge höher.

Jahreszeiten

Entsprechend der um ein halbes Jahr zeitverschobenen Abfolge der Jahreszeiten auf der südlichen Erdhälfte liegen Sommerende und Winteranfang zwischen März und Mai, der Mitwinter zwischen

Juni und August, der oft wenig ausgeprägte Frühling im September und Oktober, der Hochsommer zwischen November und Februar. Je nach Lage können die Jahreszeiten auch auf zwei oder drei deutlich unterscheidbare Abschnitte reduziert sein, zum Beispiel Regenzeit im Sommer und Trockenperiode im Winter.

Südsommer

Einfluß auf das Sommerwetter haben vor allem die Wechselwirkungen zwischen den Hochdruckzellen des Atlantischen und des Indischen Ozeans. Letztere befinden sich im Sommer weit draußen über dem Ozean und beeinflussen durch Zufuhr feuchter Meeresluft den Regenfall auf der Ostseite des südlichen Afrikas. Die Häufigkeit der Sommerregen wird auch von der Lage einer Tiefdruckrinne beeinflußt, die beim Aufeinandertreffen der trockenen Luft des Atlantischen Hochs mit der warmfeuchten Luft der Ostseite entsteht und sich als Tiefdrucktrog über dem Festland bewegt.

Namibia, Nord-Botswana und Simbabwe befinden sich unter dem Einfluß tropischer Hitzetiefs, die zusammen mit Monsun- und Passatwinden innertropische Konvergenzzonen in Äquatornähe bilden. Das Sommerklima des Hochlandes hängt sehr von der geographischen Position und der Höhenlage ab. Das Highveld ist im Sommer allgemein kühler und angenehm, während in den tieferen Lagen die Temperaturen erheblich ansteigen. Das gilt sowohl für das Gebiet südlich des Wendekreises als auch für Namibia und Simbabwe.

Heftige Gewitterstürme über dem Hochland bringen den größten Teil des Sommerregens, vorwiegend zwischen Oktober und März. Schauer sind vorwiegend am Nachmittag zu erwarten. Im Küstengebiet sind die Regenperioden in der Regel länger und weniger intensiv.

Südwinter

Atlantisches und »indisches« Hochdruckgebiet vereinen sich zur Winterzeit über dem Festland. Auf dem Hochplateau sind die Tage meist wolkenlos und warm. Die Nächte kühlen sehr ab, da der Wärmeaustausch zwischen Boden und trockener, wolkenloser Atmosphäre erheblich ist. Einfluß von subpolarer Luft über dem Hochland führt zu wiederholten Kälteperioden mit starken Nachtfrösten und Reifbildung in den höheren Gebieten, vorwiegend in der Zeit zwischen April und September, wenn oft dichter Dunst und Nebel in den Tälern liegt. Im Lowveld sind die Wintertemperaturen höher und die Nächte frostfrei. Schneefall ist im Inland selten, ausgenommen sind die Bergketten der Kapprovinz und die Drakensberge.

Die Kap-Küste mit ihrem mediterranen Klima erhält nur im Winter starke Regenfälle und Stürme. Die Sommer sind trocken, mit heftigen, vorwiegend südlichen und südwestlichen Winden. Seebrisen sind ein Kennzeichen der gesamten Küstenregion, aber besonders ausgeprägt an der namibianischen Küste, wo die Windgeschwindigkeit durch die Abwesenheit von Vegetation nicht wie in anderen Regionen abgeschwächt wird. Föhnähnliche, heiße und trockene Bergwinde wehen vorwiegend zwischen April und September aus dem Inland und führen vorübergehend zu sehr hohen Temperaturen in den Küstenlagen. Sie sind an der Westküste am häufigsten.

Wasserknappheit

Der überwiegend saisonbedingte Regenfall ist zweifellos die wichtigste klimatische Komponente im südlichen Afrika. Weniger als ein Drittel der Region erhält ausreichende Niederschläge, so daß große Trockenräume für menschliche Besiedlung und Landwirtschaft ungeeignet sind. Die Verdunstung ist wegen der starken Sonneneinstrahlung äußerst hoch. Im ariden Westen würde die Verdunstungsrate bei ausreichend vorhandenem Wasser mehr als 4 m im Jahr erreichen. Wasser ist für das Land die knappste, wichtigste und deshalb kostbarste Ressource.

Blick von God's Window über den Steilabfall hinunter ins »Lowveld« des östlichen Transvaals.

Temperaturextreme

Die großen Unterschiede in den Lufttemperaturen hängen von der Höhenlage und den Landschaftsformen ab. Die höchsten Temperaturen werden vorwiegend im Januar registriert, Spitzenwerte in der Kalahari (über 40° C) im Lowveld und in Simbabwe gemessen. Auch in den Tälern von Sambesi und Limpopo, am Unterlauf des Oranje River und im Küstentiefland von Mosambik erreichen die Sommertemperaturen extrem hohe Werte.

Die tiefsten Temperaturen werden im Juli erreicht, und zwar an den Steilrändern des Hochlandes. Karoo und Kalahari sind den größten Temperaturschwankungen ausgesetzt. In Simbabwe sind die Temperaturunterschiede zwischen Tag und Nacht am geringsten.

Pflanzen- und Tierwelt

Vegetation

Das Kapländische Florenreich weist eine faszinierende Artenvielfalt auf, die allenfalls in tropischen Regenwäldern übertroffen wird. Über 24 000 Pflanzenarten wachsen im südlichen Afrika, und jedes Jahr werden noch etwa 50 neue entdeckt. Zum Vergleich: In Mitteleuropa gibt es etwa 10 000 Pflanzenarten, Pilze, Algen und Flechten eingeschlossen. Die Artenvielfalt wird durch die große Zahl unterschiedlicher Lebensräume begünstigt. Sie umfassen die Gezeitenbereiche von zwei Weltmeeren, Regenwald, Grasland, ausgedehnte Hochländer mit Busch- und Baumsavannen, Sumpfgebiete, Trockensteppen, Wüsten und alpine Bergwelt.

Im folgenden sollen die wichtigsten Pflanzenfamilien mit ihren charakteristischen Vertretern vorgestellt werden.

Amaryllisgewächse (Amaryllidaceae): 250 Arten, darunter 4 Klivienarten; letztere als Zierpflanzen weltbekannt, im südlichen Afrika endemisch.

Bananengewächse (Strelitziaceae): 5 besonders hübsche Arten, darunter die Paradiesvogelblume.

Dickblattgewächse (Crassulaceae): Diese Familie von sukkulenten Pflanzen ist an sehr verschiedene, meist trockene Lebensräume angepaßt.

Eiskrautgewächse (Mesembryanthemaceae): Für über 2000 Arten der subtropischen Familie der Mittagsblumen ist das südliche Afrika Hauptverbreitungsgebiet. Die größten Konzentrationen der an Trockengebiete angepaßten Blütenpflanzen findet man im Namaqualand, im nordwestlichen Kapland und in der Kleinen Karoo.

Heidekrautgewächse (Ericaceae): Die bedeutendste Familie der Blütenpflanzen in Südafrika; über 620 Arten, vorwiegend im südwestlichen Kap; über 100 Arten allein auf der Kaphalbinsel. Von der Küste bis in die höchsten Berge verbreitet.

Irisgewächse (Iridaceae): Mit über 1500 Arten, vor allem in der südwestlichen Kapprovinz und im Namaqualand. Bekannte Gartenpflanzen wie Gladiolen, Freesien, *Watsonia-* und *Ixia*-Arten.

Korbblütengewächse (Asteraceae): Über 2000 Arten der sehr erfolgreichen Pflanzengruppe; auch die »Daisy«-Arten gehören zu dieser Familie.

Langfadengewächse (Combretaceae): Auffällige Savannen-Arten der Gattungen *Terminalia* und *Combretum*. Kletterpflanzen,

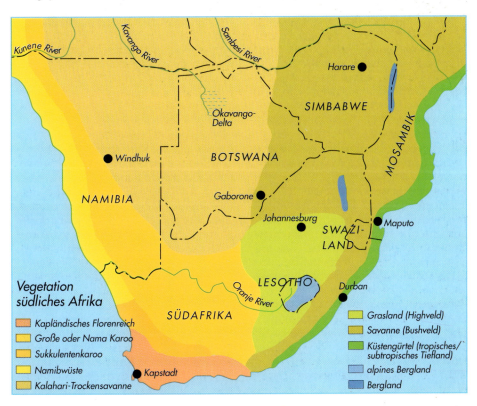

Vegetation südliches Afrika

- Kapländisches Florenreich
- Große oder Nama Karoo
- Sukkulentenkaroo
- Namibwüste
- Kalahari-Trockensavanne
- Grasland (Highveld)
- Savanne (Bushveld)
- Küstengürtel (tropisches/subtropisches Tiefland)
- alpines Bergland
- Bergland

Mit über 2000 Arten sind die subtropischen, sukkulenten Eiskrautgewächse in den Trockengebieten weit verbreitet.

Büsche und Bäume mit attraktiven Schoten; Blüten meist unscheinbar.

Liliengewächse (Liliaceae): Die dekorativen Pflanzen kommen im südlichen Afrika mit über 1000 Arten vor; vielfach unauffällige Pflanzen, aber auch über 130 *Aloe*-Arten, die im Winter in Massenständen blühen.

Malvengewächse (Malvaceae): *Hibiscus* ist die größte Gattung mit über 30 Arten. Manchmal winzige Pflanzen, aber auch bis zu 6 m hohe Bäume in den Mangrovensümpfen von Natal.

Maulbeergewächse (Moraceae): Die Gattung *Ficus* ist mit etwa 25, meist sehr stattlichen Feigenbaumarten in der Region vertreten. Alle produzieren Früchte. Am weitesten verbreitet ist die Kapfeige.

Mimosengewächse (Mimosaceae): Die Akazienarten prägen des Gesicht der afrikanischen Savanne. Über 40 Arten sind im südlichen Afrika verbreitet, vom dornigen Gebüsch des Süßdorns, über den knorrigen Kameldorn bis zur Drüsenakazie, der Schirmakazie, dem bis 30 m hohen Anabaum und dem Fieberbaum.

Orchideen (Orchidaceae): In der Region kommen 550 bis 600 wildwachsende Orchideenarten in den verschiedensten Lebensräumen vor.

Sauerkleegewächse (Oxalidaceae): Über 200 Arten *Oxalis*, die meisten am Kap und im Namaqualand.

Schmetterlingsblütengewächse (Fabaceae): Die »Schoten- und Bohnenträger« sind überall im südlichen Afrika reich vertreten und erreichen oft Busch- und Baumgröße. Beispiele sind Korallenbaum, Farbkätzchenstrauch und »Karoo Boer-bean«.

Silberbaumgewächse (Proteacea): Etwa 450 Arten; Sträucher und Bäume. Das kapländische Florenreich ist Verbreitungsschwerpunkt der auf die Südhalbkugel beschränkten Familie.

Storchschnabelgewächse (Geraniaceae): Die Hälfte aller Geranienarten kommt in der Region vor, darunter die eigenartige Buschmannkerze. Die Gattung *Pelargonium* (über 250 Arten) ist Südafrikas größter Beitrag zu den Gärten der Welt.

Wolfsmilchgewächse (Euphorbiaceae): Erstaunlicher Formenreichtum im südlichen Afrika; alle sukkulent; bis zur Baumgröße.

Der Reichtum der einheimischen Pflanzenwelt wird von einer großen Anzahl exotischer Pflanzenarten bedroht, die entweder unbeabsichtigt eingeschleppt oder ursprünglich als Zier- und Nutzpflanzen eingeführt wurden. Über 150 Eukalyptusarten aus Australien befinden sich darunter und viele andere Arten, die nur geringen Konkurrenzdruck vorgefunden haben, und die sich auf Kosten der ursprünglichen Vegetation rasch ausbreiten. Natur- und Wildreservate sind besonders betroffen, und die Verwaltungen bemühen sich um ständige biologische, mechanische und chemische Abwehr der Exoten. Vergleichsweise harmlos ist das zu den Korbblütlern gehörende Schmuckkörbchen (S.19), das aus Mexiko eingeschleppt wurde und Südafrikas verbreitetste Blütenpflanze geworden ist.

Im südlichen Afrika lassen sich verschiedene Vegetationseinheiten unterscheiden, die kurz charakterisiert werden sollen (vgl. auch Karte). Die Zahlen in Klammern nennen die Reiseziele, die in den entsprechenden Regionen liegen (1 = Hauptreiseziel 1, N 1 = Nebenreiseziel 1).

Kapländisches Florenreich

Es ist die artenreichste Region, nur etwa 70 000 km² groß (0,04 % der Landoberfläche der Erde), besitzt aber über 8500 Pflanzenarten. Das Kapländische Florenreich umfaßt Lebensräume von den Sandstränden der Meeresküste (1) bis zu den höchsten Bergen der Kap-Ketten (N2, N3, N7). Drei Pflanzengruppen herrschen vor: Proteen-, Heidekraut und Sauergrasarten. Es gibt eine Reihe von Blütenpflanzen, die sonst nirgends in der Welt vorkommen (sogenannte endemische Arten). Viele Blumen dieser Region haben einen Platz in den Gärten der Welt gefunden.

Große oder Nama Karoo

Geringe Niederschläge bestimmen den Halbwüstencharakter der Karoo. Sehr kalte Winter und hohe Sommertemperaturen fordern der Pflanzenwelt besondere Anpassungen ab. Die Vegetation besteht überwiegend aus Zwerggebüsch und Gras. Die wenigen Bäume sind auf die Ufer der Trockenflußbetten beschränkt. Überweidung hat zu weit verbreiteter Erosion und Ausbreitung der Karoo auf benachbarte Savannen und Grasländer geführt. Verhältnismäßig geringe Areale stehen unter Schutz (4, 7, N 5).

Sukkulentenkaroo

Sie liegt noch im Winterregengebiet der südwestlichen Kapprovinz an und liegt zwischen Atlantik (2) und Großer Karoo (4). Die Sommer sind extrem heiß und trocken. Sukkulenten mit dicken fleischigen Blättern überwiegen. Die wenigen Bäume tragen zur Hitzeabwehr oft helle bis weiße Borke. Im Norden ist der Köcherbaum häufig. Dies ist das Gebiet der Frühlingsblumenfelder (N4) des Namaqualandes mit den Massenblüten von »Daisy«-Arten der Gattungen *Ursinia*, *Arctotis Dimorphotheca* und *Osteospermum*. Neben diesen auffälligen Blumen werden die kleineren Arten aus den Familien der Iridaceae und Liliaceae leicht übersehen.

Namibwüste

Die durchschnittlichen Niederschläge wechseln von 0 mm im Küstenbereich bis etwa 500 mm am Rand des Binnenplateaus. Regelmäßige Nebelbildung in den Küstenlagen ermöglichte die Entwicklung einer speziellen Flora, die in der Nacht Feuchtigkeit aus dem Bodennebel aufnimmt. Andere Arten speichern Wasser in speziellen Organen über oder unter der Erde. Eine dritte Pflanzengruppe nutzt opportunistisch die unregelmäßigen Regenfälle. In der südlichen Randzone geht die Namib in ausgedehnte Sukkulentensteppe über, die durch eine deutlich größere Pflanzenvielfalt und reichere Tierwelt ausgezeichnet ist.

Kalahari-Trockensavanne

Die wüstenhafte Trockensavanne des Kalahari-Sandbeckens (3) bedeckt den größten Teil von Botswana. Die Niederschlagsmengen sind sehr niedrig. Sie nehmen langsam in nördlicher Richtung zu, wo die karge Dornbuschsavanne auf unfruchtbarem Sandboden von Trockenwald auf besseren Böden über Granit- und Sedimentgestein abgelöst wird (25).

Grasland

Es bedeckt im Osten des südlichen Afrikas einen Teil des Hochlandes und wird von mehreren ganzjährig wasserführenden Flüssen durchzogen. Das Grasland des Highveld ist im Sommer schweren Gewittern ausgesetzt. Der Baumbestand ist auf Flußufer und versteckte Kloofs beschränkt. Zahlreiche Blumen blühen auf den Grasflächen, vor allem im Frühling. Das Highveld um den Witwatersrand, mit der größten Bevölkerungsdichte des Subkontinentes, gehört zum Grasland; in dieser Region liegen die großen Gold- und Kohlenbergwerke. Die Vegetation ist nur in wenigen Reservaten (N 8, N 11, N 12) geschützt, wenn man von den Wildnisgebieten der Nataler Drakensberge (8 bis 10) einmal absieht.

Die Krantz-Aloe, ein typisches Gewächs des Berglandes, hat sich auch an ganz andere Lebensräume angepaßt.

Savanne

Busch- und Baumsavannen mit Grasland-inseln bilden die Vegetation des Hochlandes auf der östlichen Seite des Subkontinentes und der niedrig gelegenen Gebiete vor den Steilrändern der Gebirge, das sogenannte Lowveld. »Bushveld« ist die gebräuchliche Bezeichnung für diesen Lebensraum, der weiter nördlich von feuchterem Klima beeinflußt wird. Im Bushveld kommt die überwiegende Anzahl der 1100 Baumarten der Region vor, verbunden mit der größten Vielfalt an Säugetieren. Südafrikas schönste Bäume sind hier zu finden, nicht die Baumriesen des Küstenregenwaldes, sondern Bäume mit ungewöhnlicher Wuchsform, auffälligen Blüten und reichen Fruchtständen. Akazienarten wie Kameldorn, Wilde Feigen, riesige Affenbrotbäume und Euphorbien sind typisch. Auf dem zentralen Plateau von Simbabwe herrscht Miombowald (6) mit *Brachystegia*-Arten vor. Es ist ein lichter Trockenwald mit Kronenschluß um

Protea speciosa, eine vielstämmige feuerfeste Art, ist in der Kapregion von Meereshöhe bis 1300 m Höhe verbreitet.

»Namaqualand Daisy«, aus der Asternfamilie, führt die saisonale Massenblüte im Namaqualand an.

Das Schmuckkörbchen, ein exotischer Eindringling, blüht im Herbst in Massen entlang vieler Hauptrouten Südafrikas.

80 %. Im Bushveld liegen auch die großen Tierreservate (15 bis 17, 19, 21).

Küstengürtel und Sonderformen
In Mosambik bildet das Küstentiefland einen heiß-feuchten Gürtel mit ausgedehnten Feuchtgebieten. Bei St. Lucia im Zululand geht es in die trockene subtropische Zone über (13, 14).
Im Gebiet der östlichen Kapprovinz bestehen Reste von immergrünem Regenwald mit den größten Bäumen der Region,

»Yellowwood« und »Ironwood« (5, N 6). Spezielle Vegetationsformen findet man in den Nataler Drakensbergen (8 bis 10), den Bergketten von Osttransvaal (N 13) und den Eastern Highlands (N17) von Simbabwe: montane, subalpine und alpine Lebensräume, deren Flora mit »Fynbos«-Arten durchsetzt ist. Die Okavango-Sümpfe (22) sind das größte binnenländische Flußdelta, umgeben von reiner Halbwüste. Elemente der Feuchtgebiete und Trockensavanne treffen hier aufeinander.

Als »Tulpe« bekannt ist die zu den Irisgewächsen gehörende *Homeria miniata*.

Zahlreiche zur Asternfamilie gehörende *Gazania*-Arten sind im trockenen Südwesten verbreitet.

Tierwelt

Die meisten im südlichen Afrika vorkommenden größeren Tierarten leben in den Schutzgebieten, die von wenigen Hektar großen Arealen bis zu Tausenden von Quadratkilometern großen Natur- und Wildreservaten reichen. Alle sind für Besucher leicht zugänglich. Viele, zum Teil spektakuläre Erfolge des Artenschutzes sind hier erzielt worden. In Zukunft wird sich der Naturschutz aber mehr auf die Erhaltung der Artenvielfalt eines ganzen Lebensraumes konzentrieren müssen und weniger auf Rettungsversuche, die einer einzelnen, spektakulären Art gelten.

Säugetiere

356 Arten und Unterarten kommen im südlichen Afrika vor. Während Pflanzenarten oft an einen speziellen Standort gebunden sind, konnten sich viele Säugetier- und Vogelarten an unterschiedliche Lebensbedingungen anpassen und sind dann über größere Regionen verbreitet, etwa der Schabrackenschakal, der sich trotz aller Ausrottungsversuche auch im Kulturland hält. Elefanten können in wüstenähnlicher Umgebung im Kaokoveld und in der tropischen Üppigkeit des Mana-Pool-Nationalparks gedeihen. In Hwange sieht man die größten Herden, im Krügerpark die mächtigsten Bullen und in Etosha kommt man am dichtesten an Mutterherden heran.
Viele Säugetierarten haben aber auch bestimmte Biotope besetzt, z. B. Braune Hyäne und Spießbock in der Trockenzone; manche sind vom Wasser abhängig, wie z. B. mehrere Antilopenarten und das Flußpferd.

Vögel

Über 900 verschiedene Vogelarten leben zwischen Sambesi und Südkap. Zu den 86 nur in Afrika verbreiteten Arten gehören Sekretär, Stelzenralle, Turakos, Mausvögel, Hammerkopf und Lappenpita. Weitere 84 Arten sind überwiegend im südlichen Afrika heimisch. Besonders artenreich vertreten sind Kiebitze, Greifvögel, Ibisvögel, Störche, Reiher, Hühnervögel, Kuckucke, Racken, Nashornvögel, Eisvögel, Ziegenmelker, Honiganzeiger, Würger, Nektarvögel, Prachtfinken, Webervögel und Schnäpper. Die größeren Greifvögel, Geier, Riesentrappe und der Hornrabe sind außerhalb der Reservate selten geworden, der Bartgeier ist im Bestand gefährdet. Über 170 Arten sind von wasserreichen Lebensräumen abhängig, erstaunlich für eine Region, die als die Sahelzone des südlichen Afrikas bezeichnet wird.

Reptilien

286 Arten sind im südlichen Afrika verbreitet. Das Nilkrokodil wurde in der Vergangenheit vor allem aus kommerziellen Gründen heftig verfolgt und ist außerhalb der Reservate so gut wie ausgerottet. Durch Nachzüchtung, kommerziell in großem Rahmen, ist der Bestand gesichert.
Landschildkröten sind weit verbreitet, auch in den Trockengebieten. Sie sind, wie alle Reptilien in Südafrika, durch Gesetz geschützt. Zwei Arten Meeresschildkröten, Unechte Karettschildkröte und Lederschildkröte, werden seit 30 Jahren an der Südostküste so erfolgreich geschützt, daß sich ihre Bestände und Eiablageplätze vervielfacht haben.
Schlangen und Echsen sind in der subtropischen Region gut repräsentiert. Nilwaran und Weißkehl-Steppenwaran sind mit über 1 m Länge die weitaus größten Arten.Von 160 im südlichen Afrika vorkommenden Schlangenarten und -unterarten tragen etwa 15 potentiell tödliche Gifte.

Amphibien

Frösche und Kröten sind artenreich vertreten und selbst in Trockenzonen verbreitet, an die sie speziell angepaßt sind. Salamander und Molche kommen nicht vor.

Fische

Die meisten der etwa 250 Süßwasser-arten werden den subtropischen und tropischen Gewässern zugeordnet. Ihre Verbreitung ist durch geographische und klimatische Bedingungen (z.B. Trockenzeiten) oft stark beschränkt. Die Gefährdung durch Umweltverschmutzung nimmt zu. In den Küstengewässern sind etwa 1600 Meeresarten heimisch, von winzigen Korallenfischen bis hin zu Großraubfischen wie Sambesi- und Hammerhai.

Insekten und Spinnentiere

Die Wirbellosen sind mit mindestens 80 000 Arten vertreten und außerordentlich vielseitig. Es gibt auffällige Arten und gut getarnte, wie die Gespenstschrecken und Gottesanbeterinnen, harmlose und gefährliche, wie die Fiebermücke, die Malaria überträgt, wunderschöne, wie die über 800 Schmetterlingsarten, und abschreckend häßliche, wie manche Grillenarten, nützliche, wie die Afrikanische Honigbiene, und schädliche, wie die in riesigen Schwärmen auftretenden Wanderheuschrecken. Manche sind nützlich und schädlich zugleich wie holzvernichtende Termiten (etwa 200 Arten), deren Bauten umweltverändernd wirken. Ameisen sind mit über 400 Arten reich vertreten. Es gibt über 4000 Spinnenarten, von denen drei hochgiftig sind.

Mensch und Geschichte

Etwa 5 Mio. Jahre alt sind die ältesten fossilen Knochenfunde (1924) aus südafrikanischen Höhlen, die auf menschenähnliche Lebewesen schließen lassen. Um diese Zeit eroberten vom asiatischen Festland her Elefanten, Hyänen, eine Reihe von Antilopen und Großkatzen mit Säbelzähnen den afrikanischen Kontinent und beeinflußten mit Sicherheit die Höherentwicklung der Hominiden, die in verschiedene Richtungen führte. Erst spätere Fun-

Giftschlangen des südlichen Afrikas

Das Gift dient zur Betäubung der Beute und zur Unterstützung der Verdauung. Daneben ist es zu einer wirkungsvollen Verteidigungswaffe geworden. Die meisten Menschen haben eine tiefsitzende Abneigung oder Angst vor Schlangen. Die nahezu atavistische Furcht verhindert aber eine objektive Beobachtung des faszinierenden Verhaltens, die hilfreich wäre, um die tiefliegenden Ängste abzubauen und in verständige Vorsicht umzuwandeln. Zur Ersten Hilfe bei Schlangenbissen s.S.225.
<u>VIPERIDAE</u> (Vipern oder Ottern): Gift wirkt zellschädigend (zytotoxisch). Gewöhnliche Puffotter, Gabunviper, Bergpuffotter, Pfeilotter, Gehörnte Puffotter, Zwergpuffotter, Büschelbrauenotter.
<u>ELAPIDAE</u> (Giftnattern): Gift greift Nervensystem und Herz an (neuro- und cardiotoxisch). Kapkobra, Uräusschlange, Schwarzweiße Kobra, Ringhalskobra, Schildkobra, Schwarze Mamba, Grüne Mamba, Mosambik-Speikobra. Ausnahme: Speikobra, Gift zytotoxisch.
<u>COLUBRIDAE</u> (Trugnattern): Gift zerstört Blut und Gewebe (haemotoxisch). Baumschlange, Baumnatter.

Über 70% aller Giftschlangenbisse im südlichen Afrika werden durch die träge Puffotter verursacht.

Ohrengeier (links vorn) und Weißrückengeier sind nur noch in den großen Wildreservaten zu beobachten.

de dokumentierten die Entstehung der Gattung *Homo* in Afrika und führten in gerader Linie zu *Homo sapiens*. Wahrscheinlich ist der Mensch also ein Kind der Tropen und Subtropen. Bis heute weisen Körpermerkmale an die Anpassung an ein warmes Klima hin.

Jahrtausende bildeten verstreute Gruppen von Jägern und Sammlern die einzige Bevölkerung des südlichen Afrika. Anscheinend stammen sie aber nicht in direkter Linie von »Ureinwohnern« ab. Vielmehr

stammen die San oder »Buschleute« nach neueren Erkenntnissen von der Menschenrasse ab, die das zentrale Afrika südlich der Sahara besiedelte und Ackerbau und Viehzucht so erfolgreich betrieb, daß sie sich immer weiter ausbreiten konnte. Im tiefen Süden begann ein Teil der San-Bevölkerung schon früh von nomadischer Viehzucht zu leben. Diese Hirtennomaden nannten sich Khoikhoi, die wirklichen Menschen. Sie wurden früher Hottentotten genannt. Ihre von Jagd und

Den nomadischen Flamingo findet man überall in der Region. Der Weißkehl-Steppenwaran dringt bis in die Namib vor.

Ziegenherden, der »Fluch Afrikas«, finden überall Eßbares, selbst im ausgedörrten Bett des Oranje River.

Früchtesammeln lebenden Vettern nannten sie San. Zwischen beiden Gruppen bestehen keine großen physische Unterschiede. Linguistische Übereinstimmungen deuten darauf hin, daß die Sprache der Khoi sich aus den San-Sprachen entwickelt hat. Die beiden Bezeichnungen sind also keine rassischen Klassifizierungen, sondern eher die Beschreibung einer typischen Lebensform. In der Tat konnte ein San leicht Hirtennomade werden oder ein verarmter Khoi zum Jäger- und Sammlerleben zurückkehren. Beide Gruppen, heute als Khoisan zusammengefaßt, lebten etwa 40 000 Jahre in genetischer Isolation vom übrigen Schwarzafrika. Sie entwickelten in dieser Zeit neue Körpermerkmale, die sie von ihren Vettern im Norden deutlich unterscheiden.

Rasche Zunahme der negroiden Bevölkerung im tropischen Afrika führte zu einer Bevölkerungsexplosion. Wanderungen in südliche Richtung waren die Folge. Vor gut 2000 Jahren kam es zu einer Art Wiedervereinigung mit den Jägern und Hirtennomaden des Südens, die zu Anpassungen und Vermischungen führte, aber die Fortsetzung der traditionellen Lebensweisen nicht wesentlich beeinflußte. Die Neuankömmlinge ließen sich überall im südlichen Afrika an geeigneten Plätzen nieder und übten Ackerbau und Vieh-

zucht aus. Sie hatten Kenntnisse von Eisenverarbeitung und Töpferei mitgebracht.

Nachdem 1488 der portugiesische Seefahrer Bartholomeu Dias das Kap der Guten Hoffnung umsegelt hatte, wurde Afrikas Südspitze eine wichtige Zwischenstation auf dem Seeweg nach Indien. 1652 landeten die ersten holländischen Kolonisten am Kap der Guten Hoffnung. Bald wurden die Khoisan und die seßhaft gewordenen negroiden Einwanderer aus Zentralafrika unterdrückt und verdrängt. Die Khoi-Hirtennomaden wichen in den ariden Westen aus. Sie überquerten den Oranje River und besetzten Teile des heutigen Namibia. Die in Familienverbänden ohne übergeordnete Strukturen lebenden San wurden trotz heroischer individueller Gegenwehr einfach ausgerottet. Nur eine kleine Gruppe überlebte in der Kalahari und wurde eingehend von Anthropologen aus aller Welt studiert.

Die heutigen »Buschleute« der Kalahari sind offensichtlich keine Flüchtlinge aus der Zeit der brutalen Massaker, sondern die Nachkommen der »Urbevölkerung«. Ihr Leben ist so fein abgestimmt auf ihren Lebensraum, daß man auf eine Jahrtausende dauernde Anpassung schließen muß. Ihre Umweltkenntnisse müssen schon immer detailliert gewesen sein.

Nationalparks und andere internationale Wild- und Naturreservate im südlichen Afrika

Name	Land	Größe (ha)	Reiseziel
Addo-Elephant-Nationalpark	Südafrika	12 126	6
Augrabies-Falls-Nationalpark	Südafrika	82 415	N 5
Bontebok-Nationalpark	Südafrika	2 786	N 7
Chimanimani-Nationalpark	Simbabwe	17 110	N 17
Chizarira-Nationalpark	Simbabwe	192 000	N 21
Chobe-Nationalpark	Botswana	1 200 000	21
Drakensberg-Region	Südafrika	260 000*	8,9,10
Etosha-Nationalpark	Namibia	2 227 000	23
Gemsbok-Nationalpark	Botswana	2 641 000	3
Golden-Gate-Nationalpark	Südafrika	11 630	N 8
Gonarezhou-Nationalpark	Simbabwe	500 000	
Hwange-Nationalpark	Simbabwe	1 465 100	19
Itala Wildreservat	Südafrika	29 653	
Kalahari-Gemsbok-Nationalpark	Südafrika	959 103	3
Karoo-Nationalpark	Südafrika	32 792	4
Kaudom Game Park	Namibia	384 162	N 22
Kazuma-Pan-Nationalpark	Simbabwe	31 300	
Krüger-Nationalpark	Südafrika	1 948 528	15,16,17
Mahango Game Park	Namibia	24 462	N 22
Mkuzi-Wildreservat	Südafrika	34 000	14
Mana-Pools-Nationalpark	Simbabwe	219 600	18
Matobo-Nationalpark	Simbabwe	43 200	N 18
Matusadona-Nationalpark	Simbabwe	140 700	N 20
Mountain-Zebra-Nationalpark	Südafrika	6 536	7
Namib-Naukluft-Nationalpark	Namibia	4 976 800	24,25
Ndumo-Wildreservat	Südafrika	10 100	N 16
Nxai-Pan-Nationalpark	Botswana	259 000	
Nyanga-Nationalpark	Simbabwe	47 100	N 17
Okavango-Delta	Botswana	1 600 000	22
Royal-Natal-Nationalpark	Südafrika	8 094	8
Skeleton Coast Park	Namibia	1 600 000	N 24
St-Lucia-Feuchtgebiet	Südafrika	250 000*	13
Tsitsikamma-Nationalpark	Südafrika	80km Meeresküste	5
Umfolozi/Hluhluwe-Wildreservat	Südafrika	96 000	12
Viktoriafälle und Sambesi-Nationalpark	Simbabwe	55 940	20
Waterberg-Plateau-Nationalpark	Namibia	40 549	N 26
West-Coast-Nationalpark	Südafrika	20 000	2
Wilderness-Nationalpark	Südafrika	10 000	N 6

*nach Konsolidierung

Sie planten sorgfältig, jagten nur für den Eigenbedarf, horteten keine Vorräte und lebten in einem egalitären sozialen System. Ihr bewundernswertes, einfaches Leben im Einklang mit der Natur ist in zahllosen Höhlenmalereien dokumentiert, denen oft auch transzendentale Erlebnisse zugrunde liegen.

Die europäischen Siedler am Kap besetzten große Teile des südlichen Afrikas. Gegen Ende des 19. Jh. begannen auch Kolonialisierungen von Namibia und

Simbabwe, die ebenfalls zu erheblichen Veränderungen der natürlichen Lebensräume und zur Unterdrückung der Bevölkerung führten.

Landwirtschaft/Kulturpflanzen

Subsistenzwirtschaft und großräumiger Farmbetrieb bestehen heute nebeneinander. Die Savanne ist typisches Rinderland. Die großen Ranchen sind bis in die marginale Trockenzone vorgedrungen, die für jegliche landwirtschaftliche Aktivität ungeeignet ist. In feuchteren Gebieten und dort, wo Bewässerung möglich ist, werden Mais, Weizen, Erdnüsse, Baumwolle, Sonnenblumen, Tabak, Zuckerrohr und subtropische Früchte angebaut. Weinbau wird in den Kapbergen erfolgreich betrieben. Forstwirtschaft ist in der Übergangszone zwischen Grasland und Savanne erfolgreich. In den Trockengebieten der Karoo und Namibias ist extensive Schafzucht etabliert.

Schutzgebiete

Die weißen Siedler nutzten die natürlichen Ressourcen des südlichen Afrikas von Anfang an rücksichtslos aus. Urwälder fielen dem Raubbau zum Opfer, das Wild wurde in großer Zahl abgeschlachtet. Mehrere Arten starben aus, z. B. Quagga und Blaubock. In der Kapprovinz wurden zwar schon früh Schutzbestimmungen eingeführt, aber sie waren nur auf die Bedürfnisse einer kleinen Elite abgestimmt. Die heutigen Schutzgebiete sind meist Gründungen der Kolonialzeit zu Beginn des 20. Jh., als ohne Befragung der ansässigen Bevölkerung willkürlich entschieden wurde. Neuerdings beginnt sich die Erkenntnis durchzusetzen, daß Naturschutz ohne Mitwirkung aller Einwohner unmöglich ist.
6 der größten Wild- und Naturreservate der Welt (s. S. 24), zusammen ungefähr 200 000 km² groß, liegen im südlichen Afrika. Ihr Fortbestehen ist entscheidend für die Zukunft der Großtierarten Afrikas.

Frau aus der Transkei mit frischgeschnittenem Ried. Die Xhosa sind Nachkommen der bantu-sprechenden Einwanderer, die vor Jahrhunderten Viehzucht und Ackerbau aus Zentralafrika mitbrachten.

Gleichzeitig liegen die ärmsten Länder der Welt in Afrika. Es wird auf Dauer kaum möglich sein, der lokalen Bevölkerung die Kosten für die Erhaltung der riesigen Reservate allein aufzubürden. Natur- und Wildschutz müssen auch die Bedürfnisse der Bevölkerung berücksichtigen und werden in Zukunft auch sehr vom Umfang des Ökotourismus abhängen.
Der Krüger-Nationalpark soll über die Landesgrenzen hinweg mit einem riesigen Areal in Mosambik zum größten Wildreservat der Welt vereinigt werden. Die Verwirklichung hängt allerdings von der politischen Entwicklung in Mosambik ab. Bis dort die Schäden eines langen Bürgerkrieges beseitigt sind, können Jahrzehnte vergehen. Deshalb wurde Mosambik als Reiseziel im Führer nicht berücksichtigt.

1 Kap der Guten Hoffnung

Majestätische Landschaft; unvergleichliches Florenreich; über 8500 Pflanzenarten; Massen von *Erica*; herrliche *Protea*-Bestände; Brillenpinguin und andere Meeresvögel; Wander- und Kletterrouten; großartige Küstenstraßen; südlichster Punkt Afrikas; Walbeobachtung.

Das Land am Kap der Guten Hoffnung zählt zu den großen Naturherrlichkeiten der Welt. Der Tafelberg bringt unvergleichliche Natur in eine der schönsten Weltstädte. Er ist Nationaldenkmal und Naturreservat und soll »World Heritage Site« werden. Mit 1087 m ist er höchster Punkt einer 50 km langen Bergkette, die sich 50 km weit durch die von zwei Ozeanen umspülte Halbinsel bis zum Kap der Guten Hoffnung zieht.

Die Kap-Halbinsel war ein sturmumtobtes Eiland, bis das Meer zurückwich und der Sand der »Cape Flats« die Verbindung zur Südspitze des Kontinents herstellte, wo Khoikhoi und Kolonialisten aufeinandertrafen. An der Westseite der Halbinsel streicht kaltes Wasser des Benguelastromes am Festland entlang und schafft mit den Passatwinden die Voraussetzungen für die im südwestlichen Küstenbereich herrschende Wüste und für das Winterregengebiet am Kap.

Die **Hottentots Holland Mountains** trennen die Kap-Halbinsel von ihrem unmittelbaren Hinterland. Sie bergen noch immer einen kaum zu übertreffenden Schatz an Blütenpflanzen, der seit 2 Jahrhunderten Botaniker aus der ganzen Welt anzieht. Diese wurden von der Vielzahl der Pflanzenarten angeregt, die Fülle in einem eigenen Pflanzenreich zusammenzufassen. Das Kapländische Florenreich ist bei weitem das kleinste, aber im Vergleich zu seiner Größe das reichste der 6 Florenreiche der Welt. Seine vielseitige, mittelmeerähnliche Flora erhielt den Namen »Fynbos«,

Ein Meer von Mittagsblumen am Kap-Vorgebirge. Sie gehören zur artenreichen Familie der Eiskrautgewächse.

Vom sturmumtosten Cape Point genießt man weite Sicht auf zwei Ozeane und sieht Wale, Delphine und Robben.

wegen der prägenden Vielfalt von fein-blättrigen Sträuchern der Gattung *Erica* (s.S.29). Die **Fynbos-Region**, identisch mit dem Kapländischen Florenreich, ist ein schmaler Streifen von etwa 70000 km², der nicht mehr als 200 km Inland und mit Unterbrechungen bis vor Port Elizabeth reicht. Er beherbergt über 8500 Pflanzen-arten, 6000 davon kommen nur hier vor. Zwischen Tafelberg und Südkap gedeihen allein mehr als 2600 Arten. Gleichzeitig besitzt dieses winzige fünfte Florenreich etwa 60% aller vom Aussterben bedroh-ten Pflanzenarten Südafrikas und gilt des-halb als stark gefährdet.

Die Säugetier- und Vogelwelt sind nicht sehr artenreich. Der Boden ist zu nah-rungsarm, um eine umfangreiche Tierwelt erhalten zu können. Außerdem war das Gebiet als erstes dem Druck europäischer Siedler ausgesetzt, so daß heute viele Tier-arten verschwunden oder bedroht sind. Die Täler im Hinterland sind fruchtbar und wurden schon früh von den weißen Siedlern kultiviert. Deshalb ist die ur-sprüngliche Vegetation zum größten Teil verschwunden. Nur in den unzugängli-chen Bergen, wo der Boden nahrungsarm ist und ein harscheres Klima regiert, hat sie überlebt.

Kap der Guten Hoffnung

Tafelbay

Houtbay

Muizenberg

Fish Hoek

Kommetjie

Simonstown

False Bay

Atlantik

Indischer Ozean

N

0   5   10 km

Pflanzen und Tiere

Königsprotea, »Sugar Bush«, »Pincushion« und *Leucadendron*-Arten sind die am besten bekannten Silberbaumgewächse der Kapprovinz. 450 Arten kommen in der Vegetationszone des Fynbos vor und bilden hier die wichtigsten Bestände der

Erde. Ihre Größe reicht von kleinen Bodenpflanzen bis zu Baumgröße. Viele sind über das ganze Gebiet verbreitet, andere haben ein sehr begrenztes Vorkommen, wie der Silberbaum, der in größeren Beständen nur an den Osthängen des Tafelberges wächst. Die meisten Silberbaumgewächse tragen lederartige Blätter und brilliant leuchtende Blüten bis 30 cm Durchmesser. Kap-Honigesser und andere Nektarvögel sind wichtige Bestäuber. Heidekrautgewächse bilden die wichtigste Komponente unter den Blütenpflanzen des Fynbos im südwestlichen Kap. Über 600 Arten sind bekannt, viele weitere noch nicht entdeckt. Die Heidekrautgewächse sind robust und besitzen die Fähigkeit, sich vielen Lebensräumen anzupassen. Das ganze Jahr hindurch stehen zumindest einige Arten in Blüte.

In den Gärten und Blumentöpfen der ganzen Welt findet man Blumenpflanzen aus dem Kapländischen Florenreich, allen voran Gladiolen mit über 20 Arten, *Watsonia*-Arten (zierliche Schwertliliengewächse) und Freesien. Dutzende von Erdorchideen wachsen im Kapland. Über 30 gehören zur Gattung *Disa*. Die schönste und berühmteste ist die Rote Disa, »Stolz des Tafelberges«. Sie blüht zwischen Januar und März.

Die Region ist nur spärlich bewaldet. Gehölze gibt es hauptsächlich an Flußufern und in feuersicheren Schluchten. Der beinahe ausgestorbene Buntbock ist in geeigneten Schutzgebieten wieder eingebürgert worden. Im Naturreservat am Kap der Guten Hoffnung hat sich ein gesunder Bestand entwickelt. Auch das Kap-Bergzebra (S.66), angepaßt an trockene und harsche Umgebung, ist mit Erfolg zurückgebracht worden. Kappaviane werden an den Hauptrouten zum Kap oft sehr lästig. Obwohl sie sehr anpassungsfähig sind und gelernt haben, an der Küste von Meeresorganismen zu leben, sind sie durch den schrumpfenden Lebensraum bedroht. Der Kapleopard lebt noch heimlich in den

Der Name stammt aus dem Kapholländischen und bedeutet »feiner Busch«. Er beschreibt die niedrigen Sträucher und Gräser, die in großer Artenvielfalt Berge und Flachland der südwestlichen Kapregion bis zum Meer überziehen. Die Ursache der überwältigenden Artenvielfalt liegt im Feuer. Natürliche Buschfeuer sind ein Schlüsselfaktor der Fynbos-Ökologie. Zu verschiedenen Jahreszeiten stimulieren und fördern sie bestimmte Pflanzenarten. An vielen Stellen versucht der Mensch, durch planmäßiges Feuerlegen den natürlichen Zyklus der Natur zu steuern. Ameisen spielen eine sehr große Rolle im System, da ein sehr großer Teil der »feuerfesten« Samen durch sie verbreitet werden. Die Samenverbreitung über solche kurzen Entfernungen hat dazu beigetragen, daß viele Arten nur in eng begrenzten Arealen vorkommen. Von manchen Pflanzen sind nur Einzelstandorte bekannt.

Die seidigen Blätter des Silberbaumes, der nur in den Bergen der Kaphalbinsel wächst, mit Kap-Honigesser.

Um Wasserverluste während der sehr trockenen Sommermonate auszugleichen, haben viele Pflanzen schmale Blätter und dünne Zweige entwickelt. Fynbos besteht hauptsächlich aus immergrünen Vertretern der Gattungen *Protea* und *Erica* sowie aus Sauergräsern. Die Arten sind angepaßt an heiße, trockene Sommer mit versengenden Winden, an naßkaltes Winterwetter mit Schnee und an periodische Buschfeuer.

Fynbos besitzt auch große Bedeutung für den Wasserhaushalt der sehr trockenen Region, die einen sehr hohen Bevölkerungszuwachs hat. Die Biomasse des Fynbos ist verhältnismäßig niedrig. Deshalb saugen die Pflanzen nur wenig Wasser auf. Andere Vegetationstypen an der gleichen Stelle – wie zum Beispiel die vordringenden exotischen Baumplantagen – benötigen sehr viel mehr Wasser und könnten den Abfluß um mindestens 50% verringern.

Bergen der Region. Er ist kleiner als Leoparden im übrigen Afrika (S. 183). Brillenpinguine (S. 38) haben neuerdings Kolonien auf dem Festland gegründet. An den Hängen von Devils Peak ist eine Station zur »Rückzüchtung« des ausgestorbenen Quagga (s. S. 71) eingerichtet worden.

Im Gebiet unterwegs

Kapstadt mit dem **Tafelberg** ① im Hintergrund ist als eine der schönsten Ansichten der Welt bekannt. An Wochenenden wird der Berg von Flutlicht beleuchtet. Fotografieren kann man ihn dann am besten von

der Straße auf dem Weg zum Signal Hill ②. Stativ oder verwacklungssichere Unterlage ist unerläßlich. Die Hänge des Tafelberges sind Bergwald- und Fynbos-Schutzgebiet (2750 ha), in dem über 1500 Pflanzenarten wachsen. Darunter sind 100 Heidekrautgewächse und 50 seltene und gefährdete Pflanzenarten. Eine Reihe stark benutzter Wanderwege verschiedener Schwierigkeitsgrade führen auf den Berg hinauf. Eilige können die Seilbahn benutzen, die jährlich hunderttausende Besucher transportiert. Die Aussicht in alle Himmelsrichtungen ist unvergleichlich.

Houtbay ③, an der Route zum Kap, besitzt einen malerischen Fischerhafen. Von hier aus werden Barkassenfahrten zu den kleinen Robbenkolonien (S. 188) in der Bucht unternommen. Im Fynbos-Gebiet bei Houtbay liegt »World of Birds« mit der größten Sammlung einheimischer Vögel Afrikas. Kranke, verletzte und verlassene Jungvögel werden gepflegt. Es gibt auch kleinere Säugetiere wie Meerkatzen, Galagos und Erdmännchen (S. 42).

Das **Kap der Guten Hoffnung** ④ liegt im Naturreservat gleichen Namens. Man erreicht es nach etwa 50 km langer Fahrt von Kapstadt entweder über Chapman's-

Peak-Drive ⑤, eine der schönsten Küstenstraßen der Welt, oder über die ebenfalls landschaftlich schöne Anfahrt an der False Bay ⑥ entlang, über Fish Hoek und Simonstown. Das Reservat am Kap ⑦ (7750 ha) besteht aus Bergen und Buchten mit blauen Stränden. Oft herrschen starke Winde. Drei Vegetationszonen sind zu unterscheiden. »Milkwood Trees« und Heide dominieren an der sandigen Küste, *Erica*-Arten und Seggenried wachsen auf den sanft geneigten Ebenen, niedriger Fynbos bedeckt die Bergrücken. Mehrere im Sommer blühende Proteen, darunter auch »Pincushion«-Arten, und *Erica gilva* ziehen Nektarvögel und Kap-Honigesser in großen Zahlen an. Der Buntbock wurde erfolgreich eingebürgert, ebenso das Kap-Bergzebra. Man darf überall im Reservat herumgehen und wandern.

Die beste Zeit für die Beobachtung von Meeresvögeln ist im Kapwinter. Aber auch im Sommer sieht man von den Strandwegen des Schutzgebietes Albatrosse, Sturmvögel, Sturmtaucher und antarktische Raubmöwen, die Seeschwalben Beute abjagen. Ein gutes Fernglas ist unerläßlich. Das eigentliche Kap-Vorgebirge ist weniger spektakulär als das daneben aufragende 200 m hohe Felsenkliff von **Cape Point**

◁ Die Rundköpfe von Paarl Mountain im Boland sollen nach Regen wie riesige Perlen glitzern.

Im Botanischen Garten von Kirstenbosch wächst eine ▷ gute Auswahl der 82 *Protea*-Arten des Subkontinentes.

⑧, auf dem ein Leuchtturm steht. Vom Parkplatz kann man zu den windumbrausten Aussichtspunkten hinaufgehen oder sich mit dem Bus fahren lassen. Mit etwas Phantasie kann man sich einen Schaumstreifen als die Stelle vorstellen, wo kalter Atlantik und warmer Indischer Ozean aufeinandertreffen.

Der weltberühmte Nationale Botanische Garten von **Kirstenbosch** ⑨ besitzt eine umfangreiche Sammlung der wichtigsten Pflanzenarten des südlichen Afrika. Er liegt 11 km von der Innenstadt entfernt an den Hängen von Devils Peak. Außer der umfangreichen Pflanzensammlung gibt es natürliche Waldwege, reiches Vogelleben, ein großes Herbarium und Lehrpfade, auch für behinderte und blinde Besucher. Höhepunkt ist die Frühjahrssaison, die gegen Ende August beginnt und bis Weihnachten anhält.

Eine Reihe von Vogelschutzgebieten liegen in Stadtnähe. **Kommetjie** ⑩, eine »Natural Heritage Site«, 40 km südlich von Kapstadt an der M 65 gelegen, gilt als bester Platz für die Beobachtung von Seevögeln vom Festland aus. Alle 4 marinen Kormoranarten (S. 36, 189) übernachten hier gemeinsam. Im Winter wird der weiße Sandstrand, der längste am Kap, zum größten Sammelplatz für Seeschwalben. Der gut geführte Imhoff-Campingplatz liegt dicht am Atlantik unter »Milkwood«-Bäumen.

Das **Rondevlei-Vogelreservat** ⑪ an der Autostraße nach Muizenberg besteht aus 220 ha Dünen und Marsch. Mittelpunkt ist ein Vlei mit wechselndem Wasserstand. Über 200 Vogelarten sind gezählt worden. Die Afrikanische Rohrweihe brütet und kann bei der Jagd beobachtet werden. Sehr gut auch für die Nahbeobachtung des Purpurhuhns. Dazu: Haubentaucher,

Die Königsprotea ist Südafrikas Nationalblume und die am weitesten verbreitete Art.

Der Buntbock hat am Kap eine sichere Heimat gefunden.

1 Kap der Guten Hoffnung

Reiher, Kormorane, Schreiseeadler (S.165), Seeschwalben, Rosapelikan (S.109), Flamingo (S.22), Watvögel aus Nordeuropa. Flußpferde (S.113) sind nach über 200 Jahren Abwesenheit zurückgebracht worden, um das Ökosystem zu verbessern. Zwei Beobachtungsstände sind mit Teleskopen ausgerüstet. Informationszentrum mit kleinem Museum.

In der Nähe, beim **Seekoeivlei** ⑫, liegen die alten Kläranlagen von Strandfontein, wo man noch immer in kurzer Zeit eine große Anzahl von Vogelarten beobachten kann, einschließlich verschiedener Meeresvögel. **Boulders** bei Simonstown ⑬ ist die wichtigere der beiden Festland-Kolonien von Brillenpinguinen. Die inzwischen auf über 200 Brutpaare angewachsene Gemeinschaft kann aus der Nähe beobachtet werden.

ACHTUNG: Nichts ist am Kap der Guten Hoffnung so sicher wie überraschende Wetterwechsel mit Nebel und kalten Winden. Besondere Vorsicht ist beim Aufstieg zum Tafelberg angebracht. Warme Kleidung nicht vergessen.

Praktische Tips

Anreise
Kapstadt ist durch gute Autostraßen mit allen Landesteilen verbunden. Intercity-Busse und Linienflüge verbinden die »Mutterstadt« mit allen großen Zentren. Auch Eisenbahnverbindungen (sehr langsam, meistens über Nacht) bestehen. Entfernung nach Port Elizabeth 770 km (N2), Johannesburg 1400 km (N1), Windhuk 1500 km (N7), Durban 1750 km.

Klima/Reisezeit
Gemäßigtes Winterregengebiet. Durch die Lage zwischen Weltmeeren und semiaridem Festland ist das Wetter sehr wechselhaft. Die heißesten Monate sind Januar und Februar. Sommernebel. Regenfall vorwiegend zwischen Mai und August, dann oft kalt, regnerisch, mit Winden bis Sturm-

stärke. Hohe Anzahl von Regentagen im Vergleich zum übrigen Subkontinent. Trotzdem das ganze Jahr über attraktiv.

Unterkunft/Verpflegung
Eine große Auswahl von Hotels aller Klassen, Pensionen, Feriensiedlungen, Wohnungen und Zimmern werden in der Region angeboten. Im Kapwinter gibt es überall Ermäßigungen.

Camping
➭ Imhoff-Park, P.O. Box 18, Kommetjie 7976, RSA, Tel. (021) 783 1634.
➭ »Ou Skip Park«, Melkbosstrand, Tel. (021) 553 2058.
Weitere gute Camping- und Wohnwagenplätze überall im Gebiet.

Wandern/Ausflüge/Exkursionen
Eine Fahrt über die Kap-Halbinsel bis zu den Vorgebirgen am Kap der Guten Hoffnung ist ein Muß. Wenn man nicht selbst fahren möchte, kann man an einer Bustour unter kundiger Führung teilnehmen. Sie nehmen meist die eindrucksvolle Route über den steilen und kurvenreichen Chapman's Peak Drive und kehren auf der anderen Seite an der False Bay entlang zurück. Ein Wanderweg vom Tafelberg ① bis zum Kap der Guten Hoffnung ist erschlossen worden. Einzelheiten erfahren Sie im Kapstädter Touristenzentrum.

Kenner bezeichnen die Kap-Halbinsel als einen der besten Plätze der Welt, um Albatrosse, Sturmtaucher und andere Vogelarten zu beobachten, deren Lebensraum die weiten Ozeane sind. Der Fischerhafen **Houtbay** ③ liegt 25 km von Kapstadt. Er ist idealer Ausgangspunkt für Hochsee-Ausflüge mit Vogelbeobachtung, die bis an das Ende des kontinentalen Schelfes führen, wo auch die Tuna-Fischer operieren. Hiesige Vogelklubs und private Vogelkundler organisieren jedes Jahr solche »Pelagic Trips«. Man kann Sportfischerboote chartern. Beste Zeit ist von September bis Oktober. Wale können ebenfalls in der Nähe von Kapstadt beobachtet werden.

Weinrouten führen durch das malerische Boland, das fruchtbare Oberland der Kapprovinz, in denen der montane Fynbos dem Weinanbau gewichen ist. Auch Obst, Oliven und Weizen werden angebaut und Forstwirtschaft betrieben.

Ausstellung

Das Südafrikanische Museum ⑮ ist das größte und älteste naturkundliche Museum in Südafrika. Es vermittelt ein ausgewogenes Bild über Vorgeschichte, Tiere, Pflanzen und Kultur der ursprünglichen Einwohner des südlichen Afrikas.

Die am Kap lebenden Paviane sind eine von drei südlichen Unterarten des in Afrika weit verbreiteten Steppenpavians.

Adressen/Information

⇨ Tourist Information Centre, 3 Adderley Street, P.O. Box 863, Cape Town 8000, RSA, Tel. (021) 418-5214/5, Fax 418-5227/8. Flower Hotline (zwischen 26. Juli und 9. Oktober): (021) 418-3705.

⇨ South African Museum, Queen Victoria Street, P.O. Box 61, Cape Town 8000, RSA, Tel. (021) 243330, Fax 246716.

⇨ Jugendherberge (2 km vom Zentrum), Tel. (021) 231316, Fax 242909.

Blick in die Umgebung

Paarl-Mountain-Naturreservat (2900 ha) beim Weinort Paarl an der Autostraße (N1) nach Norden. Drei große Granitdome (S. 30), die nach Regen wie Perlen glänzen. Von oben genießt man herrliche Rundblicke von 360° über das Boland. Reiche Proteenbestände, z. B. Silberbäume, Wildblumengarten, Fußwege.

Cape Agulhas, der südlichste Punkt Afrikas, liegt gut 200 km südöstlich von Kapstadt. Von der N 2 bei Caledon nach rechts abbiegen und weiter in Richtung Bredasdorp. In der Nähe liegt das **De-Mond-Naturresrervat**, 950 ha unberührter Küsten-Fynbos und Dünen. Brutplätze von Damara- und Raubseeschwalbe und Weißbrustkormoran (S. 36).

Von den Steilfelsen bei **Hermanus** kann man zwischen Juni und November den Südlichen Glattwal beobachten. Ein Wal-Ausrufer kündigt die besten Stellen und Zeiten an. Der Ferienort liegt 120 km von Kapstadt an der N2, kann aber auch über die spektakuläre Küstenroute von Gordon's Bay über Kleinmond erreicht werden.

Naturreservat Hottentots Holland Mountains: südöstlich der Wein- und Universitätsstadt Stellenbosch gelegen, Bergwanderungen im montanen Fynbos, 5 einfache Hütten mit doppelstöckigen Betten für Wanderer. Das **Assegaaibosch-Naturreservat** im schönen Jonkershoek Valley schließt daran an. Wildblumengarten mit seltenen Silberbaumgewächsen; Arten werden erklärt.

Das **Groot-Winterhoek-Wildnisgebiet** im westlichen Teil der Region ist von besonderer landschaftlicher Schönheit, mit tiefen Schluchten und klaren Bergbächen. Bekannt durch eine Fülle von blühenden Heidearten und Erdorchideen (*Disa*) im Januar und Februar. Einfache Berghütten für Wanderer. Zelten erlaubt. Kaffernadler (S. 86), Felsenbussard (S. 86), Zwergadler und mehrere kleine Antilopenarten. Im voraus buchen, da nur beschränkte Anzahl Besucher zugelassen.

2 Westküsten-Nationalpark

Feuchtgebiet von internationalem Rang; Paradies arktischer Watvögel; große Kolonien von Kaptölpel und Kapkormoran, Rückzugsgebiet des Brillenpinguins; leicht zugängliche Vogelinseln; Ansitze; Wanderwege an Meer und blauer Lagune; Frühlingsblumenpracht.

Der neugeschaffene Nationalpark liegt an der Westküste Südafrikas, die als eine der wichtigsten Regionen für die Überwinterung von arktischen Zugvögeln bekannt ist. Der kalte, nahrungsreiche Benguelastrom streicht nordwärts an der rauhen Atlantikküste entlang und beeinflußt das Klima des Gebietes, das nordwärts in die Namibwüste (s.S.202) übergeht. Das auch im Sommer recht kalte, oft aufquellende Wasser ist sehr planktonreich und ernährt eine Vielzahl von Organismen.

Das Reservat ist zur Zeit etwa 20 000 ha groß. Wichtigster Teil ist die **Langebaan-Lagune**, die an die historische Saldanha Bay anschließt, die europäischen Seefahrer seit 1601 bekannt war. Vier Vogelinseln liegen in der Bay. Auf ihren Granitfelsen haben große Kolonien von Kaptölpeln und Kapkormoranen (S.181) Sicherheit vor Feinden gefunden. Zum Reservat gehören auch Farmen, die auf Kontraktbasis angeschlossen wurden und den Besuchern zugänglich sind. Auf dieser Grundlage sind zukünftige Erweiterungen vorgesehen.

Langebaan Lagoon zur Frühlingszeit. Das Gebiet gehört noch zum Wildblumengebiet des Namaqualandes.

»Hottentotskohl« *(Trachyandra falcata)*, ein Liliengewächs, unterbricht die »Monotonie« der spektakulären Massenblüte von »Daisy«- und Mittagsblumenarten im Namaqualand nördlich von Kapstadt.

Pflanzen und Tiere

Die Vegetation besteht im marinen Bereich aus den typischen Algen des Benguelastroms, an die sich Salzmarschen anschließen. Seggenried, niedriges Gebüsch und Sukkulenten des sogenannten »Sandveld« folgen, das im Osten von Küsten-Fynbos (Heide; s.S.29) begrenzt wird. Kaptölpel, Kapkormoran und der selten gewordene Brillenpinguin kommen nur an dieser Küste vor. Sie stellen den größten Teil der schätzungsweise 750 000 nistenden Seevögel auf den Granitfelsen der Vogelinseln Malgas, Jutten, Marcus und Schaapen Island in der Langebaan Lagoon. Auf Schaapen gibt es die größte bekannte Brutkolonie der Dominikanermöwe; im Sommer brüten hier auch Eilseeschwalben. Einige Inseln können besucht werden.

Salzmarschen und Schlickflächen nehmen einen großen Teil der Lagune ein. Sie ist reich an Krebstieren, Muscheln, Schnecken, Würmern und anderen schlammbewohnenden Organismen. Zehntausende Watvögel aus nordischen Regionen werden im südafrikani-schen Sommer von diesem reichen Nahrungsangebot angezogen und von der Sicherheit, den die Lagune den Zugvögeln nach ihrer langen Reise bietet. Etwa 80% der zur Sommerzeit anwesenden Watvögel stammen aus Osteuropa.

Reiche Fossilienfunde aus dem frühen Pliozän wurden im Lagunengebiet gemacht. Reste von über 200 Arten von Wirbeltieren und Wirbelosen geben einen faszinierenden Einblick in Afrikas Tierwelt vor 4–5 Mio. Jahren. Die meisten Funde werden im südafrikanischen Museum in Kapstadt ausgestellt.

Der Weißbrustkormoran kommt im Salz- und Süßwasser vor.

Im Gebiet unterwegs

Das Parkhauptquartier liegt am Südende des Dorfes **Langebaan** ①. Eine ungeteerte Fahrbahn führt von hier aus 50 km im Halbrund um die Lagune bis zum **Perlmuttpunkt** ② beim Postberg. Unmittelbar südlich von Langebaan ③ kann man von der Straße aus Froschweihen und Mohrenweihen bei der Jagd über den Riedflächen und dem anschließenden Busch beobachten. Dies ist auch die beste Stelle, wo man im Morgengrauen oder in der Abenddämmerung die Kapohreule sehen kann.
Nach etwa 15 km folgt das alte Farmhaus **Geelbek** ④ am Südende der Lagune, wo die Parkverwaltung ein Informationszentrum eingerichtet hat. Geelbek ist der Ausgangspunkt für mehrere Lehrpfade und ein- und mehrtägige Wanderwege. Die Lagune ist hier besonders abwechslungsreich. Unter den Zugvögeln aus dem hohen Norden findet man den Großen Brachvogel, Knutt, Pfuhlschnepfe und Terekwasserläufer. Auch die Gabelschwanz-Seeschwalbe aus der Antarktis ist regelmäßig zu Gast. Raubseeschwalbe, Schwarzer Austernfischer und beide Flamingoarten (bei ⑤) finden sich in der Saison in großer Zahl ein.
Auf dem zweiten Teil der Fahrt kommt man an ein paar kleinen malerischen Dör-

fern mit schönen »White Milkwood Trees« (bei ⑥) vorbei. Überall am Lagunenrand kann man wasserliebende Vögel beobachten. Die Fahrt endet am Postberg ⑦, Teil eines Kontrakt-Naturreservates, das nur zur Blumenblüte zwischen August und Oktober geöffnet ist. Zwischen prächtigen Frühlingsblumen und Sukkulenten (S.211) kann man Streifengnus (S.135), Buntböcke (S.31) und Elenantilopen am Rande der azurblauen Lagune beobachten.

Praktische Tips

Anreise
Von Kapstadt auf der R27 etwa 110 km nordwärts, dann links abbiegen nach Langebaan.

Klima/Reisezeit
Das Gebiet liegt im Winterregengebiet und ist die meiste Zeit des Jahres kühl und windig. Die Sommer sind trocken und sonnig. Mit einem Jahresdurchschnitt von 270 mm ist der Regenfall sehr niedrig. Morgennebel sind häufig.

Parkeinrichtungen
Das Schutzgebiet ist in Zonen eingeteilt. Sie reichen vom multifunktionalem Freizeitgebiet bis zu Wildnisarealen, in denen keine Besucher zugelassen werden. In den anderen Zonen darf man Segeln, Windsurfen und mit dem Motorboot fahren. Den nördlichen Teil der Bay verunziert ein großer Erzhafen mit Eisenbahnanschluß ⑫.

Unterkunft/Verpflegung
Eine Lodge beim Hauptquartier der Parkverwaltung bietet Unterbringung in gehobener Preisklasse. Hotelzimmer und Strandhäuser gibt es im Ort Langebaan zu mieten, wo alle Einkaufsmöglichkeiten angeboten werden.

Camping
In Langebaan und Saldanha. Alle modernen Einrichtungen.

Wandern/Ausflüge/Exkursionen

Wanderwege zur Naturbeobachtung rund um die Lagune und am Postberg-Naturreservat. Touren zu den »Bird Islands« Marcus ⑧, Malgas ⑨, Schaapen ⑩ und Jutten ⑪ sind unter Führung möglich. Es gibt geführte Kanu-Touren rund um die Inseln. TIP: Das Gebiet grenzt an die Region von Namaqualand, die durch ihre Blumenblüte im Frühling berühmt geworden ist und zwischen August und Oktober von Touristen aus aller Welt besucht wird. Um diese Jahreszeit kann man einen Besuch beider Gebiete verbinden, wenn die Brutzeit der Kaptölpel beginnt.

Ausstellung

Lamberts Bay: Das Sandveld-Museum gibt einen Überblick über das Leben der ersten weißen Siedler.

Adressen

⇨ National Parks Board (Kapstadtbüro), P.O. Box 7400, 8012 Roggebaai, RSA, Tel. (021) 222810, Fax (021) 246211.

Überall an den Küstengewässern, aber auch auf Müllkippen, kommt die Dominikanermöwe vor.

⇨ West Coast National Park, P.O. Box 25, 7357 Langebaan, RSA, Tel. (02287) 2144.
⇨ The Town Clerk, P.O. Box 4, 8130 Lamberts Bay, RSA, Tel. (026732)9, Fax (026732)217.
⇨ The Officer-in-Charge, Rocher Pan Nature Reserve, Private Bag, 7365 Velddrif, RSA, Tel. (02625) 727.

Blick in die Umgebung

Rochers Pan und Lamberts Bay sind zwei weitere Orte, die sich der Vogelliebhaber merken sollte. Zur **Rochers Pan** fährt man von Langebaan auf der R27 weiter bis Velddrif und erreicht die Pfanne nach weiteren 15 km. Die Zufahrt ist gut beschildert. Das flache Gewässer, das nur in der Saison vom kleinen Papkuils River gefüllt wird, ist nach gutem Regen ein hervorragender Platz zur Beobachtung von Watvögeln und Wasservögeln, von denen eine Reihe von Arten hier brüten. Der meiste

Brillenpinguine

Sie sind die einzige Pinguinart des afrikanischen Festlandes und kommen nur an der kühlen Westküste des südlichen Afrikas vor. Um die Jahrhundertwende brüteten sie noch in großer Anzahl auf den Felseninseln vor der Küste zwischen Kapstadt und Lüderitz. Pinguinfleisch ist eßbar, und auch die Eier sind schmackhaft. Man stellte ihnen deshalb schon während der Ära des Guanoabbaus nach, als hunderte von Segelschiffen das »weiße Gold« nach Europa brachten, das den Landbau revolutionierte. Kommerzielle Überfischung, die Abnahme geeigneter Brutstätten und Ölverschmutzung führten zur Gefährdung ihres Fortbestehens.

Heute sind kaum noch 90000 Brillenpinguine übrig. Obwohl sie schon lange geschützt werden, sinken ihre Bestandszahlen ständig ab.

Allerdings gibt es einen Lichtblick. Neuerdings haben die kleinen Pinguine Brutkolonien auf dem Festland gebildet. Sie fanden dort relativ ungestörte Plätze, wo die neuen Feriensiedlungen ihren natürlichen Raubfeinden den Zugang zur Küste abschnitten. Naturschützer bemühen sich, diese Brutplätze durch starke Zäune vor Raubfeinden und unvernünftigen Besuchern zu sichern.

Regen fällt im Winter. Zwischen Januar und Mitte Mai ist die Pfanne meist leer. Springbock (S. 186), Greisbock, Steinböckchen, Kronenducker und mehrere Ichneumonarten leben im niedrigem Gebüsch des »Strandveld«, ganz nah bei der kurzlebigen Salzpfanne. Die beste Besuchszeit liegt im Frühling. In der näheren Umgebung gibt es Landhotels und Campingplätze.

Lamberts Bay, Zentrum des Langustenfanges an der Westküste, liegt etwa 270 km nördlich von Kapstadt. Man fährt auf der N7 und biegt bei Clanwilliam links ab. Aus Richtung Langebaan–Velddrif fährt man an der Küste entlang etwa 100 km weiter nach Norden. Der größte Teil dieses Fahrweges ist ungeteert und sandig, führt aber durch malerische kleine Fischerorte. »Bird Island«, gleich neben

Zehntausende Kaptölpel versammeln sich zur Brutzeit bei Langebaan und beim Langustenhafen Lamberts Bay.

Schwarze Austernfischer sind häufig an der Küste.

dem Fischereihafen von Lamberts Bay, ist durch eine Mole mit dem Festland verbunden und die am leichtesten zugängliche Vogelinsel vor der Westküste. Mehr als 10 000 Kaptölpel brüten von Oktober bis Februar. Das spektakuläre Paarungs- und Territorialverhalten dieser eleganten Stoßtaucher ist aus nächster Nähe von einem Ansitz aus zu beobachten. Große Scharen der Kapkormorane (S. 189) sind das Jahr hindurch anwesend. Auf den Riffen lassen sich oft Bärenrobben (S. 188) nieder. Außer einer kleinen Kolonie von Brillenpinguinen brüten auch die rotäugige Wahlberg-Scharbe und die seltene Küstenscharbe auf der Vogelinsel. Der Ort besitzt ein Hotel und einen Campingplatz mit modernen Einrichtungen. Privatzimmer können gemietet werden.

3 Kalahari-Gemsbok-Nationalpark

Trockensavanne und rote Dünen; Tierkonzentrationen an Wasserstellen in Trockenflüssen; Heimat von Brauner Hyäne, Spießbock und Springbock; guter Löwenbestand; Gepard, Leopard, Tüpfelhyäne, Honigdachs, Löffelhund; Erdmännchen; Greifvogelparadies; riesige Webernester; Gnu, Elen- und Kuhantilope wandern in großen Herden.

Der Kalahari-Gemsbok-Nationalpark wurde 1931 zum Schutze von Tieren und Pflanzen im äußersten Nordwesten Südafrikas eingerichtet. Er ist 9600 km² groß und bildet zusammen mit dem angrenzenden Gemsbok-Nationalpark in Botswana ein Areal von über 27 000 km². Dieses riesige Reservat wird als eine Einheit behandelt, denn es ist eine der letzten Regionen in Afrika, wo große Tierwanderungen noch möglich sind. Weiträumige Nahrungssuche ist eine wichtige Überlebensstrategie von Großsäugern in Trockenräumen. Ansätze zur gemeinsamen Verwaltung bestehen bereits.

Der Kalahari-Gemsbok-Nationalpark liegt am unteren Ende eines riesigen, 2,5 Mio. km² großen Sandbeckens. Es reicht vom Oranje River bis über den Äquator hinaus, nach Westen tief nach Namibia hinein und im Osten bis nach Simbabwe. Die gewaltigen Sandmengen entstanden durch die Erosion riesiger Felsmassen, die das Becken mit feinem Sand füllte, welchen der Wind dann zu Dünen formte. Die Sandkörner sind von natürlichem Eisenoxid gefärbt, das durch die geringen Niederschläge kaum herausgewaschen wurde. Deshalb leuchten die Dünen in einer reichen Farbenskala.

Der Nationalpark besteht zum einen aus roten Sanddünen, zum anderen aus zahlreichen Salzpfannen mit spärlichem

Strauße sind dem Leben unter Wüstenbedingungen angepaßt. Sie werden in Südafrika auch in Farmen gezüchtet.

Pflanzenwuchs. Erst in den letzten 10 000 bis 20 000 Jahren wurden die Dünen durch Pflanzenwuchs stabilisiert, so daß sich die karge Trockensavanne bilden konnte, in der hier und da ein Baum die endlose Ebene unterbricht. Das eigentliche Rückgrat des Systems sind aber die ausdauernden niedrigen Büsche. Sie verhindern die Umwandlung der Region in reine Wüste.

Oberflächenwasser gibt es nicht. Nossob und Auob, zwei breite, flache Trockenbetten, tragen nur den Namen von Flüssen. In den vergangenen 100 Jahren führten sie dreimal Wasser, und das nur streckenweise. Aber sie geben der monotonen, menschenleeren Landschaft ihren Reiz. Nur die San, phantastische Überlebenskünstler, durchstreiften die harsche Region, die zu großen Teilen heute noch unberührt ist.

Pflanzen und Tiere

Die Trockensteppen des südwestlichen Afrikas von der Kalahari bis zur Namib-Küste sind das letzte Rückzugsgebiet der Braunen Hyäne. Das Territorium des in kleinen Clans lebenden Tieres kann über 300 km² groß sein. Obwohl die Braune Hyäne nachtaktiv ist, sieht man sie im Winter oft tagsüber an den Wasserlöchern am Rande der Trockenbetten von Nossob und Auob.

Der Spießbock, nach dem der Nationalpark benannt ist, kommt auch hier häufig vor. Im südlichen Afrika wird er allgemein »Gemsbok« genannt, weil ein Bure glaubte, daß Gemsen so aussehen müßten. Streifengnus (S. 135), Elen- und Kuhantilopen (S. 67) gibt es ebenfalls in großer Zahl. Ihre Wanderungen in Dürrezeiten erwecken Respekt. Diese hängen von den sporadischen Regenfällen und dem Ange-

bot an Weide ab. Im Wildpark muß Trinkwasser aus Bohrlöchern gepumpt werden. Solche Wasserstellen sind überall entlang der Trockenbetten angelegt worden. Sie ziehen Pflanzenesser, Raubwild und Greifvögel an, die man dort während der Trockenzeit am besten beobachten kann.

Namaflughühner bringen Wasser in Brustfedern zu den Jungen.

Sie gewöhnen sich leicht an Menschen und können aus nächster Nähe beobachtet und fotografiert werden. Auf den Hinterbeinen stehend halten sie nach Feinden Ausschau. Außer Schakal und Honigdachs stellen ihnen vor allem Greifvögel nach. Der Schakal ist auch hier der größte Opportunist unter den Tieren. Er kann sich von Springbocklämmern ernähren, die er in Partnerschaft jagt, kommt aber auch mit Tsamma-Melonen aus.

Unter den rund 280 Vogelarten sind die 80 standorttreuen meist Insektenesser und Greifvogelarten. Körner- und fruchtessende Arten sind überwiegend saisonale Besucher oder Durchzügler. Mehr als 50 Greifvogelarten haben in der Kalahari ideale Jagdreviere gefunden. Verbreitet ist der stelzbeinige Sekretär, der Mäuse und Eidechsen fängt, aber auch mit großen Giftschlangen fertig wird. Mehr als 50 Sekretäre können sich im Sommer an einer Wasserstelle versammeln, wo frühmorgens auch das Namaflughuhn lärmend einfällt.

Schwarzbrust-Schlangenadler, Kampfadler und Raubadler sind ebenfalls zahlreich. An kleineren Greifvögeln sieht man oft Weißbürzel-Singhabicht, Gabarhabicht, Lanner- und Steppenfalke.

Zur Regenzeit verstärken viele Zuwanderer die Vogelbestände. Steppenadler und Rotfußfalke aus den russischen Weiten, Schwarzmilan und auch Weißstorch machen sich über die Massenschwärme der Flugtermiten her. Falken und Milane schnappen sie aus der Luft, während Raubadler, Steppenadler und Gaukler am Boden aufräumen. 60 oder mehr große Greife kann man dann an einer Schlupfstelle sehen. Die 6 standorttreuen Eulenar-

Auch Löwe, Leopard (S. 183), Tüpfelhyäne (S. 139), Kapfuchs (S. 49), Honigdachs, Schakal und Löffelhund sind hier heimisch. Erdmännchen oder Scharrtiere sind gesellige und possierliche kleine Räuber.

Der Löffelhund ist nicht nur Termitenvertilger. Im Winter nimmt er sehr viel pflanzliche Kost zu sich.

Die Gemeinschaftsnester der Siedelweber bilden einen kompakten Bau.

ten sind Milchuhu, Fleckenuhu, Afrikanische Zwergohreule (S.129), Weißgesicht-Ohreule, Schleiereule und der winzige Perlkauz, der auch tagsüber jagt.

Unter den verschiedenen Trappenarten fällt die Riesentrappe auf. Der schwerste fliegende Vogel der Welt wird gelegentlich von der Braunen Hyäne erbeutet. Hervorragend angepaßt an die trockene Kalahari ist der Doppelband-Rennvogel. Er widersteht extremer Hitze und brütet das ganze Jahr in praller Sonne, legt aber immer nur ein einziges Ei in das unscheinbare Bodennest, zur Tarnung oft neben Antilopenlosung.

Der Baumbestand ist weder zahl- noch artenreich. Sehr häufig ist der stämmige Weißstamm, der Schatten und Kühle selbst während der heißesten Zeit spendet. Seine Blätter bilden willkommene Nahrung, da sie das Jahr hindurch reich an Proteinen sind.

In den Trockenbetten dominiert der majestätische Kameldorn, der Höhen von über 15 m erreicht. Er besitzt ein weitverzweigtes, tiefreichendes Wurzelsystem und kann deshalb auch in den Dünen wachsen, wenn auch nur buschhoch. Rosinenbusch und Grauer Kameldorn vervollständigen die magere Auswahl. Nach längeren Regenfällen brechen kurzlebige Pflanzen in Massen hervor und bringen einen Augenblick lang den Hauch von Eden in die öde Landschaft. Tsamma-Melone und Gemsbokgurke sind Lebensretter für Tier und Mensch. Die Kürbisfrüchte sind kalorienarm, enthalten aber über 90% Wasser, Vitamine und Spurenelemente. Beliebt sind die Früchte bei der Braunen Hyäne. Sie verbreitet die Kerne durch ihren Verdauungstrakt. Nächtliche Frosch

Wie kein anderes Tier ist die Braune Hyäne an die wasserlose Welt von Kalahari und Namib angepaßt.

3 Kalahari-Gemsbok-Nationalpark

Kalahari-Gemsbok-Nationalpark

↑ Union's End

BOTSWANA

⑦
⑥
⑤

Nossob ⚠🏕

④

Grenze nach Namibia
(kein Übergang möglich!)

⚠ Mata
🏕 Mata

⑨ Dünenpfad

③

⑧

Nossob River (Trockental)

Auob River (Trockental)

②

①

N

0   20   40 km

⚠🏕 Twee
Rivieren

Upington ↓

---

pfad schafft eine Querverbindung zum zweiten Fahrweg, der Twee Rivieren durch das engere Trockental des **Auob** mit **Mata Mata** (130 km) verbindet. An den Salzpfannen ⑨, die nach reichlichem Regen mit Wasser gefüllt sein können, kann man Spießböcke und manchmal auch anderes Wild sehen. Bestimmte Trinkplätze in den Trockenbetten werden von kundigen Besuchern bevorzugt. Es muß erwähnt werden, daß sich die Bedingungen in einem ariden Gebiet sehr schnell ändern können. Deshalb sollte man sich immer selbst vor Ort erkundigen.

Bei **Leeudril** ① und **Rooiputs** ②, dicht bei Twee Rivieren, halten sich oft größere Springbockherden auf. Scharen von Namaflughühnern fallen morgens ein, wenn auch viele Tauben und andere Vogelarten zu den Tränken fliegen. Besonders große Kameldornbäume tragen die Riesennester der Siedelweber. Durch Kot kalkweiße Stellen unter den Bäumen zeigen an, daß Zwergfalken eingezogen sind. Die winzigen Greifvögel sind auf Eidechsen spezialisiert.

Zwischen den Wasserstellen **Dikbaardskolk** ③ und **Kaspersdraai** ④, kurz nach der Abzweigung des Dünenpfades, trifft man oft auf Löwen und Hyänen. Nördlich vom **Rastpark Nossob** sind **Cubitje Quap** ⑤, **Kwang** ⑥ und **Bedinkt** ⑦ gut geeignet zur Beobachtung von Brauner Hyäne, Löwe, Schakal und Löffelhund. Auch Riesentrappen und Greifvögel finden sich oft am Wasser ein. Eingeweihte schwören, im engen Tal des **Auob** sei Tierbeobachtung und -fotografie am besten.

Hier wächst der Graue Kameldorn, ein graziöser kleiner Baum mit silbrigen Blättern, der typisch ist für diese aride Region. Er kann sich mit dem stattlichen Kameldorn kreuzen.

Bei den Bohrlöchern **Dalkeith** und **Groot Skrij** ⑧ vor Mata Mata schlängelt sich die Piste mehrmals durch das Flußbett. Ein Wissenschaftler, der 12 Jahre lang Raubtierverhalten in der Kalahari studierte, sag-

---

konzerte stehen denen in subtropischen Feuchtgebieten wenig nach, wenn Gesprenkelter Kurzhalsfrosch, Ochsenfrosch (S.173) und kleine Sandfrösche nach starkem Regen in großer Zahl auftreten.

Im Gebiet unterwegs

Verirren kann man sich kaum, denn es gibt nur drei Wege. Einer führt von **Twee Rivieren** am Trockental des **Nossob River** entlang, zum Rastpark (160 km) gleichen Namens, und weiter bis an die nördliche Parkgrenze bei Union´s End. Diese Strecke wird zur Beobachtung von Greifvögeln sehr empfohlen. Der sogenannte Dünen-

te: »Das ist der beste Ort der Welt, um Geparden (S. 129) bei der Jagd zu beobachten.«

Der in Botswana liegende Teil des Kalahari-Schutzgebiets ist noch sehr unzugänglich und kann von der südafrikanischen Seite nicht betreten werden.

TIP: Die meisten der 6 Eulenarten können in den Rastparks beobachtet werden. In Nossob gibt es mehrere Pärchen der Afrikanischen Zwergohreule (S. 129), Weißgesicht-Ohreule, Schleiereule und des Perlkauzes. Fragen Sie beim Empfang der Rastparks nach.

ACHTUNG: Durchfahrt von Mata Mata nach Namibia ist nicht gestattet. Bei Pannen im Park: Warten Sie geduldig in Ihrem Auto, falls Sie nicht zur festgesetzen Zeit von Ihrer Pirschfahrt zurückkehren, wird man Sie suchen. Nehmen Sie immer einen ausreichenden Wasservorrat mit.

Praktische Tips

Anreise
Von Upington am Oranje River bis **Twee Rivieren**, dem größten Rastpark und Parkhauptquartier, sind es etwa 350 km. Man

Kap-Erdhörnchen kann man mühelos im Rastpark beobachten.

kann zwischen zwei Routen wählen: beides Schotterstraßen, die nicht immer in tadellosem Zustand sind. Vor Fahrtbeginn Straßenzustand im Verkehrsbüro oder beim Automobilclub erfragen.

Anreise von Johannesburg auch über Vryburg, Kuruman und Hotazel (580 km). Weiter auf manchmal schlechter Schotterstraße über Van Zylsrus bis Twee Rivieren (340 km).

Entfernung zwischen Upington und Kapstadt 900 km, Johannesburg 800 km, Windhoek 1000 km, Durban 1220 km. Liniendienst der südafrikanischen Luftlinie von allen Zentren nach Upington. Hier können Leihwagen aller Art gemietet werden. Vorbestellungen für Gemsbok-Park möglich.

Klima/Reisezeit
Das Gebiet liegt in der permanenten Hochdruckzone des südlichen Afrikas und kennt keine vier Jahreszeiten. Von Oktober bis März sind Tage und Nächte oft ungemütlich heiß. Regen fällt meist zwischen Januar und April, in der Regel in gewaltigen Wolkenbrüchen. Die Wintermonate von Mai bis September sind warm bis kühl und trocken, mit sehr kalten Nächten. Temperaturen steigen im Sommer weit über 40 °C, im Winter können sie nachts bis -10 °C sinken.

ACHTUNG: Nach der Regenzeit ist die Tierbeobachtung von März bis April besonders gut; zu allen Jahreszeiten am besten frühmorgens und am späten Nachmittag. Das Wild sammelt sich an den Rändern der Trockenbetten. Im Winter verspricht geduldiges Warten an den Wasserstellen den besten Erfolg.

TIP: So hält man sich unterwegs in der größten Mittagshitze kühl: Man legt sich angefeuchtete Handtücher über Kopf, Schultern und über die Beine.

Parkeinrichtungen
Tankstelle in allen Rastparks. Twee Rivieren besitzt ein Schwimmbad.

Kalaharilöwen

Sie sind keine besondere Art oder Unterart, wie oft behauptet wird, sondern nur besonders gut an die wüstenhafte Umgebung angepaßt. Löwen sind überhaupt überraschend anpassungsfähig und reagieren schnell auf Umweltveränderungen. In der Kalahari können sie monatelang ohne Trinkwasser auskommen. Um ihre Nahrung müssen sie hier härter kämpfen als in anderen Lebensräumen. Das offene Gelände erschwert das Anpirschen an größere Tiere, und die Rudel müssen oft mit geringer Beute auskommen. Hohe Welpensterblichkeit ist eine Folge der harten Lebensumstände und Teil der strengen natürlichen Auslese.

Stachelschweine stellen einen hohen Anteil der Löwennahrung. Manche Löwen sind regelrechte Stachelschwein-Spezialisten, die mit ihrer wehrhaften Beute leicht fertig werden. Es kommt aber vor, daß lange Stacheln in der weichen Schnauze steckenbleiben und zum Tode des Löwen führen. Stachelschweine sind nicht nur wichtige Beutetiere für Löwen. Sie schaffen auch durch ihren umfangreichen Höhlenbau Unterschlupf für andere Tiere. Hyänen leben oft mit Stachelschweinen im gleichen Bau, ohne daß sich die ungleichen Tiere befeinden.

Trockener Westen und Highveld sind Jagdgebiet des Steppenfalken. Er fängt hauptsächlich Gliederfüßer.

Unterkunft/Verpflegung
Abgeschlossene Cottages, Chalets und Hütten mit Bettwäsche und Kücheneinrichtung in allen Preislagen in den drei Rastparks **Twee Rivieren**, **Nossob** und **Mata Mata**. Volle Elektrizität und Klimaanlagen nur in Twee Rivieren. Hier werden kleine »Satelliten-Camps« gebaut, die der Atmosphäre eines übergroßen Ferienlagers entgegenwirken sollen. Läden in allen 3 Rastparks. Restaurant und Schnellimbiß nur Twee Rivieren.

Camping
Gute Campingplätze in allen 3 Rastparks, mit heißen Bädern, Duschen und Waschküche. Nur 8 der Zelt- und Wohnwagenplätze von Nossob haben ausreichend Schatten.

Wandern/Ausflüge/Exkursionen
Kleiner Lehrpfad innerhalb des Nossob-Rastparkes. Organisierte Fahrten in Geländewagen und mehrtägige Kamelritte mit Übernachtungen in löwensicheren Strohhütten. In Nossob gibt es ein Informationszentrum, wo man sich über die Ökologie der Kalahari unterrichten kann.
ACHTUNG: Malariavorbeugung besonders im Sommer empfohlen.

Adressen/Information
➪ The Park Warden, Private Bag X5890, Gemsbokpark 8815, Tel. 0020 und Gemsbokpark 9901 anmelden.
➪ Buchungen: National Park Board, P.O. Box 787, Pretoria 0001, RSA, Tel. (012) 343 1991, Fax 343 0905.
➪ Cape Town, P.O. Box 7400, Roggebaai 8012, Tel. (021) 222810, Fax 24 6211.
➪ Autoverleih: Avis Rent-a-Car, Upington Airport, Tel. (054) 25746/7, Fax 25372.

Spießböcke leben in kleinen Gruppen, unabhängig von Trinkwasser. Junge werden das ganze Jahr über geboren.

4 Karoo-Nationalpark

Faszinierende Halbwüste im Vormarsch; höchste Dichte von Kaffernadler und Klippschliefer; Kap-Bergzebras; 5 Arten Landschildkröten; reiche Fossilienfunde; prähistorische und botanische Lehrpfade; abenteuerliche Exkursionen mit Geländewagen; südlicher Nachthimmel ideal für Sternbeobachtung.

San-Buschleute und Khoi-Hirten mit ihren Fettschwanzschafen waren die ersten, die durch die Karoo streiften. Sie nannten ihre neue Lebenswelt »kurú«, das heißt »trocken, unfruchtbar oder rauh«. Es beschreibt treffend die **Große** oder **Nama Karoo**, deren Unendlichkeit man bei der Durchreise erfährt.

Inzwischen wurde Südafrikas größter natürlicher Lebensraum von den Schafen der weißen Großfarmer überweidet. Das silbrige Gras verschwand, das den kargen Boden so lange geschützt hatte. In 100 Jahren hat sich die Karoo mehr als verdoppelt. Sie nimmt heute bereits mehr als ein Drittel Südafrikas ein und dringt heiß und trocken immer tiefer in die benachbarten

Savannen vor. Die meisten Grasesser und alle Raubtiere wurden ausgerottet, auch die Braune Hyäne (S.43), die hier einen idealen Lebensraum besaß und sich kaum an Schafen vergriffen haben dürfte, die in übergroßen Herden die Karoo verwüsteten. Mit Gift geht es immer noch auch den Greifvögeln an den Kragen. Kein einziger Geier kreist mehr über der 400 000 km² großen Region. Die Artenverarmung erstreckt sich vor allem auch auf die Pflanzenwelt.

Der Karoo-Nationalpark ist ein Versuch, diesen Prozeß umzukehren und die Karoo wenigstens teilweise zu regenerieren. Das Reservat, eines der jüngsten Afrikas, liegt mitten in diesem malträtierten Groß-Ökosystem. Es wurde 1979 proklamiert, ist 32 800 ha groß und soll auf mindestens 100 000 ha erweitert werden. Die Karoo ist bekannt für ihre zahlreichen Fundstellen von Fossilien, deren Alter zwischen 1 Mio. und 2300 Mio. Jahren datiert wurde. Die Karoo-Funde zeigen den Weg der Evolution von der Entstehung der Fische bis zur Ära der Saurier. Eine bekannte Sammlung von fossilierten Landwirbeltieren wirft Licht auf die Entwicklung der Säuger aus den Reptilien.

Die reichen Fossilienfunde im Karoo-Nationalpark und seiner Umgebung stammen hauptsächlich aus dem Erdmittelalter (Mesozoikum), als die Karoo ein seichtes Inlandmeer war, in dem gewaltige Mengen von Sand und Schlamm abgelagert wurden, bevor das Binnenmeer austrocknete. Danach setzte lebhafte vulkanische Aktivität ein, deren Reste heute als typische Kegel- und Tafelberge der Karoo aus den Ebenen herausragen.

Die Pantherschildkröte ist die größte Art im Süden Afrikas. Sie kann in der unwirtlichen Karoo leben.

Pflanzen und Tiere

Staunenswert ist, daß in diesem rauhen Lebensraum 5 Arten von Landschildkröten vorkommen, eine Zahl, die nirgendwo anders erreicht wird. Es sind Pantherschildkröte, Zeltschildkröte, Schnabelbrust-Schildkröte sowie Sporn- und Boulenger-Flachschildkröte. Die große Zahl von 66 Reptilienarten deutet auf die Verschiedenartigkeit der Lebensräume hin. 37 Eidechsenarten kommen nebeneinander vor. Unter ihnen befinden sich mehrere Gürtelschweif-Arten, die ausschließlich im südlichen Afrika beheimatet sind. Der Karoo-Gürtelschweif ist eine bewegliche Sonnenuhr. Sein »drittes Auge« auf der Kopfplatte mißt Veränderungen der Tageslänge, Lichtintensität und Temperaturwechsel und stimuliert bzw. verändert entsprechend die Hormonproduktion; so werden die Tiere angeregt, sich zu vermehren oder sich auf den Winterschlaf vorzubereiten.

Die Wiedereinbürgerung von Säugetieren, die früher hier lebten, ist noch nicht abgeschlossen. Im Reservat gibt es aber schon über 100 Kap-Bergzebras (S.66), 1500 Springböcke, Elenantilopen und 50 bis 60 Spießböcke. Das Spitzmaulnashorn (S.107) wird ebenfalls wieder eingebürgert. Kudus (S.125), Klippspringer (S.123), Steinböckchen und Bergriedböcke (S.69) hatten überdauert.

Die Horste der Kaffernadler liegen sehr dicht nebeneinander. Etwa 28 000 Klippschliefer (S.57) bildeten die Hauptnahrung dieser großartigen Greifvögel. Der Löffelhund (S.42) ist ebenfalls verbreitet. Er lebt hier etwa zu gleichen Teilen von Insekten und Wildfrüchten. Das Vogelleben fluktuiert stark, wie das in einer semi-ariden Region zu erwarten ist. Über 180 Arten wurden gezählt. Am besten ist die Vogelbeobachtung nach starken Regenfällen. In langen Trockenperioden kann sie mühsam werden.

Die dünne Pflanzendecke der Halbwüste besteht heute vorwiegend aus zwerghaften Holzpflanzen. Nur an den meist trockenen Wasserläufen wachsen größere Büsche und Bäume. Die langsam wachsenden Sukkulenten sind vor der Konkurrenz raschwüchsiger Arten in spezielle Lebensräume ausgewichen.

Der Kapfuchs kommt bis an die Campingfeuer und erbettelt Reste von der abendlichen Grillparty.

Typische Karoo-Kegelberge: »Drei Schwestern«. Wahrzeichen an der Hauptstraße Kapstadt–Johannesburg.

Im Gebiet unterwegs

Die Rundfahrt »Lammertjieslegte« ① führt etwa 13 km durch typische Karoo-Ebene, die früher ein Weidegebiet für Karoo-Schafe war. Anfangs war der Anteil der Grasdecke hier 5,8%. Er hat sich inzwi-

Ihre Samen verbreitet die *Brunswigia radulosa* durch Strahlenräder, die der Wind über die Ebenen treibt.

schen vervielfacht. Man sieht, wie die Folgen von Überweidung und Erosion durch die Natur ausgeglichen werden. Ein gutes Zeichen dafür sind auch die anwachsenden Wildbestände. Rechts und links der Fahrbahn sieht man Springböcke, Kap-Bergzebras, Kudus, auch Elenantilopen und Spießböcke (S. 47) , die aus der Kalahari eingebürgert wurden. Ludwigs- und Namatrappe, Strauße, Langschwanz-Eremomela und Bleichschmätzer sind hier ebenfalls zu finden.

Die Trockenbetten, die man mehrmals durchquert, bilden durch ihre höhere Bodenfeuchtigkeit wichtige Lebensräume. Hier wachsen größere Büsche und Bäume, wie der für die Karoo typische Süßdorn, der Säugern und Vögeln Schutz und Nahrung gewährt. Das dichte Ufergebüsch ist Lebensraum des nachtaktiven Buschmannhasen. Er ist Südafrikas meistgefährdetes Säugetier und soll auch hier wieder angesiedelt werden.

Achten Sie an den Rändern der Trockenbetten auch auf Namaprinie, Rußnektarvogel und Kaptschagra. Vögel können auch in Muße von der Veranda der Cottages ② beobachtet werden. In der Schlucht hinter dem Touristenkomplex kann man Klippenpieper und den nur in der Karoo vorkommenden Zimtbrustsänger aufspüren. Es hilft, wenn man die Gesänge dieser scheuen Arten kennt. Auffälliger ist ein Sommergast aus Europa, der Pirol, den man zuweilen in den hohen Bäumen bei der Parkverwaltung antrifft.

Abends tritt der Kapfuchs oft in den Schein der Lagerfeuer auf dem Campingplatz und holt sich die Reste des Gegrillten. Auf dem Weg zum Campingplatz sieht man rechts einen Stapel von rotbraunen Natursteinen ③, ein »Denkmal für den Artenschwund«. Darunter verbirgt sich ein sogenannter Wolfskäfig, eine primitive Lockfalle für den Fang von Hyäne und Schakal, die mit einem Köder hineingelockt und dann entweder erschossen oder aufgespeert wurden.

Eine 12 km lange Fahrt führt auf geteerter Fahrbahn über den **Klippspringer-Mountain-Paß** ④ zum Plateau hinauf, mit einer ganz anderen Vegetation. Achten Sie am Fuße des Passes auf die Schlieferkolonien in den Gesteinstrümmern auf der linken Seite ⑤ und auf die »Karoo Crossberry«-Büsche, die durch intensive Beweidung durch Schliefer oft bizarre Formen annehmen. In höheren Lagen begegnet man frühmorgens sicherfüßigen Klippspringern, die gern auf den naturnahen Stützmauern laufen, die nach einer im 19. Jh. benutzten Methode mühsam von Hand aufgeschichtet wurden.

Kaffernadler (S. 86), die ihre Horste in den Doleritfelsen ⑥ haben, kreisen oft hoch im Aufwind. Zwergadler und Wanderfalke sind ebenfalls häufig. Den Kapuhu kann man gelegentlich überraschen. Oben gewinnt man weite Ausblicke über die Karoo-Landschaft.

Praktische Tips

TIP: Das Frühaufstehen ist ein Muß, denn die Taufrische des Karoo-Morgens wird bald abgelöst durch die knisternde Tageshitze. Das Erlebnis eines Sonnenaufgangs wird nur vom Blick in den unendlich klaren südlichen Sternhimmel übertroffen, von dem das Kreuz des Südens funkelt.

Anreise
Der Eingang zum Park liegt an der N1 zwischen Kapstadt (500 km) und Johannesburg (1000 km), 12 km südlich von Beaufort West.

Mit Hilfe der »Wolfsfalle« wurden Braune Hyäne und andere Beutegreifer in der Karoo brutal ausgerottet.

Klima/Reisezeit

Das Schutzgebiet ist das Jahr hindurch geöffnet. Der Sommer ist heiß und trocken.
Der jährliche Niederschlag erreicht kaum
250 mm und fällt hauptsächlich im Spätsommer. Die sonnigen Wintertage sind
angenehm, die Nächte sehr kalt.
Starke Winde sind um August herum zu
erwarten. Im benachbarten **Beaufort West**
wurde mit 185 km/h die höchste Windgeschwindigkeit in Südafrika gemessen.

Unterkunft/Verpflegung

Moderne, eingerichtete Chalets, Restaurant und Laden, dessen Preise über üblichem Niveau liegen. Alle Einkaufsquellen
im benachbarten Beaufort West.
Mountain View Rest Camp ⑦ für Liebhaber
grandioser Landschaft: einfache Hütte in
den Bergen mit Betten und Matratzen.
Alles andere muß mitgebracht werden.
Längere Anfahrt von außerhalb des Reservates. Im Winter geschlossen. Buchung
beim Empfang.

Camping

Moderner Wohnwagen- und Campingplatz mit saftigem Rasen.

Wandern/Ausflüge/Exkursionen

Beim Touristenpark beginnen zwei kurze
Lehrpfade ⑧, auf denen Karoo-Vegetation
und Karoo-Geologie sowie Fossilienfunde
erklärt werden. Ein 11 km langer Wanderweg ⑨ führt durch den **Fonteintjieskloof**.
Die dreitägige Springbock-Wanderung ⑩
muß man beim Empfang buchen. Eigene
Ausrüstung ist selbst zu tragen. Übernachtung in restaurierten Schäferhütten. Eine
70 km lange Route durch schwieriges Gelände, ausgelegt für Fahrzeuge mit Vierradantrieb ⑪, ist neu für Südafrika. Man
kann an einer von der Parkverwaltung or-
ganisierten Fahrt teilnehmen – auch über
Nacht – oder im eigenen Fahrzeug durchs
Gelände schaukeln, vorausgesetzt, man
besitzt genügend Erfahrung für eine solche
Geländefahrt, die einem die Natur näher
bringen soll.

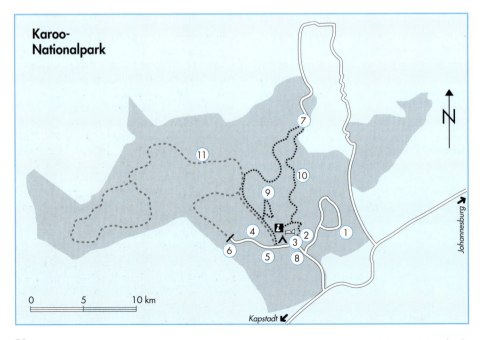

Karoo-
Nationalpark

0   5   10 km

Johannesburg

Kapstadt

Kaffernadler und Klippschliefer

Zwanzig Brutpaare der Kaffernadler (S.86) horsten in den Dolomitwänden des Reservates in Abständen von etwa 4 km. Voraussetzung für diese Rekorddichte ist die große Bevölkerung von Kap-Klippschliefern (S.57), reine Felsenbewohner und eng mit dem Elefanten verwandt. Durch ihre Jagd beschränken die Kaffernadler das Vorkommen der Klippschliefer auf die unmittelbare Umgebung der Schlupfwinkel und kontrollieren so die Bestände. Die großen Greife fliegen zu zweien schnell und niedrig über felsiges Gebiet. Während der eine die Schliefer ablenkt, stößt der andere aus der Sonne auf die Beute, vorwiegend männliche Jungtiere, die von dominierenden Männchen vertrieben

wurden. Durch einen Lichtschutz in der Retina können die Schliefer einen aus der Sonne anfliegenden Adler wahrnehmen. Ein kurzes Bellen des Wachtpostens, und in 2,7 Sekunden erreichen die Schliefer aus einer Entfernung von 12 m ihren Schlupfwinkel, während ein Adler sie in 3 Sekunden aus einer Höhe von 150 m erreichen kann. Ein Kaffernadlerpaar fängt im Jahr etwa 160, besonders erfolgreiche über 300 Schliefer. Da die Kaffernadler in Farmgebieten ausgerottet wurden, vermehren sich die Schliefer hier ungehindert und können in guten Jahren die Weidegebiete in Massen heimsuchen. Außerhalb der Schutzgebiete sind die Klippschliefer deshalb immer noch vogelfreies »Ungeziefer«, wie Hyäne, Schakal, Wüstenluchs und Kappavian übrigens auch.

Ausstellung

Informationszentrum im Empfangsgebäude mit Dia- und Videoschauen. Weltbekannte Dioramen findet man im »South African Museum« in Kapstadt mit Rekonstruktionen ausgestorbener Karoo-Reptilien sowie umfangreiche Ausstellungen von Fossilienfunden aus dem südlichen Afrika.

Adressen/Information

↪ National Parks Board, P. O. Box 787, Pretoria 0001, RSA, Tel. (012) 343-0905, Fax (012) 343-0905.
↪ National Parks Board, Kapstadt, P. O. Box 7400, Roggebaai 8012, RSA, Tel. (021) 22- 2810, Fax (021) 24-6211.
↪ The Park Warden, Karoo National Park, P.O. Box 316, Beaufort West 6970, RSA, Tel. (0201) 52828/9, Fax (0201) 51671.

Blick in die Umgebung

Oudtshoorn, in der »Kleinen Karoo«, mit weltbekannter Straußenzucht, ist 200 km vom Karoo-Nationalpark entfernt. In der dünn besiedelten Karoo ist das »Nachbarschaft«. Die Cango Caves bei Oudtshoorn sind die eindrucksvollsten Tropfsteinhöhlen des südlichen Afrikas. Ein Umweg durch den Bergort Prince Albert führt über den malerischen Swartberg-Paß. Die handgepackten Stützmauern gelten als Musterbeispiel der Straßenbaukunst des 19. Jh. Sutherland mit leistungsfähiger Sternwarte ist der kälteste Ort in Südafrika. Man fährt von Beaufort West auf der N1 in Richtung Kapstadt und biegt bei Matjiesfontein rechts ab. 160 km vor Kapstadt an der N1 bei Worcester liegt der Karoo National Botanic Garden mit einer Fülle von Sukkulenten und anderen Pflanzen aus dem ariden Teil des südlichen Afrikas, besonders der Karoo-Region.

5 Tsitsikamma-Nationalpark

Urwald und Meer, umbrandete Steilküste, Schluchten; uralte Baumriesen;
Kap-Fingerotter; Helmturako und Narina-Trogon; Seevögel; reiches Leben
im Gezeitenbereich, Tauchen und
Schnorcheln, Unterwasser-Lehrpfad;
beliebter, mehrtägiger Wanderweg.

Der Nationalpark zwischen Urwald und
Küste des Indischen Ozeans wurde 1964
proklamiert und ist das erste Marinereser-
vat Afrikas. Durch seine Lage an der
berühmten **Gartenroute** ist es leicht zugänglich. Das Reservat besteht aus einem
80 km langen, schmalen Küstenstreifen
und reicht 5,5 km weit ins Meer. Die Küste
wird charakterisiert durch Felsenkliffs, die
bis 200 m aufragen. Dahinter liegt eine relativ ebene Landschaft, die langsam zu
den **Tsitsikamma Mountains** ansteigt, in denen es noch ursprünglichen Regenwald
mit den höchsten und ältesten Bäumen
Südafrikas gibt.
Die Küstenebene lag im Tertiär im Bereich
des Meeres und ist ein Schulbeispiel für
eine durch Schwankungen des Meeres-
niveaus geformte marine Terrassenland-
schaft. Später schnitten Flüsse enge
Schluchten durch das Sedimentgestein.
Sie wirken heute noch dramatisch, obwohl der Meeresspiegel inzwischen um
30 m gestiegen ist und die Flußmündungen im Meer ertranken.
Die Vegetation bestand bis zur Ankunft
der weißen Siedler vorwiegend aus temperiertem immergrünen Regenwald mit
hochwertigen Harthölzern. Sie sind inzwischen zum größten Teil dem Raubbau

Die Mündung des Storm´s River gehört zu einem der malerischten Küstenstreifen im südlichen Afrika.

Hohe »Outeniqua Yellowwood«-Bäume säumen über weite Strecken die berühmte Gartenroute.

zum Opfer gefallen. Nur 65 000 ha Urwald sind übrig geblieben und bilden heute den größten zusammenhängenden Urwald im waldarmen Südafrika, wo nur 0,25% des Landes von natürlichen Wäldern bedeckt sind. Vor 2000 bis 5000 Jahren kamen die ersten »Öko-Touristen« in das Gebiet. Es waren sogenannte »Strandloper Hottentots«, die in den Sommermonaten an der Mündung des Storm's River fischten und zahlreiche Beweise ihrer Tätigkeiten zurückließen. Sie gaben der Region ihren Namen: Tsitsikamma = reich an Wasser.

Pflanzen und Tiere

800 Jahre alte Baumriesen, die zu den Gymnospermen gehörenden »**Outeniqua Yellowwood«-Bäume**, erreichen Höhen von 50 m und Durchmesser von über 3 m. Mehrere dieser Riesen können in der Region besichtigt werden. Daneben gibt es noch andere exquisite Beispiele natürlich vorkommender Baumarten wie »Ironwood«, »Stinkwood«, »Cape Chestnut«, Kapesche, »Milkwood« und »Candle Wood«. Oft sind sie mit langen Bartflechten behangen. Viele andere bunte Flechten, Pilze und Moose sind Anzeichen des hohen Regenfalls, so daß man hier ein ganz anderes Gesicht Afrikas kennenlernt. Etwa 30% des Schutzgebietes ist mit »Fynbos« (s. S. 29) bewachsen, in dem eine reiche Verschiedenheit von wunderschönen Blumen gedeiht, darunter zahlreiche Heidearten und Proteen wie die Königsprotea (S. 31), Südafrikas Nationalblume. Im Oktober und November blühen die Orchideen.
Vielseitig ist auch die Vogelwelt mit 280 Arten, 25 davon sind Seevögel, der Rest Wald- und Fynbos-Bewohner. Besonders typisch ist der Bergbussard, den man häufig an Waldrändern auf Ansitz beobachten kann. Der lärmende Ruf des Helmturako (S. 161) schallt weit durch die Wälder. Zu sehen ist er aber ebenso selten wie der farbenprächtige Narina-Trogon, ebenfalls Waldbewohner, wie Smaragdkuckuck und Goldrückenspecht. An der Küste findet man Kaptölpel (S. 39), Schwarzen Austernfischer (S. 39), Flußseeschwalbe, Weißbrustkormoran (S. 36) und Dominikanermöwe (S. 37).
Mehrere kleinere Säugerarten sind vertreten. Am auffälligsten ist der Klippschliefer, der oft vor den Strandhäusern grast und hier häufig vom Wüstenluchs gefangen wird. Viele Besucher füttern die Schliefer, die hierdurch sorglos werden. Sehr scheu ist der Kap-Fingerotter, den man nur selten zu sehen bekommt. Er fängt hauptsächlich

Krabben aus dem Meer. Buschbock
(S. 148), Greisbock, Blauducker, Kappavian (S. 33, 157) und Grüne Meerkatze
leben in Busch und Wald.
Die Lebensgemeinschaften der Gezeitenzone (Eulitoral) sind extremen Bedingungen unterworfen. Die mit dem Rhythmus
von Ebbe und Flut sich ständig wiederho-
lenden Veränderungen des Lebensraumes
haben die Organismen zu besonderen Anpassungen gezwungen. Die Besiedelung
des Felswatts zwischen den Linien von Ebbe und Flut ist stufenförmig in verschiedene Zonen unterteilt, die von unterschiedli-
chen Lebewesen besiedelt werden.
Die Felsentümpel (rock pools), mit Meerwasser gefüllte Mulden, Spalten, Ritzen
und Löcher, sind bei Ebbe leicht zugänglich und bieten eine farbige Fülle von un-
gewöhnlichen Lebewesen zum Anschau-
en. Austern und Perlmuscheln findet man
an den Felsen, zusammen mit verschiedenen Arten von Sternseepocken. Diese fest-
sitzenden Rankenfüßer sind Krebstiere,
die ihren Lebenszyklus als freischweben-
de Larven im Plankton beginnen. Seeane-

monen oder Seerosen sind ebenso vertreten wie Seesternarten, darunter der auch
bis Europa verbreitete Eisseestern. Meeresnacktschnecken sind wegen ihrer geringen Körpergröße nur schwer aufzufinden.
Erst beim genauen Hinsehen erkennt man
ihre farbenprächtige, aber dennoch tar-
nende Musterung.
Im Wasser des an die Gezeitenzone anschließenden Kontinentalsockels leben
über 100 Fischarten. Manche Arten sind
recht zahm, fast zutraulich und teilweise
zehnmal so zahlreich wie außerhalb des
Schutzgebietes, wo das Angeln erlaubt ist.

Im Gebiet unterwegs

Das Naturreservat gehört zu einem der
wenigen im Lande, in denen man nicht
herumfahren muß, wenn man Natur erleben will. Die Steilküste mit Kliffs und frei-
stehenden Klippen hat man immer vor
sich. Sie läßt sich besonders bei Sonnenuntergang eindrucksvoll fotografieren.
Versuchen Sie auch Aufnahmen der

Auf dem Weg zur Hängebrücke kann man Klippschliefer aus nächster Nähe fotografieren.

Kampfzone von Meer und Fels im Gegenlicht ①, kurz bevor die Sonne im Meer versinkt oder bei Tagesanbruch daraus hervorsteigt.

Ein solider **Plankenweg** ② von 1 km Länge führt zur Mündung des Storm's River. Am Anfang des Weges liegt links eine kleine Grotte mit Wasserfall. Geht man näher an die überhängenden Felsen heran, spürt man den beizenden Geruch von Klippschliefern. Ihr weiblicher Wachtposten ist so an Menschen gewöhnt, daß man ihn aus nächster Nähe fotografieren kann. Von hier aus geht es am **Kerbtal** entlang weiter bis zur **Strandloper-Grotte** ③. Der Plankenweg ist als **Baumlehrpfad** ausgelegt. Die wichtigsten Baumarten des Küstenwaldes werden erklärt. Bänke laden zum Verweilen ein. Ein schmaler Pfad führt zur Hängebrücke über die Flußmündung. Sie führt zum Aussichtspunkt ④ am anderen Ufer.

Kurze Fußwege, der **Loerie-Pfad** ⑤ und der 3,7 km lange **Blue-Duiker-Pfad** ⑥, schlängeln sich durch bergiges Wald- und Fynbos-Gelände mit interessanten Aussichtspunkten ⑦. Der **Fynbos-Garten** ⑧ mit interessanten lokalen Pflanzen liegt ebenfalls in diesem Gebiet.

»Big Tree«, der Südafrikas ältester und größter Baum sein soll, findet man im angrenzenden **Tsitsikamma-Staatsforst** ⑨. Dazu muß man allerdings doch wieder ein Stückchen fahren, zuerst zurück auf die N2 und nach Osten weiter in Richtung Port Elizabeth. 5 km vor dem Touristenzentrum an der Storm's-River-Brücke steht links ein Schild »Groot Boom«. Von hier aus führen 500 m Waldweg zum 800 Jahre alten Riesenbaum, einem »Onteniqua Yellowwood«. Seinen Stamm können 8 Erwachsene gerade umspannen. Die Krone hat 33 m Umfang. Das ist ohne Super-Weitwinkel nicht leicht zu fotografieren. Von der Brücke über den Storm's River hat man einen guten Blick auf die zerklüftete Schlucht, die der Fluß in das Gestein geschnitten hat.

ACHTUNG: Krokodile gibt es in den Flüssen der Kapprovinz nicht. Auch Malaria und Bilharziose bilden hier keine Gefahr.

Mit über 620 Arten bilden Heidekrautgewächse die größte Gattung aller Blütenpflanzen im südlichen Afrika.

Die häufigen Kuhreiher folgen Rindern und Wildtieren.

Klima/Reisezeit

Das Naturreservat ist das Jahr hindurch geöffnet. Das Klima ist gemäßigt. Die Lufttemperatur sinkt im Winter selten unter 10 °C, die Meerestemperatur nicht unter 16–18 °C. Die beste Besuchszeit liegt in den wärmeren Monaten zwischen November und April. November und Dezember können sehr windig sein. Hoher Regenfall von 1200 mm jährlich mit Höhepunkten im Mai und Oktober.

Parkeinrichtungen

Restaurant, Schnellimbiß. Meeresschwimmen an bezeichneten Stellen erlaubt.

Unterkunft/Verpflegung

»Ozeanetten« und Strandhäuser mit modernen Einrichtungen. Alle Vorräte sind im Laden neben der Anmeldung erhältlich. Wollen Sie sich selbst verpflegen, decken Sie sich am preisgünstigsten bei einem Supermarkt in einem größeren Ort ein. Eintritts- und Übernachtungspreise sind außerhalb der Saison ermäßigt, sonst durchweg höher als in anderen Reservaten des National Parks Board.

Camping

Wohnwagen- und Campingplatz mit modernen Einrichtungen an der Mündung des Storm's River. Oft sehr windig!
De Vasselot Restcamp ⑩ 40 km westlich vom Reservat bei Nature's Valley mit Wohnwagen- und Zeltplätzen im Urwald am Ufer des Groot River. Eintrittskarten sind für beide Parkteile gültig.

Wandern/Ausflüge/Exkursionen

Die ökologische Grenzlinie zwischen Meer und Land kann man auf einem Un-

---

Praktische Tips

Anreise

Von Kapstadt (615 km) über die **Garten-route** (N2) über Knysna, Plettenberg Bay, rechts abbiegen bei Stormsrivier, 9 km auf Teerstraße bis zur Anmeldung. Aus Port Elizabeth (140 km) auf der N 2 in entgegengesetzter Richtung, wenige Kilometer hinter dem Touristenzentrum an der Paul-Sauer-Brücke bei Stormsrivier nach links abbiegen. Alle Anfahrten sind gut beschildert.

Bunte Meeresnacktschnecken leben im Gezeitenbereich.

Der Wüstenluchs wird im Nationalpark geschützt. Als »Problemtier« darf er sonst überall getötet werden.

terwasser-Lehrpfad ⑪ mit dem Schnorchel erkunden. Hierfür ist eine wasserdichte Kamera von Nutzen. Schützen Sie auch Ihre Kamera in der Spritzzone! Gerätetauchen ist an bestimmen Plätzen gestattet. Ein gültiges Tauchzertifikat (SAUU dritter Klasse oder gleichwertig) ist erforderlich. Außer einfachen Schnorcheln wird keine Ausrüstung verliehen.
Der beliebte **Fischotter-Wanderweg** ⑫ führt 40 km zwischen Meer und Urwald an der Küste nach Westen. Man kann auch kurze Tageswanderungen in diese Richtung unternehmen und kommt, vorbei an einer **Guanohöhle** ⑬, nach etwa 3 km zu einem malerischen **Wasserfall** ⑭. Vier Übernachtungen in einfachen Hütten mit Doppelbetten und Matratzen. Alle Ausrüstung muß selbst getragen werden. Gute körperliche Verfassung erforderlich. Mindestens 13 Monate im voraus buchen!

und am Meer entlang. Ein zweiter, etwa gleichaltriger »Outeniqua Yellowwood«-Riesenbaum wächst in einem kleinen Reservat an der Straße zwischen Plettenberg Bay und Knysna.

Adressen/Information
⇨ National Parks Board, P. O. Box 787, Pretoria 0001, RSA, Tel. (012) 343-1991, Fax (012)343-0905.
⇨ National Parks Board, Kapstadt, P. O. Box 7400, Roggebaai 8012, RSA, Tel. (021)22- 2810, Fax (021) 24-6211.
⇨ The Park Warden, Tsitsikamma National Park, P. O. Storm's River 6308, RSA, Tel. (04237) 607/651, Fax (04237) 629.

Blick in die Umgebung

Nature's Valley und **Vasselot-Campingplatz** liegen etwa 40 km westlich und sind Ausgangspunkt für eine Reihe von kürzeren Naturwanderungen. Diese führen durch unberührten Wald, Baumplantagen, über Berge, durch Schluchten, an Flußufern

Eisseesterne fotografiert man am besten bei Ebbe.

6 Addo-Elephant-Nationalpark

Schutzgebiet für letzte Kapelefanten und Kapbüffel; Ansitze zur Elefanten- und Vogelbeobachtung; Nachtfahrten; tropische und aride Pflanzenwelt, botanischer Wanderweg; Speckbaum; Pillendreher.

Der einst als undurchdringlich verrufene Addo-Busch, in dem sich die letzten wilden Kapelefanten lange Zeit verbergen konnten, erstreckt sich zwischen dem **Sundays River** und den Zuurbergen, 25 km vom Indischen Ozean, in der Ostecke der Kapprovinz. Der größte Teil wurde inzwischen kultiviert, aber 12 120 ha der sanft gewellten Hügel konnten für den Addo-Elephant-Nationalpark gerettet werden. Das Schutzgebiet wurde 1931 für die Bewahrung der letzten 11 Kap- oder Südelefanten eingerichtet. Die Addo-Hügellandschaft ist das Ergebnis von Hebungen und Senkungen des Meeresspiegels in den letzten 70 Mio. Jahren, so daß Überflutungen und Erosion einander abwechselten. Die ursprüngliche Pflanzenwelt besteht aus Elementen der südlichsten Kapregion, der ariden Karoo und des tropischen ostafrikanischen Küstengebietes. Sie ist teilweise als dichtes Buschwerk aus halbsukkulenten Sträuchern und zwerghaften Bäumen ausgebildet, in dem die Sicht oft auf ein paar Meter beschränkt ist.

Pflanzen und Tiere

Das abweichende Aussehen der Addo-Elefanten ist wahrscheinlich das Ergebnis von langer Inzucht und intensiver Elfenbeinjagd. Auffallend ist, daß den Kühen Stoßzähne fehlen. Nur drei von ihnen und die Bullen tragen kümmerliches Elfenbein. Da sie aber alle verhältnismäßig jung sind, besteht etwas Hoffnung, daß ihre Stoßzähne noch wachsen. Der Mistkäfer *Circellium bacchus*, beinahe mit den Elefanten ausgestorben, kommt als lebensfähige Population ebenfalls nur noch im Addo-Wildreservat vor.
Ungewöhnlich und tiergeographisch höchst umstritten ist der gut gehegte Bestand an Spitzmaulnashörnern der Unterart *Diceros bicornis michaeli*. *Michaeli* ist das nördliche Spitzmaulnashorn, das nur in Ostafrika vorkommt, dort aber beinahe ausgestorben ist, so daß man die über 30 Addo-Nashörner gegenwärtig als die größte überlebende Restpopulation des nördlichen Spitzmaulnashorns ansehen

Der nächtliche Ruf des Kaptriels ist typisch für Addo. Man sieht den Vogel an der beleuchteten Wasserstelle.

muß. Die Nashörner, vor Jahrzehnten aus Kenia hergeschafft, um die schon damals gefährdete Unterart sichern zu helfen, sollen so bald wie möglich in ihre Heimat zurückgebracht werden. An ihrer Stelle will man das Spitzmaulnashorn *Diceros bicornis bicornis* neu ansiedeln, das eigentliche Kap-Spitzmaulnashorn, das in Restbeständen nur noch in Namibia überlebte, inzwischen aber auch in anderen Wildreservaten des südlichen Afrikas wieder eingebürgert wurde.

Originell und kostbar sind auch die genetisch isolierten Kapbüffel (S. 142) von Addo. Sie sind vorzugsweise nachtaktive Tiere geworden, die sich vom Speckbaum und anderen Bäumen und Sträuchern ernähren und nur noch wenig grasen. Sie bilden auch keine Herden wie die Büffel sonst überall in Afrika, sondern leben in kleinen Familiengruppen, die in der Regel von einer Leitkuh angeführt werden. Sie sind die einzigen Kapbüffel, die bis ins 20. Jahrhundert in der Kapprovinz überlebt haben. Als einziger Bestand sind die Addo-Büffel frei von der gefürchteten Maul- und Klauenseuche und der »Korridor-Disease«. Sie haben einen hohen kommerziellen Wert, da sie frei gehandelt werden können.

An Antilopen gibt es Buschbock (S. 148), Kudu (S. 125), Kuh- (S. 67) und Elenantilope und Kap-Greisbock. Große Raubtiere sind nicht vertreten. Der Schabrackenschakal (S. 196) kann nachts oft im Camp gehört werden, wird aber ebenso selten gesehen wie Wüstenluchs (S. 59), Kapfuchs (S. 49), Ameisenbär, Busch- und Stachelschwein und die kleine, possierliche, aber aggressive Schwarzfußkatze.

Die Vogelwelt ist mit 185 Arten trotz des relativ homogenen Pflanzengrüns recht abwechslungsreich. Der Ruf des Kaptriels ist einer der typischen Klänge der afrikanischen Nacht. Typisch sind auch Bronzeflecktaube, Strauß (S. 40), Weißbürzelsegler, Wachtel, Lappenstar, Rotschulterglanzstar und Gleitaar. Greifvögel sind selten. Die häufig vorkommende Graukopfkasarka ist mit lebhaft leuchtendem, kastanienfarbenen Gefieder Südafrikas hübschester Entenvogel. Ihr »honk-honk« erklingt überall dort, wo in semi-ariden Regionen und dem »Highveld« genug Wasser zu finden ist. Tausende tun sich in der Mauser zu-

Mistkäfer rollen golfballgroße Brutbälle. Am ehesten sieht man sie auf den Fahrwegen, wo sie »Vorfahrt« haben.

sammen. In der Brutzeit sondern sich die Paare ab und nisten bevorzugt in verlassenen Tierhöhlen.

Die Vegetation wird vom sogenannten »Spekboomveld« beherrscht. Dieser Speckbaumbusch bedeckt mehr als 80% der Reservatsfläche. Der sukkulente »Spekboom« besitzt einen sehr hohen Wassergehalt und ist zudem sehr nahrhaft und schmackhaft. Die meisten Huftiere essen mit Vorliebe von seinen Blättern und Zweigen. Er liefert auch die Hauptnahrung für die Addo-Elefanten. Durch die nahrhafte Vegetation kann das Reservat die höchste Elefantendichte und die höchste Nachwuchsrate in Afrika verkraften. Stillende Mütter essen die Blätter des Speckbaumes, um ihre Laktation zu erhöhen. Andere typische Pflanzenarten sind »Karoo Boer-bean« und »Thorny Taaibos«, dessen ungewöhnlich lange Dornen weit über die Blätter hinausragen.

Im Gebiet unterwegs

Elefanten beobachtet man am besten an den 6 Wasserstellen. Sie mußten angelegt werden, da es außer saisonbedingten Wasserlachen und von Elefanten gegrabenen Schlammlöchern kein Oberflächenwasser gibt. Am bequemsten kann man an der Wasserstelle sitzen, die gegenüber vom Empfangsgebäude ① angelegt wurde. Abends wird Flutlicht eingeschaltet, und man kann gut beobachten, wenn Elefantenherden und Spitzmaulnashörner zum Trinken kommen. Als bester Tip gilt jedoch der **Domkragdam** ②, von dem man einen guten Blick hinunter auf die große Wasserstelle hat, die oft und gern von den Mutterherden besucht wird.

Etwa 12 km fährt man auf dem direkten Weg über den **Kadouw-Ausguck** ③ bis zur **Hapoor-Wasserstelle** ④. Fährt man ein Stückchen weiter und biegt dann nach

Die undurchdringliche Speckbaum-Vegetation ist durch die Addo-Elefanten geöffnet worden.

zäunung leicht mit bloßem Auge wahrnehmbar. Draußen haben die Elefanten seit der Proklamation des Wildreservates eine Reihe von Sukkulenten und andere eßbare Pflanzen ausgemerzt und die Umgebung verändert. Bewegt man sich innerhalb des Geländes vorsichtig durch den unberührten dichten Busch, lassen sich Buschbock, Ducker und der Große Kudu beobachten, für dessen Sprungkraft der mehrere Meter hohe Zaun kein ernsthaftes Hindernis ist.

Auch die Vogelbeobachtung ist im geschützten Geviert besonders befriedigend. Ein vorzüglicher Ansitz zur **Vogelbeobachtung** ⑦ befindet sich neben dem Touristenzentrum, wo Kammbleßhühner unbekümmert brüten und den stillen Beobachter sehr nah heranlassen. Reiher, Zwergtaucher, Kaprohrsänger, Kap- und Oryxweber (S. 92) sind ebenfalls im Ried und auf dem Teich zu Hause. Den Nachtreiher sieht man am frühen Morgen oft bewegungslos auf dem Anstand.

An den Fahrwegen warnen Verkehrsschilder (z. B. bei ⑧), daß Mistkäfer »Vorfahrt« besitzen. Achten Sie bei ihren Rundfahrten immer auf den emsigen Pillendreher, der seine golfballgroßen Kugeln über die Fahrbahn rollt. Nach starken Regenfällen wird er besonders betriebsam. Seine Ar-

rechts ab, erreicht man die **Spekboom-Wasserstelle** ⑤, wo man die Riesen aus großer Nähe und aus der Froschperspektive beobachten kann. Eine rustikale Treppe führt über die Außenpalisaden. Die hundert Schritte bis zu den Bänken des Ansitzes sind als **Mini-Lehrpfad** ausgelegt, auf dem man einige wichtige Pflanzenarten Addos kennenlernen kann.

Von der Spekboom-Wasserstelle fährt man etwa 1,5 km zum **botanischen Reservat** ⑥, ein größeres Areal mitten im Reservat, das von einer elefantensicheren Umzäunung umgeben ist. Hier kann man mehrstündige Wanderungen unternehmen. Sie führen durch eine Pflanzengemeinschaft, die in den letzten 40 Jahren vor Elefanten geschützt wurde. Man wollte so den Wissenschaftlern Gelegenheit geben, die Einwirkungen der Elefanten auf ihre Umgebung zu untersuchen. Heute sind die Unterschiede außerhalb und innerhalb der Um-

Speckbaum, die wichtigste Nahrungsquelle der Elefanten.

Addo-Elephant-Nationalpark

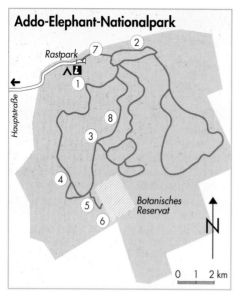

beit verbessert Feuchtigkeitsgehalt und Fruchtbarkeit des Bodens, da er seine Brutbälle, bevorzugt aus Büffeldung gerollt, in seine unterirdische Brutkammer einbringt, wo der weibliche Käfer sie bewacht. Bis die Brut geschlüpft ist, werden Nahrungsbälle herangerollt, für die gröberer Elefantendung bevorzugt wird.

Praktische Tips

Anreise
Das Wildreservat liegt 70 km nordöstlich von **Port Elizabeth**. Man fährt etwa 10 km auf der N2 in Richtung **Grahamstown** und biegt nach links in die R 335 nach **Addo**. Etwa 10 km hinter dem kleinen Ort biegt man nach rechts zum Reservat ab und fährt jetzt auf ungeteerter Straße weiter zum Tor.

Addo-Elefanten

Um 1890 waren Elefanten in Südafrika so gut wie ausgerottet. Nur im Addo-Busch überlebten kleine Restbestände. Als das Gebiet immer dichter besiedelt wurde, drängte man die überlebenden Elefanten in die dichtesten und trockensten Teile zurück. Um an Wasser zu kommen, mußten diese nun durch Zäune und Hecken brechen, dabei gerieten sie auch in die Felder und richteten viel Schaden an. Die Farmer forderten ihre Ausrottung. 1919 wurde ein Großwildjäger berufen, der 120 Elefanten abschoß. Das weckte Mitgefühl für das Los der wenigen Überlebenden. Die Bevölkerung protestierte und forderte den Schutz der Elefanten.
1931 entstand endlich der Addo Elephant National Park, für 11 überlebende Elefanten, die als die bösartigsten, aggressivsten, mordlustigsten und verschlagensten Elefanten Afrikas berüch-

tigt waren. Immer wieder brachen sie aus und terrorisierten die Umgebung. Einmal belagerten sie sogar den Bahnhof des Ortes Addo. Wieder wurden die Rufe nach Ausrottung laut. Verzweifelt suchten die Tierschützer nach einem Ausweg. In letzter Minute wurden alte Straßenbahnschienen in den Boden gerammt und mit ausgedienten Kabeln von den Fördertürmen der Goldminen verbunden.
Die Elefanten konnten nicht mehr ausbrechen und durften überleben – und mit ihnen der ebenfalls bedrohte Pillendreher *Circellium bacchus.* Das soziale Verhalten änderte sich, und die Geburtenrate stieg rasch an. Heute kann man die friedfertigen Tiere in Ruhe aus nächster Nähe betrachten. Inzwischen ist ihre Zahl auf 250 angestiegen und wächst weiter, so daß bald mit ihrer Ausdünnung begonnen werden muß, wenn nicht genug Geld für zusätzliches Land gefunden wird.

Klima/Reisezeit
Das Reservat ist das ganze Jahr hindurch geöffnet. Die manchmal drückende Sommerhitze wird gemäßigt durch die kühle Seebrise. Schauerartiger Regen fällt das ganze Jahr über, besonders stark im Südherbst zwischen März und Mai und noch einmal zum Frühlingsanfang im August.

Parkeinrichtungen
Schwimmbad, Tennis- und Picknickplätze sowie Tankstelle.

»Karoo Boer-bean«, typische Art des »Spekboomveld«.

Unterkunft/Verpflegung
Cottages, Chalets und Strohdachhütten mit modernen Einrichtungen, Laden, Restaurant.

Camping
Wohnwagen- und Campingplatz mit modernen Einrichtungen unter Bäumen.

Wandern/Ausflüge/Exkursionen
Botanische Wanderungen, Nachtfahrten durch das Reservat.
TIP: Je heißer der Tag, desto besser ist die Aussicht, Elefantenherden zu sehen.

Adressen/Information
➪ National Parks Board, P. O. Box 787, Pretoria 0001, RSA, Tel. (012) 343-1991, Fax (012) 343-0905.
➪ National Parks Board, Cape Town, P.O. Box 7400, Roggebaai 8012, RSA, Tel. (021)22- 2810, Fax (021) 24-6211.
➪ The Park Warden, Addo Elephant National Park, P. O. Box 52, Addo 6105, RSA, Tel. (0426) 400196, Fax 400196.
➪ The Warden, Zuurberg National Park, P. O. Box 76, Addo 6105, RSA, Tel. 04252 und 106 anmelden.

Blick in die Umgebung

Der **Zuurberg-Nationalpark**, 1986 proklamiert, liegt etwa 30 km nördlich von Addo 300–920 m hoch. Er ist noch in der Entwicklung. Bergzebras (S. 66) und Flußpfer-

de (S. 113) wurden eingeführt, andere Arten wie Elefant, Büffel und Antilopen sollen folgen. Wegen seiner verschiedenen Vegetationstypen ist das Reservat besonders für Botaniker interessant. Übernachtung in einem Gästehaus (6 Betten). Wanderwege. Das Reservat soll eines Tages mit Addo zum »Greater Addo Elephant National Park« zusammengelegt werden, so daß ein Elefantenbestand aufgebaut werden kann, der auf lange Sicht überlebensfähig bleibt. Langfristige Pläne schließen eine weitere Ausdehnung bis Richtung Küste ein. Das vielseitige Super-Reservat wird weit über 2000 km² groß sein.

Die Blutblume blüht zwischen Dezember und April.

7 Mountain-Zebra-Nationalpark

Letzter lebensfähiger Bestand des Kap-Bergzebras; Übergangsgebiet zwischen arider Karoo und gemäßigtem Grasland; abwechslungsreiche Vogelwelt; gesunde Antilopenbestände; Bergwanderungen, Naturritte.

Der Bergzebra-Nationalpark ist 6536 ha groß und wurde zur Rettung der letzten Kap-Bergzebras geschaffen, die zu den seltensten Großsäugern der Welt gehören. Die Vergrößerung des Reservates auf mindestens 10 000 ha wird angestrebt, um Raum für einen auf Dauer lebensfähigen Bergzebrabesatz von etwa 500 Tieren zu schaffen.
Das Schutzgebiet liegt im bergigen Übergangsgebiet zwischen der ariden, mit Zwergsträuchern bewachsenen **Großen Karoo** im Westen und temperiertem Grasland, das sich nach Osten zum **Great Fish River** hin ausbreitet. Der Pflanzenwuchs besteht hauptsächlich aus einem Gemisch von niedrigem Gebüsch und Gräsern. Größere Büsche und Bäume wachsen in den tief eingeschnittenen Tälern des **Bankberges** (2000 m) und im lichten Galeriewald des Wilgerboom Rivers. Die Berge und das Plateau auf der Nordseite gestatten weiten Ausblick über die Karoo.

Pflanzen und Tiere

»Eine Bande von Eseln in Fußballtrikots.« So lehnte der zuständige Minister das erste Ansuchen für ein Reservat zum Schutz der aussterbenden Kap-Bergzebras ab. Am Ende siegte die Vernunft, und die südafrikanische Regierung kaufte die Farm »Babylons Tore« bei Cradock, auf der es noch 6 der seltenen Tiere gab, 5 Hengste und eine Stute. 1950 waren alle tot. Danach wurden Restbestände aus anderen Teilen

des Kaplandes angesiedelt und der Bergzebra-Nationalpark durch den Zukauf
mehrerer Farmen erweitert, auf denen es
noch weitere 30 Bergzebras gab. Heute ist
der Bestand auf über 250 Tiere angewach-
sen; überschüssige Tiere werden regelmäßig herausgefangen und an andere Reservate abgegeben, in denen inzwischen
schon stattliche Satellitenherden heran-
wuchsen. Deshalb kann der Fortbestand
als vorerst gesichert gelten.

Auch der Bergriedbock wird hier gehegt.
Die Lebensbedingungen (Struktur der
Landschaft, Klima, Nahrung, Wasser) sind
auch für ihn ideal, und deshalb erreicht er
im Reservat mit 500–600 Tieren die größte
Populationsdichte. Im Frühsommer, wenn
die Nahrung knapp wird, kann man ihn in
Herden von 30–40 Individuen beobachten, sonst lebt er in kleinen Familienein-
heiten. Weitere Arten, die in ihrer natürlichen Umgebung beobachtet werden können, sind Klippspringer(S. 123), Steinböckchen, Springbock (S. 186), Weißschwanzgnu, Kuhantilope, Kudu (S. 125),
Buntbock (S. 31) und eine stattliche Herde
von Elenantilopen. Nur kleinere Raubtiere
kommen vor. Kappaviane (S. 33, 157) sind
sehr scheu, und man sieht sie meist nur
aus der Ferne.

An Vogelarten wurden bisher 207 beobachtet. Zu den auffälligeren gehören
Strauß (S. 40), Turmfalke, Kapuhu (S. 49)
mit mehreren Brutpaaren, Kaffernadler
(S.86) und Mohrenweihe. Der Zwergadler
brütet in Südafrika nur hier und in der
übrigen Kapprovinz mit 40–50 Paaren. Als
nicht brütende Zugvögel kommen aber
aus Europa und Asien Zwergadler in

größerer Zahl. Sing- und Greifvögel kann
man am besten auf Fußwanderungen
beobachten. In den Aloen vor dem Empfangsgebäude sieht man den Rußnektarvogel. Im Sommer lockt ihn die dornenlo-
se *Aloe striata* mit korallenroten Blüten an.
Aber auch aus dem grünen Fruchtstand
gewinnt er noch Nahrung. Nebenan auf
dem Campingplatz sind zutrauliche Berg-
stare (S. 67) zu Hause, die gelernt haben,
den Bergzebras die Zecken abzulesen,
wenn im Winter die Nahrung knapp wird.
Dazu die allgegenwärtigen Bülbüls
(S. 201), Sperlinge, Webervögel und
Wildtauben.

Als Rarität kann man die »Eastern Mountain Adder« ansehen, eine Schlange, die
zwischen dem Geröll der Berghänge lebt.

◁ Das Kap-Bergzebra hat in der Bergwelt der harschen
Karoo einen sicheren Lebensraum erhalten.

Ein guter Bestand an Kuhantilopen wird sorgsam gehegt. ▷.

Dieser »Mountain Cabbage Tree« wächst aus einer Felsspalte.

Rußnektarvogel auf dem Blütenstand einer Aloe. Er ist im wüstenhaften Westen der Region verbreitet.

◁ Dramatische Gewitterstimmungen verwandeln die karge Landschaft zur Regenzeit. Süßdorn ist die einzige vorkommende Akazienart im Reservat.

Bergriedböcke gedeihen im Park prächtig. ▷

Im Gebiet unterwegs

Eine steile, geteerte Straße ③ führt auf das 1500 m hohe **Rooiplaat-Plateau** ④ hinauf. Oben findet man die meisten Bergzebras, aber auch Antilopen, Strauße und Löffelhunde. An Vögeln sieht man den hoch im Blau kreisenden Kaffernadler und Turmfalken. Wiedehopf, Grauflügelfrankolin, der hauptsächlich nachtaktive Kaptriel (S. 60) und mehrere Lerchenarten können ebenfalls beobachtet werden. Beim Aufstieg sieht man zwischen den Felsen zu beiden Seiten oft Klippschliefer ⑤. Oben wird der Frühaufsteher auf Zebrafamilien ⑥ dicht am Weg stoßen und mit Sicherheit Bergriedböcke an den Hängen ⑦ sehen. Auch die Elen-Antilopen sind dann noch nicht zu weit abgerückt.
Abendstimmungen sind in der Regenzeit hier oben oft ein besonderes Erlebnis. Die Lichtverhältnisse ändern sich laufend, und man kann sich bemühen, Tiere vor schwerem Gewitterhimmel oder beim Sonnenuntergang zu fotografieren. Gewitter erlebt man hier oben sehr intensiv. Blitze schlagen gelegentlich so nah ein, daß die Druckwelle den Wagen ordentlich ruckt. Unter solchen Bedingungen ist es nicht zu empfehlen, daß Sie ihren sicheren Faraday-Käfig verlassen.
Der dreitägige **Bergzebra-Wanderweg** führt über Grasland und Gelände aus verwittertem Sediment- und Dolomitgestein, durch tiefe »Kloofs«, über buschbewachsene Hänge ① bis hinauf zum **Bankberg** (2000 m), von dem man eine weite Aussicht über die Umgebung genießt. Den Kapuhu wird man hauptsächlich abends beim Ausruhen von der Wanderung vor den Berghüt-

Der Unterschlupf einer Karoo-Buschratte kann aus 14000 Stöcken und Zweigen bestehen.

Moraea villosa bringt Farbe auf das graue Hochplateau. Sie gehört zu den Schwertlilien.

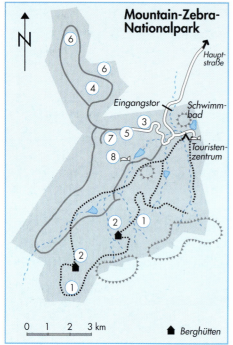

Mountain-Zebra-Nationalpark

N

Haupt-
straße

Eingangstor

Schwimm-
bad

Touristen-
zentrum

0 1 2 3 km

♠ *Berghütten*

ten ② hören und sehen. Manche Singvögel findet man auf der Wanderung nur im felsigen Gelände, darunter Natal-Felsenspringer, Erdspecht, Klippenrötel (S. 84) und Klippenpieper. Im Gebüsch hausen Einsiedlerkuckuck und der Alariogirlitz, neben 6 weiteren Girlitzarten.
Der Wanderweg beginnt beim Campingplatz und kann natürlich auch für kurze Fußmärsche ohne Permit benutzt werden.

Praktische Tips

Anreise
Cradock erreicht man von Port Elizabeth über die R 32 und biegt nach links ab in die R 61, von der nach 10 km der ungeteerte Fahrweg zum »Mountain Zebra National Park« abzweigt (13,5 km). Alle Zufahrten sind gut beschildert. Entfernungen: Port Elizabeth 280 km, Kapstadt 800 km, Johannesburg 1080 km, Durban 1360 km.

TIP: Kombinieren Sie ihren Besuch mit einer Rundreise durch andere Naturreservate der Kapprovinz. Entfernung zum Addo Elephant National Park z. B. 210 km.

Klima/Reisezeit
Der jährliche Niederschlag ist sehr gering und fällt hauptsächlich in den Sommermonaten, in denen es sehr warm werden kann; doch weht in den Höhenlagen oft eine kühlende Brise. Die Wintertage sind meist sonnig mit kalten Nächten. Frost ist häufig und Schnee kommt vor. Das Reservat ist das Jahr hindurch geöffnet. Als beste Besuchszeit wird der Spätsommer von Februar bis Mai empfohlen.

Parkeinrichtungen
Informationszentrum, Tankstelle, Schwimmbad, Pferdereiten. Wäsche wird zu einem günstigen Preis gewaschen. Automatische Telefonverbindung.

Unterkunft/Verpflegung
Moderne Cottages mit zwei Schlafzimmern, Bad, Wohnraum und Küche mit Kühlschrank und Herd. Das **historische Farmhaus** ⑧, erbaut 1836 und zum Nationaldenkmal erklärt, kann ebenfalls für eine Gruppe (max. 6 Personen) gemietet werden. Es ist im viktorianischen Stil gebaut, aber modern eingerichtet. Es gibt ein Restaurant, Schnellimbiß und Laden mit Angebot an unverderblichen Lebensmitteln, Brot und Frischfleisch. Alkoholische Getränke, Feuerholz, Andenken und Filme sind ebenfalls zu haben. Alle Einkaufsmöglichkeiten in Cradock.

Camping
Moderner, teilweise schattiger Wohnwagen- und Zeltplatz mit Dusch- und Wannenbädern.

Wandern/Ausflüge/Exkursionen
Es besteht ein Netz von über 40 km gut befahrbaren Wegen, auf denen nur Wildbeobachtungen aus dem Auto möglich

Zebras

Sie sind die einzigen einheimischen Vertreter der Pferdefamilie im südlichen Afrika. Am weitesten verbreitet ist das **Steppenzebra** (S. 182) mit mehreren Unterarten, das fast in jedem Wildreservat zu finden ist. Das **Kap-Bergzebra** war historisch auf die Bergketten der Kapprovinz südlich des Oranjeflusses begrenzt, das etwas größere **Hartmann-Bergzebra** dagegen auf die bergigen Trockenräume im Südwesten des Subkontinents. Beide Unterarten wurden in der Vergangenheit schwer bejagt und waren lange in ihrem Bestand bedroht. Während sich die Unterarten der Steppenzebras wenig unterscheiden, bestehen zwischen ihnen und den Bergzebras erhebliche Unterschiede im Äußeren und im Verhalten. Typisch bei den **Bergzebras** sind die großen Ohren, die auffällige Wamme, eine rotbraune Nase, der weiße Bauch, nur von einem antipodischen Aalstrich unterbrochen, sowie das unverwechselbare Gittermuster auf dem Hinterteil. Bergzebras leben in kleinen, abgesonderten Familien, im Gegensatz zu den rast-losen, leicht erregbaren Steppenzebras, deren Familienverbände sich zu großen Herden zusammenschließen.

Das seit 1878 in freier Wildbahn ausgerottete **Quagga** wird heute als die südlichste Unterart des Steppenzebras eingestuft. Es kam in großen Herden auf den Steppen um den Oranjefluß vor. Etwas unfertig muß es ausgesehen haben, denn es trug auf seinem bräunlichen Fell an Beinen und Hinterteil keine schwarzen Streifen. DNA-Proben erhaltener Fellstücke und Knochenreste ergaben, daß die Gene des Quagga noch in den lebenden Steppenzebras erhalten sind. 1987 wurden Steppenzebras mit undeutlicher Zeichnung aus dem Zululand und bräunlich gefärbte Tiere aus der Etosha-Pfanne für Rückzüchtungsversuche zum Kap gebracht. Schon die ersten Nachkommen erinnerten an das Quagga. Sie besitzen wenig Streifen auf dem Hinterteil und tragen weiße Schwanzpinsel.
Eine dritte Zebraart, das **Grevy-Zebra**, kommt nur in Ostafrika vor.

---

sind. Näher an die Natur heran rückt man auf dem dreitägigen **Bergzebra-Wanderweg** (ca. 30 km) mit zwei Übernachtungen in Berghütten (rechtzeitig buchen). Alle Ausrüstung muß man selbst tragen. Daneben gibt es Naturwanderwege von Stunden- bis Tagesdauer. Dafür sind Buchungen nicht erforderlich.

Adressen/Information/Reservierungen
⇨ National Parks Board Pretoria, P. O. Box 787, Pretoria 0001, RSA, Tel. (012) 343-1991, Fax (012) 343-0905.
⇨ National Parks Board Kapstadt, P. O. Box 7400, Roggebaai 8012, RSA, Tel. (021) 22- 2810, Fax (021) 24-6211.

⇨ The Park Warden, Mountain Zebra National Park, Private Bag X66, Cradock 5880, RSA, Tel. (0481) 2427/2486, Fax (0481)3943.

Blick in die Umgebung

Bei der historischen Stadt **Graaff-Reinet** liegt das **Karoo-Naturreservat** (16 000 ha) mit eindrucksvollen Felsformationen (»Valley of Desolation« = Tal der Verlassenheit). Vom Zebrapark sind es etwa 140 km auf guter Teerstraße. Es gibt Wanderwege, auch mehrtägige, und ein Museum mit fossilierten Reptilien der Karoo, manche 200 Mio. Jahre alt.

8 Royal-Natal-Nationalpark

Majestätischer Höhepunkt der Drakensberge; 5 km lange, 500 m senkrecht abfallende Felsenwand; kontinentale Wasserscheide zwischen Tugela und dem 2000 km langem Oranje River; Regenwald, Proteensavannen, Wildblumen; rauschende Wasserfälle; schöne Wanderwege, Gipfeltouren; Tugela-Klamm.

Die »Berge der Drachen« sind älter als die hohen Faltengebirge der Erde. Im Erdmittelalter, vor etwa 140 Mio. Jahren, bedeckte vulkanische Lava den größten Teil der heutigen Provinz Natal mit über 1000 m dicken Schichten. Durch den Druck der zu Basalt erstarrten Masse auf die unterliegenden Sandsteinformationen neigte sich die Erdkruste zum Indischen Ozean und förderte die Entwässerung des Hochplateaus, das ursprünglich das gesamte südliche Afrika einnahm. Vehement trugen Flüsse und Ströme das Gestein an den Rändern ab und schufen die hochragenden Basaltwände des auch heute noch zurückweichenden Steilabbruches. So sind diese ehrwürdigen, beeindruckenden Landschaften nichts anderes als das Ergebnis von Millionen Jahren andauernder Flußerosion.
Die **Nataler Drakensberge**, »Wand der Speere« in Zulu, bilden den spektakulärsten Teil des Steilrandes um das innere Plateau des südlichen Afrikas, das über 1000 m hoch liegt und zwei Drittel des Landes einnimmt. Senkrechte Felswände,

tiefe Schluchten und grasbedeckte Berghänge sind Merkmale der Hauptwasserscheide und des wichtigsten Wassereinzugsgebietes des Subkontinentes.
Im Südsommer bringen östliche Passatwinde feuchte Luftmassen heran, die sich beim Aufstieg am Osthang der Drakensberge ausregnen. Im Landesinneren dagegen herrscht Trockenheit, die westwärts stark zunimmt. Gewaltige Sommergewitter und bis 6 Monate dauernder Frost mit

Die Wand des Amphitheatre fällt auf einer Länge von 5 km senkrecht ab. Sie ist das Ergebnis einer Jahrmillionen andauernden Erosion.

Schneefällen in den höheren Lagen bedeuten harte Lebensbedingungen in der rauhen Bergwelt. Das Zusammenwirken der Extreme von Klima und Landschaft fördert den Reichtum an Lebensräumen in dieser Region. Diese Bedingungen ermöglichten die Entwicklung vieler Arten, die nur in diesen Bergen vorkommen. Über 70 Berggipfel zwischen 3000 und 3482 m tragen Zulu- oder historische Namen, aber es gibt noch genug, die namenlos sind und auf den Entdecker warten. Das weltbekannte **Amphitheatre**, eine über 5 km lange, 500 m senkrecht abfallende Felswand, liegt im Royal-Natal-National-park, der zusammen mit dem angrenzenden **Rugged-Glen-Naturreservat** 88 km^2 groß ist. Dazu gehören noch 300 km^2 Wildnisgebiet auf dem anschließenden Hochplateau. Das vor dem zurückweichenden Steilabfall tief liegende Küstenvorland ist heute fruchtbares Agrarland. Vor der Ankunft der ersten Siedler gehörte es noch zum immergrünen Regenwaldgürtel, der bis zum Kap der Guten Hoffnung reichte. Restbestände sind noch in den Drakensbergen zu finden. Wahrscheinlich setzte aber ein vom Klima bestimmter Rückgang des südafrikanischen Regenwaldes schon wesentlich früher ein.

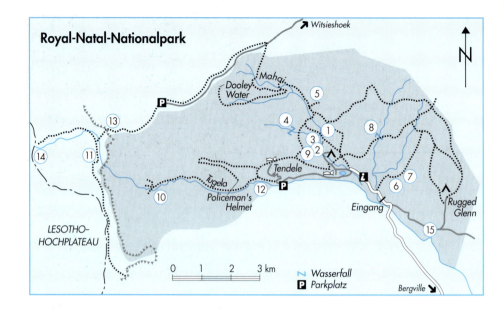

Royal-Natal-Nationalpark

↗ Witsieshoek

N

Dooley Water
Mahai

P

13

14 11

5

4

1

3
9 2

8

Tendele

10

Tugela

12 P

Policeman's Helmet

Eingang

6

7

Rugged Glenn

15

LESOTHO-HOCHPLATEAU

0 1 2 3 km

N Wasserfall
P Parkplatz

Bergville ↘

Pflanzen und Tiere

In den Wolken geboren scheint die unscheinbarste und seltenste aller *Protea*-Arten, *Protea nubigena*. Entdeckt wurde sie 1966 auf einem unzugänglichen Felsenrücken vor der Steilwand des »Amphitheaters« in fast 2500 m Höhe, einen Großteil des Jahres in Wolken und Nebel gehüllt, monatelang im Frost ausharrend. Sie ist anders als die übrigen fünf am Berg vorkommenden *Protea*-Arten, die auf den Hängen unterhalb der Sandsteinmassive zwischen 1400 und 1800 m Höhe die häufigste Pflanzengemeinschaft bilden. Zwei Arten dominieren in den **Proteensa**-**vannen:** Der »Silver Sugarbush« (*Protea roupelliae,* S. 84), der unter idealen Bedingungen im montanen und alpinen Gürtel zu einem bis 8 m hohen Baum auswächst. Blütezeit ist zwischen Februar und April. Der »Common Sugarbush« (*Protea caffra)* erreicht ebenfalls Baumhöhe. Er herrscht in Teilen des Montangürtels vor und blüht im Dezember und Januar. Beide Arten entwickeln feuerbeständige dicke Borken gegen die regelmäßig wiederkehrenden, von Gewittern ausgelöste Grasbrände. In Gebieten der staatlichen Naturschutzbehörde (Natal Parks Board) werden nach wissenschaftlich erarbeiteten Plänen regelmäßig alle zwei Jahre im Winter die Flächen abgebrannt.

2046 verschiedene Pflanzenarten sind bis heute entdeckt worden, davon 1677 blütentragende Arten. Obwohl die Nacktsamer (Gymnospermen) mit nur 5 Arten vertreten sind, herrschen sie doch mit drei Arten von »Yellowwood« (*Podocarpus*) in den Waldgebieten vor. Die zwergenhafte Bergzypresse findet man im Montangürtel. Der nur in den nördlichen Drakensbergen vorkommende Palmfarn *Encephalartos ghellinckii* wächst zwischen Sandstein- und unteren Basaltkliffen.

Die Feldblumenarten im Grasland gehören überwiegend zu den Familien Liliaceae, Amaryllidaceae und Compositae. Fast alle besitzen unterirdische Wasserspeicher wie Zwiebeln und Knollen bzw. tiefgehende oder knollenartige Wurzelstöcke. Sie können deshalb im Frühling

Die Halbmondtaube läßt sich leicht anlocken. Ihr typisches »koorookuku kooku« is morgens zu hören.

sprießen und blühen, bevor das flächig wachsende Gras hochkommt und sie überholt. Eine zweite, langstielige Gruppe kann mit Gras um das Licht konkurrieren und blüht im Spätsommer und Herbst. Von den 72 Farnarten, vom riesigen Baumfarn bis zu winzigen, auf Bäumen angesiedelten Farnen, kommen einige nur in den nördlichen Drakensbergen vor, andere sind weit über Afrika oder sogar weltweit verbreitet.

Unter den Reptilien sind 21 Schlangenarten und alle 7 Eidechsenfamilien vertreten, darunter Geckos, Chamäleons (S. 169), Agamen, Warane und Skinke. 5 Arten kommen nur hier vor.

Die Schlangenarten sind überwiegend ovipar und hauptsächlich in der wärmeren Zone bis in 2000 m Höhe zu finden. Nur zwei Arten können mit ihrem Gift dem Menschen wirklich gefährlich werden. Es sind Puffotter und die Ringhalskobra, die Gift speien kann. Die weniger giftige Bergpuffotter kommt noch in 3000 m Höhe auf dem Hochplateau vor. Schlangen sind scheu und wenig angriffslustig. Sie flüchten, wenn man ihnen Raum und Zeit gibt, und beißen nur zur Selbstverteidigung. Es werden mehr Menschen durch Blitzschlag getötet als durch Schlangengift. Das gilt auch im übrigen südlichen Afrika.

Im Gebiet unterwegs

Der pompöse Name des »Royal Natal«-Nationalparkes entstand, nachdem Kronprinzessin Elizabeth ihre Teenagerfüße dorthin setzte, wo heute »Queen´s Causeway« zu den Kaskaden ① führt. Zur Einstimmung ist der kurze Spaziergang zu den Kaskaden emfehlenswert. Gleich hinter der alten Forellenzucht ② beginnt rechts Grasland mit *Protea*-Bestand und

holziger *Erica drakensbergensis*, die von März bis Juli blüht. Links führt ein kurzer Pfad zum **Mahai River** und etwas Galeriewald ③. Wanderwege unterschiedlicher Schwierigkeitsgrade führen zu den **Tigerfällen** ④, zum **Gudu-Busch** ⑤, wo man durch ein Stück Regenwald zu den Gudu-Fällen hinaufsteigen muß, zum **Sigubudu Valley** ⑥ mit guterhaltenen Felsenzeichnungen. Ein paar hundert Meter vom Überhang mit den Felsbildern liegt ein Waldstück ⑦, in dessen unheimliches Halbdunkel sich Besucher ungern hineinwagen, obwohl es ungefährlich und interessant ist, sich darin umzusehen.

Bizarre Lianen wie die »Monkey Rope« klettern bis in die Kronen der größten Bäume.

Nach dem Aufstieg zum Hochplateau genießt man einen herrlichen Ausblick auf Natal und die Tugela-Fälle.

Die **Sunday-Fälle** ⑧ sind nicht allzuweit vom Camp entfernt und laden zum Schwimmen ein. Es ist ein herrliches Gefühl, sich an einem warmen Sommertag das eiskalte Wasser auf den Rücken prasseln zu lassen.

Geht man vom Campingplatz oder Hotel in Richtung **Tendele** oder **Tigerfälle**, erreicht man nach 1 km eine Stelle, wo ganz Eilige eine Abkürzung getrampelt haben ⑨ und den Boden dabei so verletzten, daß die oberen Schichten weggespült wurden und der Bodenhorizont gut zu sehen ist. Achten Sie darauf, wie dünn die schützende Humusschicht ist. Proteen-Bestände, vor allem *Roupellia*, gedeihen auf solchem Boden.

Eine der schönsten Tageswanderungen im südlichen Afrika – und dabei nicht sehr beschwerlich – führt zur **Tugela Gorge** ⑩, wo die Wasser des 800 m über die Steilwand stürzenden **Tugela River** ⑪ zwischen Felswände und durch einen engen Tunnel gezwungen werden. Der je nach Aus-

»Common Emperor Moth«, ein Augenspinner.

Schmucklilien, eine bekannte Wildblume der Drakensberge.

gangspunkt 8–11 km lange Weg führt durch Wald ⑫ und ausgedehnte Proteen-Bestände. Zur Blütezeit flattern Schmetterlinge, stecken kolibriartig fliegende Schwärmer ihren überlangen Saugrüssel in große *Protea*-Blüten, schwirren Malachit-Nektarvogel (S. 92) und Gurneys Honigesser.

Größere Wildarten sieht man nur selten. Dafür ist das Vogelleben lebhaft. Am Ziel kann man, je nach Wasserstand, in den 60 m langen Tunnel hineinwaten und fotografieren. Vorsicht, Verwacklungsgefahr! Das Dämmerlicht fordert längere Belichtungszeiten. Nach Erklimmen einer Kettenleiter wird der Blick freigegeben auf die 500 m aufragenden Steilfelsen des **Amphitheaters**.

Der Aufstieg zum **Plateau** ⑬ bietet den höchsten Schwierigkeitsgrad aller angebotenen Bergwanderungen. Dafür entschädigen großartige Ausblicke, besonders bei Sonnenaufgang. Folgt man der Route durch den Park, muß man mindestens zwei Tage ansetzen und außer aller notwendigen Ausrüstung Zelt und Schlafsack mitnehmen, wenn man oben am Steilrand übernachten will.

Eilige können es auch in einem Tag schaffen. Man muß dann um die Drakensberge herumfahren (125 km). Über den **Oliviershoek-Paß** geht es bis nach **Witsieshoek**, wo

Die Tugela-Klamm ist Ziel der schönsten Bergwanderung.

man am Ende der Schotterstraße sein Fahrzeug parken kann. Über eine Kettenleiter ⑬ erreicht man in etwa 2 Stunden den Kamm der Steilwand.

Der 3282 m hohe **Mont-aux-Sources** ⑭, eine unscheinbare Kuppe ein paar Kilometer im Hinterland, bildet die kontinentale Wasserscheide. Hier verläuft die Grenze zwischen der Republik Südafrika und dem Königreich von Lesotho. Mehrere Nebenflüsse von Oranje und Tugela entspringen in der Nähe. Am Steilrand

Weit verbreitet im Kleinen Berg: »Natal Bottle Brush«.

Schwärmer an Blüte des »Common Sugarbush«, der dominierenden Proteenart.

Der Botaniker Hans Justus Thode

Hans Justus Thode aus dem Riesengebirge gilt als der Pionier der Pflanzenkunde über die Drakensberge-Region. Er war der Erste, der vor 100 Jahren in »herrlicher Besessenheit« zum Plateau hinaufstieg und Pflanzenarten sammelte, die der Welt zum Teil noch unbekannt waren. »Da lag es vor mir, das Ziel meiner Träume und Erwartungen, die unbekannten mystischen Regionen der Wolken, einst Zuflucht der raubenden Buschleute, eine Sphäre der Einsamkeit, noch unberührt durch die zerstörenden Aktivitäten des Menschen. Was für ein unbeschreiblicher Ansporn, dieses verschleierte Land der forschenden Wissenschaft zu erschließen und mit Trophäen ihrer interessanten Pflanzenwelt als Entdecker dieser ›terra incognita‹ zurückzukehren.«

Die »terra incognita« wird längst von zahllosen Wegen und Bergpässen durchkreuzt, und die Unberührtheit ist dahin. Aber immer noch gibt es unbekannte Pflanzenarten zu entdecken. Thode botanisierte in den nördlichen und zentralen Drakensbergen. Seine Sammlung, Zehntausende von Pflanzenproben, ging hauptsächlich an das Herbarium in Berlin. Anerkennung erntete er nicht und mußte zwischendurch immer wieder als Privatlehrer arbeiten. Er starb 1932, einsam und mittellos. Sein Grab ist unbekannt, aber 13 nach ihm benannte Pflanzenarten der Bergwelt zeugen von seiner »herrlichen Besessenheit«.

kann man sehen, wie der Tugela 850 m über mehrere Absätze hinabstürzt.
Auf dem Campingplatz machen Scharen von Helmperlhühnern, oft mit Küken, regelmäßig die Runde, und Paviane versuchen, Eßbares zu ergattern. Nachts weiden Hasen auf der Spielwiese. In warmen Sommernächten versammelt sich eine Vielzahl von Nachtfaltern und Motten um die Lichter der sanitären Anlagen. Frösche finden sich zu reichem Mahl ein. Mit etwas Glück entdeckt man einen farbenprächtigen, hilflos flatternden **Augenspinner**, der zu den größten Schmetterlingen überhaupt gehört und eine Spannweite von 18 cm erreicht.

Der Forellenweiher, gleich hinter dem Empfangsgebäude, lohnt einen Besuch: Zwergtaucher balzen und brüten in Ufernähe. Malachiteisvogel, Riesen- (S. 175) und Graufischer, Braunkopfliest, mehrere Weberarten, Hagedasch (eine Ibisart) und Hammerkopf (S. 148) sind hier leicht zu beobachten.

ACHTUNG: Bei längeren Touren, (über den Konturpfad in etwa 2300 m Höhe hinaus) und bei allen Kletterpartien: Eintragung ins »Bergregister« nicht vergessen, das im Parkbüro ausliegt. Beim Aufstieg zum Hochplateau Reisepaß mitnehmen. Zelten ist außerhalb der offiziellen Plätze im Park nicht gestattet, ausgenommen ist das Hochplateau.

Praktische Tips

Anreise
Vom Witwatersrand (Johannesburg/Pretoria) über Harrismith und den Olivershoek-Paß sind es etwa 320 km. Aus Richtung Durban auf der Autobahn (N3), Ausfahrt R 74 Richtung Winterton/Bergville, etwa 280 km. Alle Zufahrten sind gut beschildert.

Klima/Reisezeit
Die Drakensberge-Region zeichnet sich im Sommer durch ein vergleichsweise angenehmes Höhenklima aus. Regelmäßige heftige Nachmittagsgewitter, oft mit Hagel. Die Wintertage sind sonnig, mit frostkalten Nächten. Beste Zeiten für Blumen sind Oktober bis Dezember; bestes Klima April bis Mai.

Parkeinrichtungen

Pferde werden für stündliche oder ganztägige Ausritte ausgeliehen. Der Pferdestall ⑮ ist auf dem Wege zum Rugged-Glen-Campingplatz. Manche Gehwege sind als Saumpfade ausgelegt. Schwimmen in den Bergbächen ist gestattet. Ausnahmen sind beschildert.

Unterkunft/Verpflegung

Tendele, mit weltberühmter Aussicht auf das **Amphitheater** von allen Unterkünften, Bungalows, Chalets und Cottages. Luxuriöse Tendele Lodge mit 3 Schlafzimmern.

Helmperlhühner besuchen den Campingplatz regelmäßig.

Unterkünfte sind meist ausgebucht, Spitzenzeiten werden jährlich verlost. Köche bereiten Mahlzeiten aus mitgebrachten Vorräten. Alkoholfreie Getränke, Forellen und Andenken sind im Besucherzentrum erhältlich.

Ein kleiner Laden beim Postamt und Hotel verkauft eine begrenzte Auswahl Proviant. Teuer! Bessere Einkaufsmöglichkeiten in **Bergville** (45 km). Übernachtungen und Mahlzeiten können auch im privaten »Royal Natal National Park Hotel« gebucht werden, das im Parkgelände steht.

Camping

Am **Mahai-Bergbach** liegt ein großer, moderner Campingplatz (400 Plätze) mit allen Einrichtungen, einschließlich elektrischer Anschlüsse und Waschmaschinen. Ein zweiter Campingplatz »Rugged Glen« mit 45 Plätzen liegt in der Nähe.

Wandern/Ausflüge/Exkursionen

Eine große Anzahl von Wanderwegen aller Schwierigkeitsgrade. Einzelheiten und Karten im Besucherzentrum.

Fotografieren

Gute Ansichten vom Amphitheater erhält man vom **Tendele Camp** mit tüchtigem Weitwinkel. Wenn man auf die Anhöhe vor der Einfahrt zum Hauptbüro (Anmeldung) steigt, reicht schon ein Normalobjektiv aus, um das Massiv ins Bild zu bekommen. Am besten fotografiert man morgens, je früher desto besser. Die »blauen« Mittagsstunden sind für Landschaften am wenigsten geeignet. Nachmittags liegen die Felsen im Schatten.

Adressen/Information/Reservierungen

➪ Tendele: Natal Parks Board Reservations, P.O. Box 1750, Pietermaritzburg 3200, RSA, Tel. (0331) 471981, Fax (0331) 471980.
➪ Camping: Tel. (036) 4386303, Fax (036) 4386310.
➪ Royal Natal Nationalpark Hotel, Tel. (036) 4386200.
➪ Witsieshoek Mountain Resort, Ha-Mota, Tel. (01438) 891900.

Blick in die Umgebung

Naturreservat Sterkfonteindamm (25 km), zwischen Olivershoek-Paß und Harrismith. Neuangelegte Talsperre mit einem der längsten Erdwälle der Welt. Wasser ist hier aufgestaut, das aus dem Vorland der Drakensberge über den Steilabfall heraufgepumpt und zum Industriezentrum des Witwatersrandes weitergeleitet wird. Campingplatz.
Witsieshoek Mountain Resort, 125 km, Ausgangspunkt für abgekürzte Tour zum Hochplateau, Beobachtungsstand für Bartgeier und andere Greifvögel. Wanderwege, Hotel, Camping und Berghütte.

9 Giant's-Castle-Wildreservat

Unberührte Drakensberge-Region; letzter Lebensraum der San; viele Felsenbilder; Nahbeobachtung von Geiern und anderen Greifvögeln; große Herden Elenantilopen, Bergriedböcke, bergangepaßte Paviane; dichtes Netz von Wanderwegen; mehrtägige Ritte durch Berglandwildnis; Übernachtung in Höhlen und einsamen Berghütten; Klettertouren.

Der mächtige Basaltblock von **Giant's Castle** (3314 m) liegt 3 km vor dem Steilabbruch der zentralen Drakensberge. Die Riesenburg bildet den spektakulärsten Teil der Berglandschaft, die auch von den dar-unter liegenden Sandsteinschichten geprägt wird, vor allem vom sogenannten »cave sandstone« im Gebiet des **Kleinen Berg**. Dieser Höhlensandstein hat dem enormen Druck des darüberliegenden Basaltes am besten widerstanden, während das weichere Sediment der unteren Schichten schneller verwitterte, so daß sich die typischen »Buschmannhöhlen« bilden konnten. Es sind mehr Felsüberhänge als Höhlen, die den San-Ureinwohnern Schutz und Wohnraum gaben. Heute werden sie von Wanderern und Bergsteigern benutzt.

Die Vegetation um Giant's Castle ist dem harschen Bergklima angepaßt und besteht zum größten Teil aus saurem Grasland, unterbrochen von Proteensavanne und

In gefüllten Felsentümpeln entwickelt sich kurzfristig reiches Leben. Im Hintergrund die Bergketten von Giant`s Castle.

Der obere Teil des Basaltwürfels von Giant`s Castle existierte bereits zu Zeiten des Superkontinentes Gondwana.

Restbeständen des Bergregenwaldes. Die zahllosen Felsblöcke in den Flußbetten beherbergen eine eigene Pflanzengemeinschaft. Das Grasland wird von einem natürlichen Feuerregime als Klimaxgesellschaft erhalten. Zündender Blitz und Funkenschlag durch natürlichen Felsrutsch werden heute von planmäßig gelegten Feldbränden ergänzt. Sie sollen die jetzige Vegetationsform erhalten. Ohne Feuer würde kümmerliches Buschwerk bald die feuerangepaßte Pflanzenwelt des Graslandes verdrängen. Feuer stimuliert geradezu das Wachstum vieler Arten. Das kommt besonders in der Verschiedenheit der Wildblumen zum Ausdruck, die im Frühling und Sommer eine besondere Attraktion des Reservates sind.

Das 350 km² große Tier- und Naturreservat zieht besonders Naturfreunde an, die gerne wandern. 1903 wurde es zum Schutze der letzten Herde von Elenantilopen geschaffen. Inzwischen ist daraus eine der größten und wichtigsten Populationen im südlichen Afrika entstanden. Die Vielfalt der **San-Felsenbilder** sind ein einzigartiger Hort menschlicher Kunst. Der erstaunliche Schatz von Felszeichnungen in der weiteren Umgebung deutet darauf hin, daß die Region mit einer großen Konzentration von Elenantilopen gesegnet war. Sie waren die bevorzugte Beute der San.

Pflanzen und Tiere

Drakensberge und Vorland sind letztes Refugium der verbliebenen 100–200 Brutpaare des Bartgeiers. Im südlichen Afrika ist er als Lämmergeier bekannt und zu Unrecht verfolgt worden. Farmer töten noch

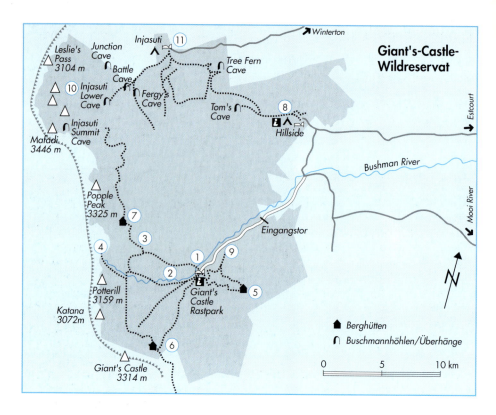

Giant's-Castle-Wildreservat

Labels on map:
Winterton
Leslie's Pass 3104 m
Junction Cave
Injasuti (11)
Tree Fern Cave
Battle Cave
Estcourt
Injasuti Lower Cave (10)
Fergy's Cave
Tom's Cave
8
Mafadi 3446 m
Injasuti Summit Cave
Hillside
Bushman River
Popple Peak 3325 m
Mooi River
7
3
Eingangstor
4
1   9
2
5
Potterill 3159 m
Giant's Castle Rastpark
Katana 3072 m
6
Giant's Castle 3314 m

Berghütten
Buschmannhöhlen/Überhänge

0   5   10 km

immer mit Falle und Köder »Ungeziefer«
wie Schakal (S. 196), Pavian (S. 33) und
Wüstenluchs (S. 159). Da wird der zu den
Greifvögeln gehörende, sehr selten ge-
wordene Bartgeier oft mitvergiftet. Im süd-
lichen Afrika ist er der größte Vogel der
Ordnung Accipitriformes, mit einer
Spannweite bis 2,80 m.
Giant's Castle hat einen guten Besatz an
Antilopen. Afrikas größte Antilopenart, die
anpassungsfähige Elenantilope, sammelt
sich im Sommer im Grasland zu großen
Mutterherden, die sich erst im Winter wie-
der aufspalten. Dann werden die Tiere zu
Blatt- und Kräuteressern. Es gibt auch
Buschbock (S. 148), Bleßbock, Bergriedbock (S. 69), Kuhantilope (S. 67), Klipp-
springer (S. 123) und Bleichböckchen.
Bärenpaviane kommen bis ins Touristen-
zentrum. Recht häufig ist auch der

Schabrackenschakal. Er wird öfter gehört
als gesehen.
In den Waldstücken ist »Hard Pear« (Olinia emarginata) mit unverwechselbarer
blaß gelbbrauner Rinde dominant. Auch
»Yellowwood«, »Wild Peach« (Kiggelaria
africana) und »Tree Fuchsia« (Halleria lucida) und »Mountain Cabbage Tree«
(S. 68) sind häufig. Bevorzugter Standort
des Busch- bis kleine Baumgröße errei-
chenden »Natal Bottlebrush« sind die Felsen des Kleinen Berg. Die Art fällt von August bis in den November hinein durch
ihren fotogenen Blütenstand auf. Proteensavanne, oft an ziemlich steilen Hängen
gelegen, besteht hier oft aus großgewach-
senen Bäumen der »Sugarbush«-Arten.
Farbenprächtige Flechten sind auf den
Sandsteinen verbreitet. Sie bereiten Lebensraum für Gräser und Kräuter vor.

Im Gebiet unterwegs

Im Park des Touristenzentrums ① mit seinen ausgewählten einheimischen Gewächsen (teilweise beschildert) sind Guineataube, Malachitnektarvogel und Großer Halsbandnektarvogel zu sehen. Im Sommer kommen Kapschnäpper, Busch-schwarzkäppchen, Kaprötel und Barratts Buschsänger. Wandert man am **Bushman River** ② entlang, der am Touristenzentrum vorbeifließt, trifft man auf Malachiteisvogel, Riesenfischer, Schwarzente, Samtweber, Fleckenprinie und Rotschwanzschmätzer. In der Proteensavanne überwiegen Gurneys Honigesser, Fahlschulter-

Geier im südlichen Afrika

Geier sind für ein Ökosystem wichtig, da sie dem Ausbruch von Tierseuchen durch die Beseitigung von verrottenden Tierkörpern entgegenwirken. Entgegen landläufiger Meinung fangen viele Arten auch lebende Beute, wie kleine Säugetiere, Vögel und Insekten. Auf langen Suchflügen entdecken sie Nahrung aus großer Höhe.

Durch die menschliche Besiedlung sind die harmlosen Geier, Symbole des alten Afrika, so sehr beeinträchtigt worden, daß die meisten Arten nur noch in den großen Wildreservaten häufig sind. Das gilt auch für alle anderen großen Greifvögel, die man außerhalb der Schutzgebiete ebenfalls kaum noch zu sehen bekommt.

Besonders gefährdet ist die einzige endemische Geierart, der einst im südlichen Afrika weit verbreitete **Kapgeier**. Sein ständiger Rückgang ist einer Reihe von Faktoren zuzuschreiben; hierzu zählen die Abnahme der Wildherden, die modernisierte Viehzucht, der willkürliche Gebrauch von Giften bei der Bekämpfung von »Problemtieren«, der Tod durch Stromschlag bei Kontakt mit Starkstromleitungen und die hohe Sterblichkeit der Nestlinge durch Mangel an Kalzium, das für das Knochenwachstum unerläßlich ist.

In unzugänglichen Gebieten horsten Kapgeier noch auf Vorsprüngen steiler Felswände in größeren Kolonien. Pas-sionierte Naturfreunde fördern sie durch Aufklärung der Bevölkerung, Sicherung der Nistplätze und Bereitstellen von Nahrung in sogenannten »Vulture Restaurants«.

Sechs der sieben Geierarten des südlichen Afrikas kommen im Krüger-Nationalpark vor. Weitaus am häufigsten ist der **Weißrückengeier** (S. 22, 41), der große Ähnlichkeit mit dem Kapgeier hat, aber keine gelbe Pupille besitzt. **Ohrengeier** (S. 22), mit einer Flügelspannweite von über 2,70 m die größte Art, brüten auch im Reservat, wie die meisten anderen Arten in den Kronen hoher Bäume. Beobachten kann man hier auch **Wollkopfgeier**, Kapgeier, **Kappengeier** und den sehr seltenen **Schmutzgeier**. Die siebente Geierart im südlichen Afrika, der **Bart-** oder **Lämmergeier** überlebt mit weniger als 200 Brutpaaren nur in den hohen Drakensbergen und den Maluti Mountains des Königreichs Lesotho.

Der Bart- oder Lämmergeier versinnbildlicht die Not aller aasnehmenden Vögel des südlichen Afrikas. Er ist die seltenste Geierart.

Der Klippenrötel liebt Felsengelände im Kleinen Berg.

schmätzer und Erdspecht. Halten Sie Ausschau nach Paradieskranich, Sekretär, Schwarzstorch, Glattnackenrapp und Stanleytrappe. Die Waldstücke unterhalb der Sandsteinfelsen sind beliebt bei Zimttaube, Klippenrötel, Dunkelschnäpper, Halsbandfeinsänger und Rotkopflaubsänger. Mit Glück sieht man auch den herrlichen Paradiesschnäpper.

Beim weiteren Aufstieg über grasbedeckte Querrücken erreicht man in Höhe von etwa 2200–2300 m den **Konturpfad** ③, der sich an der Drakensberg-Kette hinzieht. Zwergpinkpink, Gelbbrustpieper und Großspornpieper kommen hier häufiger vor. Am **Langalibalele-Paß** ④ erklingt der eindringliche Ruf des Natal-Felsenspringers. Nach mühevollem Klettern über Felsentrümmer erreicht man das Hochplateau, wo man Bart- und Kapgeier im Flug bewundern kann. Hier überwiegen Arten wie Gelbbauch- und Drakensberg-Girlitz, Elfenschnäpper und Namibschmätzer. Auch das Grauflügelfrankolin ist zu finden. Am besten lassen sich Bartgeier vom **Beobachtungbunker** ⑨ beobachten, zu dem man sich morgens mit Vierradantrieb fahren lassen kann. Zwischen Mai und September werden Köder ausgelegt, die auch Kapgeier, Lannerfalken, Felsenbussarde, Kaffernadler, Geierrabe und Klippenrötel anziehen.

Es gibt zahlreiche weitere Fußwege. Man kann eine der drei einfachen Berghütten, **Meander Hut** ⑤, **Giant's Hut** ⑥ oder **Bannerman's Hut** ⑦ mieten und von hier aus ungestört die Umgebung erkunden.

Praktische Tips

Anreise
Autobahn (N 3) von Johannesburg bis zur Ausfahrt »Central Berg Resorts« bei **Estcourt**, dann den Wegweisern nach Giant's Castle (65 km) folgen. Von Durban Autobahn (N 3) und Maut-Ausfahrt bei **Mooi River** benutzen und von jetzt an den Wegweisern folgen. Nach 9 km sieht man rechts zwei Gestüte, wo Rennpferde gezüchtet werden. Die Farmwege sind geschottert, schmal und kurvenreich. 20 km vor Giant's Castle beginnt eine geteerte Fahrbahn, die bis zum Besucherzentrum führt.

Klima/Reisezeit
Wie übrige Drakensberge-Regionen.

Unterkunft/Verpflegung
Komfortable Bungalows und Cottages mit gehobener Austattung (vgl. Royal-Natal-Nationalpark). **Giant's Lodge**, eine der luxuriösesten Unterkünfte (7 Gäste) in den Bergen, unauffällig der Umgebung angepaßt. Rustikale Hütte am Picknickplatz mit einfachster Ausstattung, für die man Bettzeug mitbringen muß (Gasherd und Kühlschrank vorhanden). 3 Berghütten

»Silver Sugarbush« ist Leitpflanze der Proteensavanne.

(4–8 Gäste) in Höhe der **Konturpfade** (2200 m), Etagenbetten und Matratzen, alles andere muß der Wanderer selbst hinauftragen. Frühzeitige Reservierungen angebracht. Einkaufsmöglichkeiten in Estcourt (60 km); eine beschränkte Auswahl an Lebensmitteln wird im Touristenzentrum angeboten. Ein Restaurant ist geplant. Tankstelle am Parkeingang. Hier kann man auch frische Forellen kaufen.

Camping
Giant's Castle soll einen modernen Camping- und Wohnwagenplatz erhalten. Bitte nachfragen. Eine weitere Campingmöglichkeit besteht bei **Hillside** ⑧, 32 km vom Touristenzentrum gelegen (teilweise schlechte Straße). Keine Elektrizität, kein Benzin, beschränkter Verkauf von Lebensmitteln. Wanderwege, anfangs als Lehrpfad ausgelegt.

Wandern/Ausflüge/Exkursionen
Es besteht ein dichtes Netz von Wanderwegen, so daß man persönliche Routen planen kann. Es wird nicht gern gesehen, daß man die Wege verläßt. Aber man darf abseits stehende Pflanzen und dergleichen durchaus fotografieren, wenn man sich vorsichtig bewegt. Übernachten auf dem Plateau ist erlaubt. Vorherige Anmeldung nicht vergessen! Man darf überall in den Berggewässern baden.
Zwei- und dreitägige Bergritte werden vom Hillside Camp angeboten. Im Preis sind Übernachtungen – auch vorher und danach – eingeschlossen (rustikale Hütte; Laken, Kopfkissenbezug und Schlafsack mitbringen). Übernachtungen während des Rittes in Höhlen oder Berghütten. Verpflegung ist mitzubringen und wird in Satteltaschen transportiert. Regenschutz, warme Kleidung, Badezeug im Sommer, festes Schuhwerk und Turnschuhe für abends. Ledersohlen ungeeignet! Ausritte auch stundenweise.

Feldbrände, im Winter regelmäßig gelegt, unterstützen den Erhalt des montanen Lebensraumes.

Ausstellung
Zu Museum und Felszeichnungen in der »Main Cave« führt ein leichter halbstündiger Weg vom Rastpark. Bitte die Zeiten der Führungen beachten. Die eindrucksvollsten Höhlen mit Felszeichnungen sind zu Nationaldenkmälern erklärt worden, in denen Übernachtungen verboten sind. Nachdem viele Kunstwerke von Vandalen verunziert worden waren, verschärfte man die Gesetze. Man kann mit bis zu DM 5000 Geldstrafe oder 2 Jahren Gefängnis oder beidem rechnen.

San-Felszeichnungen werden in der »Main Cave« erklärt.

Im gut getarnten Beobachtungsstand kommt man dem herrlichen Kaffernadler sehr nahe.

Adressen/Reservierungen
Übernachtungen, mehrtägige Ritte:
↪ Natal Parks Board, Reservations, P.O. Box 1750, Pietermaritzburg 3200, Tel. (0331) 471981.
Buchung für Berghütten und neuer Campingplatz Giant's Castle:
↪ The Camp Manager, Private Bag X7055, Estcourt 3310, RSA, Tel. (0363) 24718.
Buchung für Bartgeierbeobachtung:
↪ Giant's Castle Game Reserve, Private Bag X7055, Estcourt 3310, RSA, Tel. (0363) 24616.

Der Felsenbussard greift Beute bis zur Größe eines Klippschliefers. Auch Giftschlangen jagt er.

↪ Cathedral Peak Hotel, P.O. Winterton 3340, RSA, Tel. (036) 4881888.
Camping:
↪ Cathedral Peak Educational Centre, Tel. (0331) 452407.
TIP: Beobachtungshütte für Bartgeier und andere Vogelarten wie Kaffernadler, Lannerfalke und Felsenbussard unbedingt lange im voraus buchen!

Blick in die Umgebung

Eine Kette freistehender Bergspitzen beherrscht das **Injasuti-Gebiet** ⑩, in dem man mehrtägige Bergwanderungen unternehmen und in Höhlen übernachten kann. Diese Region gehört noch zum Reservat und kann am besten von Estcourt erreicht werden. In der anschließenden Bergkette zwischen **Champagne Castle** und **Cathedral Peak** gibt es Höhlen mit besonders eindrucksvollen Felszeichnungen. Weltbekannt ist die Höhle in der **Ndedema-Schlucht**, die als das an **Felszeichnungen** reichste Gebiet der Erde beschrieben wurde. Die eindrucksvollsten Plätze sind von verschiedenen Hotels und Campingplätzen in Tageswanderungen zu erreichen; ein – im Sommer manchmal reißender – Bergfluß ist zu durchqueren. Die Tour sollte man nicht ohne Führer (beim Cathedral Peak Hotel buchen) unternehmen. In der Ndedema-Schlucht steht der größte Regenwaldrest der Drakensberge. Abfahrt von der Autobahn (N 3) nach Winterton ist gut beschildert. Von Winterton 40 km auf ungeteerter Straße bis Cathedral Peak Hotel ⑪.
Kamberg ist ein kleines Naturreservat, das man von der Abfahrt (N3) Nottingham Road erreicht. Nach etwa 40 km Teerstraße rechts abbiegen, noch 15 km auf Feldstraße bis zum Reservat mit Grasland, Wald, Fluß, Wanderweg für Behinderte, schönen Ausblicken, weit über 30 Orchideenarten (hauptsächlich Erdorchideen mit kleinen Blüten); Blütezeit Dezember bis März.

10 Südliche Drakensberge

Höchster befahrbarer (Allradantrieb) Bergpaß Afrikas; Route paläarktischer Zugvögel; Schneefall im Sommer; Regenwald; montane und alpine Tier- und Pflanzenwelt; interessante Vogelarten, z. B. Klunker-, Kronen- und Paradieskranich, Storchenparadies; mehrtägige Wildniswanderungen.

Die südlichen Drakensberge wirken karger als der Norden. Sie sind auch weniger bewaldet. Die Temperaturen sinken tiefer, Schneefälle sind höher und regelmäßiger. Doch zur Sommerzeit herrscht im Vorland am Fuß der Berge die Atmosphäre eines warmen europäischen Erntetages. Es riecht nach Heu. Weißstörche schreiten zu Dutzenden hinter Mähmaschinen. Überall blinken angelegte Seen und Teiche, die wasserliebende Vogelarten angezogen haben. Wiesen und Felder des Vorlandes dienen vorwiegend der Milchwirtschaft und dem Maisanbau. Das Kulturland geht in das Grasland des geschützten Montangürtels über, der bis 2000 m Höhe hinaufreicht. Hier liegen die Gipfel des Kleinen Berg, zwischen denen Bäche und Kolke kristallklar funkeln. In den Schluchten und entlang der Wasserläufe stehen letzte Posten des einst verbreiteten immergrünen Regenwaldes, umgeben von grasbedeckten Berghängen, die von den zahlreichen Heidearten des montanen Fynbos aufgelockert werden. Proteensavanne hält sich auf den nach Süden gelegenen Hängen. Mit zunehmender Höhe werden die Gräser kürzer.
Wo der Sandstein dem Basalt weichen muß, beginnt der subalpine Gürtel. Auf seiner tonigen schwarzen Lavaerde wächst vorwiegend Grasland. An den Nordhängen hat sich Fynbos etabliert. Bei etwa 3000 m Höhe ist der alpine Gürtel erreicht, und das alpine Grasland wird von Tundra-Vegetation abgelöst.
Der Kleine Berg gehört zu den Wildnis- und Naturschutzgebieten, die sich am Steilabbruch der 150 km langen Nataler Drakensberge-Kette entlang erstrecken. Alle Schutzgebiete der Region sollen zum Drakensberge-Park vereinigt werden, der einer der größten Schutzgebiete des südlichen Afrikas sein wird.

Pflanzen und Tiere

Die Vogelwelt der südlichen Drakensberge ist nicht übermäßig artenreich, aber man kann eine Reihe interessanter Arten leicht beobachten und fotografieren. Die Weideflächen des Vorlandes sind beliebtes Überwinterungsgebiet des europäischen Weißstorches. Er teilt sich den Lebensraum mit Kronenkranich, Paradieskranich (S. 184) und dem selten geworde-

Der Lannerfalke ist über das ganze südliche Afrika verbreitet, von der Halbwüste bis zum Waldland.

nen Klunkerkranich. Kronenkraniche sammeln sich in Schwärmen von 150 oder mehr Vögeln.

Der **Paradieskranich**, der nur im südlichen Afrika vorkommt, ist zum »Nationalvogel« erklärt worden. In der Kapprovinz richtet er oft großen Schaden an, wenn Schwärme von über tausend Vögeln die Wintersaat zertrampeln. Kaffernadler, Felsenbussard, Riesenfischer (S. 175) und Glattnackenrapp sind noch recht häufig und können am Plateaurand beobachtet werden. Schwarz- und Weißstorch dringen bis in die alpinen Reviere des **Sani Top** vor, wo sich im Sommer reiches Insektenleben entwickelt. Die possierliche Eisratte, zu den Ohrenratten gehörend, ist vor den Störchen nicht sicher.

Größere Säugetierarten sind auf dem Plateau so gut wie verschwunden. An Bächen und Flüssen findet man Spuren des Fleckenhalsotter. Man bekommt ihn aber selten zu sehen. 90% der Pflanzendecke im Berggebiet besteht aus Gräsern, aber über 1200 weitere Pflanzenarten haben ihre Nische gefunden. Die meisten Blumen blühen, bevor die Grashalme zu hoch gewachsen sind. Stark vertreten sind Arten aus der Familie der Korbblütler, die abhängig von guten Sommerregen sind. An Bergbächen und Schluchtwäldern wächst die wilde Fuchsie *Halleria lucida*, stellenweise blühen unzählige Begonien. Erdorchideen bevorzugen das höher gelegene Grasland, in dem in guten Regenjahren große Flächen von Watsonien leuchten. Kleinwüchsige Bergzypressen gedeihen an Südhängen. Fremdartig wirkende Baumfarne (*Cyathea dregei*) stehen einzeln oder in Gruppen an Bachläufen.

Außerhalb der Brutzeit versammeln sich die Kronenkraniche in Schwärmen von 30-150 Vögeln.

Üppiger Bestand der Fackellilie am Sani-Paß. Sie blüht um Weihnachten und wird gern von Nektarvögeln besucht.

Schnee macht den Bleßböcken im Naturreservat von Himeville vorübergehend sehr zu schaffen.

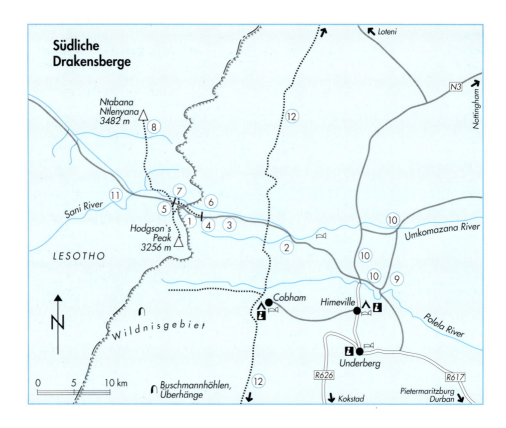

Südliche
Drakensberge

Loteni

N3

Nottingham

Ntabana
Ntlenyana
3482 m ⌂
⑧

⑫

⑪ *Sani River*

⑦

⑤ ⑥

① ④ ③

Hodgson's
Peak
3256 m ⌂

② ⑩ *Umkomazana River*

LESOTHO

⑩

⑩

⑨

N

∩

Wildnisgebiet

Cobham

Himeville

Polela River

0   5   10 km

∩ Buschmannhöhlen,
  Überhänge

⑫

R626

Underberg

Kokstad

R617

Pietermaritzburg
Durban

Im Gebiet unterwegs

Der Aufstieg zum Hochland von Lesotho durch den **Sani-Paß** ① ist nicht sehr beschwerlich. Mit dem Auto fährt man durch den Bergort **Himeville** 3 km auf der Teerstraße in nördliche Richtung, biegt dann nach links in einen breiten Feldweg ein, der am renommierten Sani Pass Hotel vorbeiführt. Beim Golfplatz geht es über eine kleine Brücke, hinter der links ein Fußpfad stromaufwärts am **Gxalingenwa-Bach** ② nach links in einer halben Stunde zu einem der am besten erhaltenen Bergwaldbestände der Drakensberge führt. Stattliche Exemplare von »Yellowwood« haben den frühen Raubbau überlebt und wetteifern mit anderen Arten wie Kapbuche, »Wild Peach«, »White Stinkwood« und

»African Holly«. Am Bachufer wächst Bergbambus, Südafrikas einzige Bambusart. Mit etwas Glück entdeckt man im Zwielicht des dichten Waldes einen Buschbock (S. 148). Typische Vogelarten im Wald sind Lärmrötel, Goldrückenspecht, Oliventaube, Buschschwarzkäppchen, Rotkopflaubsänger und Kap-Grünbülbül.
Vom Paßweg sieht man bei Kilometer 22 links sumpfiges Land ③, auf dem in guten Regenjahren zur Weihnachtszeit ein Meer von Fackellilien blüht, besucht von vielen Malachitnektarvögeln. Gurneys Honigesser findet man in den Bäumen der *Protea roupelliae*, die in den Proteensavannen des montanen und subalpinen Gürtels überwiegt. Nebenan im Grasland leben Erdspecht und Kapgrassänger. Bei Kilome-

ter 25 erreicht man die südafrikanische Paßkontrolle ④. Jetzt sind es noch 8 km bis zum »Sani Top« mit dem Grenzposten des Königreiches Lesotho ⑤, den man leicht in 2–3 Stunden erreichen kann. Zwischen den beiden Grenzposten ist die Fahrt nur mit vierradangetriebenem Fahrzeug erlaubt.

An den Hängen der atemberaubenden Haarnadelkurven im letzten Drittel überwiegt niedriges *Macowania*-Gebüsch. Trauercistensänger, Fleckenprinie und Layards Meisensänger halten sich gern darin auf. Die Pflanzenwelt wird vielseitiger. An den Hängen blühen *Agapanthus, Buchenroedera, Erica*, gelbe *Macowania*, lila *Geranium pulchrum, Wahlenbergia, Diascia*. Die lange Basaltwand auf der rechten Seite, bekannt als »Zwölf Apostel« ⑥, ist zum Greifen nah. Oben in den Wänden, wo Risse im Basalt den Boden feucht und den Felsen rutschig halten, blüht die »Selbstmord-Gladiole« *(Gladiolus cruentus)*, eine der schönsten Bergblumen, die durch ihren waghalsigen Standort hier ein wenig den Ruf des Edelweiß genießt. Gleich neben der Steilpiste sieht man Natal-Felsenspringer, Kapammer, Klippenpieper und Drakensberg-Girlitz. Den Abstieg schafft man leicht in gut zwei Stunden. Man kann aber auch auf dem Sani Top übernachten. Die komfortable Berghütte ⑦ liegt gleich rechts am Steilrand.

Seitdem die Bevölkerung von Lesotho permanent im alpinen Gürtel ansässig wurde, ist das karge Land durch Überweidung noch ärmer geworden und stellenweise arg mit Abfällen übersät. Der Wasserhaushalt ist bedroht, denn der torfige Boden ist in Gefahr, weggespült zu werden. Grobes büschelartiges Gras, Immortellen (Strohblumen) und vor allem Heide (*Erica thodei*) und *Philippia evansii* sind typische Pflanzen der Hochebene beim Sani-Paß geworden. Hier ist auch die Heide gefährdet. Ihre holzigen Büsche dienen als Brennmaterial in den aus Steinquadern gefügten Häuschen. Für die harten Win-

termonate stapelt man auch getrockneten Kuhdung, der damit als Dünger verlorengeht. Bart- und Kapgeier, Mohrenweihe, Dickschnabellerche, die den Gesang anderer Graslandvögel nachahmt, und Langzehenrötel sind hier noch verbreitet.

Der unscheinbare, 3482 m hohe »Kleine Schwarze Berg«, Ntabana Ntlenyana ⑧, ist der höchste Punkt des südlichen Afrikas. Er liegt eine energische Tageswanderung von der Berghütte entfernt. Leichter ist ein Ritt dorthin (am besten mit Führer). Basuto-Ponys kann man preiswert mieten. Zur Sommerzeit sind sie springlebendig.

Zum Mgeni-Vlei ⑨, dem Brutgebiet der Klunkerkraniche, sind es von Himeville nur ein paar Autominuten. Ausfahrt wie zum Sani-Paß, an der Kreuzung aber nach rechts abbiegen und Ausschau nach Weißstörchen (November bis März) und Kronenkranichen ⑩ in den Wiesen halten. Das Mgeni-Vlei (270 ha), vorwiegend mit Seggen (*Carex cernua*) bestanden, gilt als wichtigstes Brutrevier der Klunkerkraniche in Südafrika. 6–9 Kranichpaare brüten in diesem Feuchtgebiet. Im Grasland nebenan leben seltene Vogelarten wie Erdspecht und der Gelbbrustpieper, der nur in Südafrika vorkommt und im Montangürtel in über 1800 m Höhe brütet.

Am unteren Ende des großen Weihers im Himeville-Naturreservat, wo auch ein Kronenkranichpaar seine Jungen versteckt, baut der fotogene Oryxweber seine Nester im Schilf. Kapweber kann man beim Nestbau auf dem Zeltplatz von Cobham beobachten.

Praktische Tips

Anreise

Von der N 3 (Durban–Johannesburg) benutzt man die Ausfahrt Merrivale bei Pietermaritzburg. Es geht weiter auf guter Teerstraße (R 617) über Bulwer bis Underberg/Himeville im Drakensberge-Vorland, Basis für Entdeckungsreisen in die Umgebung.

Polygamer Oryxweber im Brutkleid. Man entdeckt ihn überall im Schilf und Ried der Feuchtgebiete.

Klima/Reisezeit

Wie nördliche Drakensberge, doch im allgemeinen etwas kühler. Schnee ist auch im Vorland möglich, aber verhältnismäßig selten (Sommerregengebiet). Auf dem Eskarpment kann Schnee zu jeder Jahreszeit fallen.

Unterkunft/Verpflegung

Hotels in Underberg, Himeville und am Fuße des Sani-Passes. In der Umgebung Hütten und Bungalows mit Komfort in den **Naturreservaten Coleford** und **Loteni**. Anmieten von privaten Cottages und Anglerhütten möglich. Supermärkte vorhanden. Farmfrische Milch, Butter, Eier und Gemüse je nach Jahreszeit erhältlich, ebenso frische Forellen. Angeln möglich; am erfolgreichsten im Sani-Fluß auf dem Sani Top ⑪, nicht weit von der Berghütte. Hier kann man im Winter Ski und Schlittschuhe mieten. Selbstverpflegung – außer Getränken. Gasherd, fließendes kaltes und warmes Wasser. Die Dusche funktioniert im Winter oft nicht.

Camping

Zum kleinen Naturreservat in Himeville beim Postamt rechts abbiegen; Bäder/Duschen, Toiletten, Kochgelegenheit, Wäschewaschen. Cobham (13 km): Am Ortseingang Himeville auf gut befahrbarem Feldweg links abbiegen. Einfache Zelt- und Wohnwagenplätze. Toilette, Waschgelegenheit im nahen Fluß.
Im Naturreservat Loteni Campingplatz mit üblichem Komfort. Achtung: Wenig Schatten! – Zelten in der Wildnis gestattet. Unbedingt den Regeln folgen!

Wandern/Ausflüge/Exkursionen

Die fünftägige Wildniswanderung »Giant's Cup Trail« führt durch Wildnisgebiete zwischen **Sani-Paß** und **Bushman's Nek** in durchschnittlich 1850 m Höhe dem **Konturpfad** ⑫ entlang. Geeignet für Personen aller Altersgruppen, die durchschnittlich gut zu Fuß sind und ohne übermäßige Anstrengung die Drakensberge erleben

Der Malachitnektarvogel liebt den Nektar von Aloen und Fackellilien und ist an ihnen leicht zu fotografieren.

Der Klunkerkranich

Der große Kranichvogel (Gesamtlänge bis 1,5 m, Flügelspannweite bis 2 m) lebt in Feuchtgebieten des südlichen Afrikas. In den vergangenen Jahrzehnten ist sein Lebensraum sehr vermindert worden, so daß südlich des Sambesi kaum 300–350 Individuen überlebten. Die südlichen Drakensberge galten als hervorragendes Brutgebiet, mit gutem Nahrungsangebot an Kleinreptilien, Fröschen, Insekten, kleinen Säugetieren, aber auch Körnern, Knollen, Wurzelstöcken und anderem Pflanzenmaterial. Durch sein spezialisiertes Brutverhalten ist der Kranich mit der Quaste unterm Kinn wenig anpassungsfähig und auf intakte Feuchtgebiete angewiesen, die in Südafrika »Vlei« genannt werden. Viele Vleis wurden eingedämmt oder einfach trockengelegt, um Weideflächen oder Land für exotische Baumplantagen zu gewinnen, was z.B auch für die Abnahme der Zahl überwinternder Weißstörche verantwortlich ist.

Sein Nest baut der Klunkerkranich aus Gras und Zweigen. Es muß von Wasser umgeben sein. Das Weibchen beginnt nach der Ablage gleich das erste Ei zu bebrüten. In der Regel schlüpft nur ein Küken, mit dem die Eltern sofort das Nest verlassen. Die Paarbindung hält lebenslang, und ein Kranichpaar kann für 20–30 Jahre den gleichen Nistplatz benutzen. Die sehr territorialen Vögel dulden normalerweise kein zweites Kranichpaar in ihrem Revier, in dem die scheuen Meister der Tarnung bis zu fünf Monate lang ihr Küken verbergen, bis es flugfähig geworden ist. Durch künstliche Aufzucht soll die Restpopulation gestützt werden. Zweit-Eier sind eingesammelt und mit Erfolg künstlich bebrütet worden. Allerdings waren die nachgezüchteten Vögel so sehr auf den Menschen geprägt, daß sie nicht freigelassen werden konnten.

Ein Kranichzentrum für die sachkundige Aufzucht und zur Verbreitung von Information über die bedrohten Kraniche entsteht im kleinen Naturreservat von Himeville. Auch der Bau von Nistgelegenheiten an teilzerstörten Vlei-Rändern soll helfen, die Klunkerkraniche Südafrikas zu erhalten.

Slogets Ratte, in Lesotho Eisratte genannt, ist bis in Höhen von 3300m vorgedrungen.

möchten. Übernachtung in einfachen Hütten mit Etagenbetten, Matratzen, Tischen und Bänken.
TIP: Warme Kleidung, auch im Sommer, unbedingt Regenschutz, besonders bei Besuch des Lesotho-Hochlandes. UV- oder Skylightfilter für Kameraobjektive.
ACHTUNG:
❑ Im Sommer sind heftige Gewitter am Nachmittag häufig. Bei allen Wanderungen auf den bezeichneten Pfaden bleiben und keine Abkürzungen querfeldein einschlagen. Erosionsgefahr! In Farmgebieten Farmer um Erlaubnis zum Betreten bitten. Offenes Feuer nur an erlaubten Stellen anzünden. Abfälle aus Wildnisgebieten mitnehmen.
❑ Felsenmalereien, die von den San-Buschleuten hinterlassen wurden, sind mehr als Graffiti!
❑ Wildblumen darf man nicht pflücken.
❑ Nicht vergessen: Vor längeren Wanderungen Ziel und Zeit zur Sicherheit ins »Hiking Register« eintragen.
❑ Beim Aufstieg zum Hochland von Lesotho (Sani) Reisepaß nicht vergessen!

Adressen/Information
Buchungen für mehrtägige Wildniswanderungen (Giant's Cup Trail bis zu 9 Monate im voraus) und Unterkunft Coleford:

➪ Natal Parks Board Reservations Office, P.O. Box 1750, Pietermaritzburg 3200, Tel.(0331) 471981.
Buchungen für Camping, Wildniswanderungen mit Übernachtungen im eigenen Zelt oder in einer »Buschmannhöhle« über die Büros der zuständigen Naturreservate:
➪ Naturreservat Himeville, Post Office Himeville 4585, RSA.
➪ Naturreservat Cobham, P.O. Box 168, Himeville 4585, RSA.
Allradfahrten, Berghütte Sani-Paß über:
➪ Himeville Arms Hotel, Post Office Himeville 4585, RSA, Tel. (033) 7021305.
Information:
➪ Natal Parks Board, Hauptbüro, P.O. Box 662, Pietermaritzburg 3200, RSA, Tel. (0331) 471961.

Blick in die Umgebung

Das **Naturreservat Coleford** im Vorland wird von Underberg auf einer guten Feldstraße leicht erreicht. Auf einem Gang oder Ritt durch das Antilopengehege kann man Weißschwanzgnu, Bleßbock, Großriedbock und mit Glück dem scheuen Moschusböckchen begegnen. Ansitz zur Vogelbeobachtung.
Loteni erreicht man von der Kreuzung hinter Himeville. Man fährt auf der Feldstraße jedoch geradeaus weiter in Richtung Nottingham Road. Die nächsten 9 km bis zur Brücke über den **Umkomanazana**, an dem sich der Sani-Paß entlangschlängelt, sind Weißstorchgebiet. Nach weiteren 6 km überquert man den **Umkomaas** (Wildwasserpaddeln) und biegt 13 km später links ab nach Loteni (16 km). Das Naturreservat ist durch seine eindrucksvollen Berglandschaften bekannt, die durch den »Eagle Trail« erschlossen werden. Die höchstens sechs Stunden (12 km) dauernde Adlertour ist als **Naturlehrpfad** angelegt. Geologie, Lebensräume, Pflanzengemeinschaften usw. werden anhand guter Beispiele erklärt.

11 Durban und Umgebung

Ausgangspunkt für Reisen in Wildreservate und Drakensberge; Haifor-
schung; Meerestiere in Großaquarien, Delphinarium; Schlangen,
Riesenkrokodile; ältester Botanischer
Garten Afrikas, Orchideenhaus, Palmensammlung; Vogelpark; Naturkundliches Museum; Mangroven-
sumpf.

Durban, die größte Hafenstadt Afrikas
südlich der Sahara, liegt in der Provinz
Natal an einer Bucht am Indischen Ozean. Durch ihr mildes, subtropisches Klima
und die zahlreichen Badestrände ist sie
der wichtigste Ferienort Südafrikas. Aus
einer von Mangrovensümpfen umsäumten
ungesunden Meeresbucht hat sich Durban
zu einer der am schnellsten wachsenden
Städte der Erde entwickelt – umringt von
Elendsvierteln, Mahnmale zunehmender
Landflucht.
Trotzdem haben Stadt und Umgebung
überraschend viel Natur bewahrt. Reste
der früher die Bay von Durban beherr-
schenden Mangrovensümpfe sind erhalten geblieben. Naturwanderungen im und
um das Stadtgebiet werden angeboten. Im
Botanischen Garten werden in der Natur
längst ausgestorbene Pflanzen gehegt.
Das »Sardinenfieber« ist ein jährliches
Phänomen. Zwischen Juni und August
werden gewaltige Sardinenschwärme be-
fischt, die von der Westküste her dicht am
Festlandsockel entlangziehen.

Pflanzen und Tiere

Der warme **Agulhas-Meeresstrom** vor der
Küste schafft ideale Verhältnisse für tropische und subtropische Delphinarten. Mit

etwa 900 Individuen ist der große Tümmler vor Natal noch recht häufig, erleidet
aber jedes Jahr Verluste in den Hainetzen,
die zum Schutze des Brandungsbadens
aufgespannt sind. Noch schlechter ergeht
es dem zu den Langschnabeldelphinen
gehörenden »Humpback«. Sein unauf-
haltsamer Rückgang bereitet große Sorge.
Die Hainetze sollen gegen ein System
elektrischer Barrieren ausgetauscht werden. Die wichtigsten Haiarten kann man
in Großaquarien am Hauptstrand besichtigen.
Die Vogelwelt ist sehr vielseitig und umfaßt nicht nur im menschlichen Siedlungs-
raum vorkommende Arten, sondern auch
eine Reihe von See- und Zugvögeln, die
man in verschiedenen Biotopen sehen
kann. Im Einzugsbereich der Stadt gibt es
eine Reihe Natur- und Wildreservate, die
sich dem Schutz der einheimischen Tier-
und Pflanzenwelt widmen.

Große Tümmler vor Durban. Die beste Stelle für die Beobachtung von Delphinen ist an der Nordküste.

Die Nataler Südküste ist bei Touristen beliebt. Es gibt aber noch stille Stellen zur Naturbeobachtung.

Baumagame im Paarungskleid. Im Krügerpark hat fast jeder Baum in den Rastparks ein standorttreues Paar.

Im Gebiet unterwegs

An der Strandpromenade, bekannt als »Goldene Meile«, liegt das **Delphinarium** ①, dessen Vorführungen von Großen Tümmlern und Südafrikanischen Bären- robben auf die Aufklärung des Publikums über die prekäre Lage der Delphine an der südafrikanischen Küste ausgerichtet sind. In großen Aquarien sind die wichtigsten Fischarten und Meeresschildkröten der

Buntastrild und andere Arten leben im Vogelpark.

südlichen Küstengewässer zu sehen, mit dem Sambesihai als gefährlichsten »Men- schenfresser«. Am Nordstrand liegt der **Schlangenpark** ② mit einer umfassenden Sammlung südafrikanischer Giftschlangen wie Schwarze Mamba, Ringhalskobra und Puffotter.
Fährt man mit dem Auto ein paar Kilome- ter weiter nach Norden, erreicht man den Umgeni River, der stark verschmutzt ist, aber immer noch einer relativ reichen Vo- gelwelt Lebensraum bietet. Biegt man hin- ter dem Umgeni nach links ab, kommt man zum **Umgeni-River-Vogelpark** ③ mit über 300 einheimischen und exotischen Vogelarten, die sonst nicht so leicht foto- grafiert werden können; darunter Klunker- kraniche (s.S. 93), die von Zweiteiern wil- der Vögel künstlich ausgebrütet wurden. Zu sehen sind auch die zwei anderen Kra- nicharten des südlichen Afrikas, Kronen- (S. 88) und Paradieskranich (S. 184), außerdem Ibisse, Baumenten und Ham- merköpfe (S. 148).

Das Naturreservat »Beachwood Mangroves« ④ mit seinen Mangrovensümpfen liegt am Nordufer des Umgeni River. Fußwege und Laufstege führen durch den Lebensraum an der Nahtstelle zwischen Land und Meer. Mangrovenbäume haben ein System von haltgebenden Stelzwurzeln und nach oben sprossenden Atemwurzeln entwickelt. In ihrem Bereich lebt eine interessante Tierwelt. Der Schlammspringer kann an Land, z. B. auf einer Mangrovenwurzel, sitzen oder im Wasser schwimmen. Der kleine, etwa 7 cm lange Fisch mit dickem Kopf und Glotzaugen, die auch fürs Sehen über Wasser eingerichtet sind, lebt hauptsächlich seewärts zwischen Prielen und Pfützen. Bei Ebbe ist die beste Besuchszeit, wenn zahllose Winkerkrabben zu sehen sind. Wenn man still sitzen bleibt, wird man bald feststellen, wie die stark vergrößerte zweite Schere des Männchens zu Balzgesten benutzt wird.

Der **Botanische Garten** ⑤, Afrikas ältester (1849), besticht mit seiner Palmensammlung, von Kennern als die beste in Afrika beschrieben. Über 125 Arten, einschließlich der 5 einheimischen, sind angepflanzt worden und werden laufend ergänzt. Sehr eindrucksvoll ist die Königspalme, in der der Palmensegler nistet. Im Orchideenhaus pflegt man einheimische und exotische Arten. Wichtig ist die Sammlung von Palmfarnen (Cycadaceae), eine zu den Nacktsamern gehörende, sehr urtümliche Pflanzengruppe. Zur Sammlung gehören 6 schöne Exemplare der Art *Encephalartos woodii*, die in der Natur ausgestorben ist. Die letzte männliche Pflanze wurde um 1900 aus dem Zululand nach Durban gebracht. Ungeschlechtliche Vermehrung war so erfolgreich, daß es heute wieder über 500 Exemplare in botanischen Gärten und Privatsammlungen gibt.

Über 50 Vogelarten leben, brüten und ziehen im Botanischen Garten ihre Jungen auf. Manche haben sich so sehr an den Menschen gewöhnt, daß man sie leicht fotografieren kann. Selbst der scheue

Der Korallenbaum blüht zwischen Juli und Oktober.

Männchen des Amethystglanzstars. Die weitverbreitete Art zieht im Sommer zum Brüten bis an die Küste.

Die Nataler Aloe kommt nur in einem Teil der Gartenprovinz vor. Sie blüht im Juli.

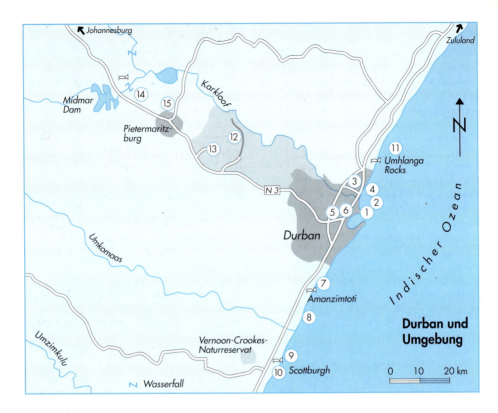

Durban und Umgebung

Schwarzhalsreiher nähert sich, wenn man die Wildenten (Witwen-, Gelbschnabel-, Rotschnabel- und Gelbe Baumente) im Weiher mit Brot füttert. Fische (*Tilapia*) holen sich ihren Anteil, und wenn man schnell genug ist, erwischt man den Reiher, wie er einen größeren Fisch fängt und verschlingt. Sommergast ist der Diderik- oder Goldkuckuck, der seine Eier in die Nester der Textorweber legt, die schön gewebt im Fieberbaum über dem Weiher hängen. Vom großen Hagedasch und Schildraben, bis zum winzigen Waldnektarvogel und Orangebrillenvogel reicht die übrige Auswahl. Der exotische Hirtenmaina wurde vor 1900 aus Indien eingeführt und hat sich seitdem weit über Natal hinaus verbreitet.
TIP: Zwischen Juni und Mitte September organisiert der **Nataler Vogelklub** für Vogel-

freunde mit Lust an Seefahrten Tagestouren zur Beobachtung von Meeresvögeln im Indischen Ozean vor Durban. Gesichtet werden meist Gelbnasen- und Schwarzbrauenalbatros, Dunkler Sturmtaucher und eine Reihe der vor der Küste vorkommenden über 15 Sturmvogelarten, wie Weißkinn- und Kapsturmvogel. Manche Arten lassen sich mit Köder dicht ans Boot locken und sind dann leicht zu fotografieren.

Praktische Tips

Anreise

Von Europa direkt mit Linien- und Charterflügen. Inlandflüge. Buslinien, Eisenbahn von Johannesburg, Kapstadt, Bloemfontein, Port Elizabeth, East London. Autostraße N 3 Johannesburg–Durban 600 km.

Klima/Reisezeit

Subtropisch, mit feuchtwarmen Sommern und milden, regenfreien Wintern. Keine Nachtfröste und Nebel. Wintertemperaturen des Indischen Ozeans bei Durban und der Nataler Küste gleichen den Sommertemperaturen der östlichen Kapprovinz.

Unterkunft/Verpflegung

Preiswerte Unterkünfte, von der einfachen Ferienwohnung bis zum Luxushotel.

Wandern/Ausflüge/Exkursionen

Es gibt geführte Stadtwanderungen und Naturwanderwege. Durban ist Ausgangspunkt für Fahrten in die Wildschutzgebiete des Zululandes, die 270–360 km von Durban entfernt sind. Zu den Naturreservaten der Drakensberge sind es je nach Zielort 220–300 km. Die Entfernung zum Krüger-Nationalpark beträgt 800 km.

Camping

Die Stadt besitzt keine Campingplätze. In der Umgebung findet man eine große Auswahl an Camping- und Wohnwagenplätzen mit allem Komfort. Entsorgungsmöglichkeiten gibt es im südlichen Afrika nicht.

Ausstellung

Das **Naturkundliche Museum** ⑥ in der Stadtmitte besitzt durch seine wissenschaftlichen und pädagogischen Projekte einen guten Ruf. Es wird seit über 100 Jahren von der Stadtverwaltung unterhalten. Weltbekannte Sammlung von Vögeln des südlichen Afrikas. Auch die Kollektion von Schmetterlingen aus der Region ist respektabel. Eine Neuerung ist die »**Insektenarkade**«, in der lebende Insekten zu sehen sind.

Adressen

⇨ Aquarium und Ozeanographisches Forschungsinstitut (Seaworld), P.O. Box 10712 Marine Parade, Durban 4056, RSA, Tel. (031) 373536.

⇨ Botanic Gardens, Botanic Gardens Rd., Durban 4000, RSA, Tel. (031) 211303; Besuchszeiten: Täglich von 7.30 – 17.30 Uhr.

⇨ Fitzsimons Snake Park, Marine Parade, Durban 4001, RSA, Tel. (031) 376456.

⇨ Institute for Medical Research, Johannesburg, RSA, Tel. (011) 882 9940.

⇨ Natural Science Museum, City Hall, P.O. Box 4085, Durban 4000, RSA, Tel. (031) 3006211; Besuchszeiten: täglich 8.30–17.00 Uhr.

⇨ Naturreservat »Beachwood Mangroves«, täglich zwischen 7.00 und 16.30 Uhr geöffnet. Möchte man dort einen Sonnenaufgang erleben oder am späten Nachmittag fotografieren, den Naturwart anrufen, Tel. 251271.

⇨ Natal Bird Club (Pelagic Trips), 1199 Umgeni Rd., Durban 3000, RSA, Tel. (031) 230843.

⇨ Umgeni River Bird Park, 490 Riverside Rd., Durban North 4051, RSA, Tel. (031)831733, Fax (031) 849346.

Information

⇨ Durban Publicity: Stadtwanderungen, Besichtigungsfahrten, Unterkunft, Church Square, P.O. Box 1044, Durban 4000, RSA, Tel. (031) 3044934, Fax (031) 3046196.

Der Hirtenmaina, ein exotischer Kulturfolger aus Indien, hat sich in Natal stark ausgebreitet.

Die Südküste von Natal erstreckt sich 170 km zwischen Durban und Port Edward am Umtamvuna, dem Grenzfluß zur Transkei. Amanzimtoti ist der erste Ferienort an der Südküsten-Autostraße, mit sicheren Badestränden und dem »**Amanzimtoti Bird Sanctuary**« ⑦. Mittelpunkt dieses Vogelschutzgebietes ist ein Weiher mit gutem Fischbesatz, der verschiedene Fischjäger anzieht, darunter Riesenfischer (S. 175), Silberreiher und Weißbrustkormoran (S. 36). Von riedgedeckten Aussichtsplattformen am oberen Ende des Teiches hat man gute Aussicht auf nestbauende Goldweber, Kap-, Masken- und Cabanisweber. Die sorgfältigen Bauten des Weißstirnwebers (S. 120) zwischen hochgewachsenem Schilfrohr am oberen Ende des Weihers fallen auf. Sporen- (S. 173) und Nilgänse betteln; Witwenenten (S. 148) starten und landen. Afrikanische Löffler zeigen aus nächster Nähe ihre bemerkenswerten Schnäbel. Grüne Meerkatzen, vor denen ausdrücklich gewarnt wird, werden von den unverschämten Hirtenmainas gescheucht.

Bei **Umgababa** ⑧ locken farbenfrohe Verkaufshütten, wo neben importiertem Kitsch auch Zulu-Handarbeit (Flechtwerk, Schnitzereien, Perlenstickerei, Töpferware) angeboten wird. Bei dem Badeort **Scottburgh** ⑨ liegt der Krokodilpark »Crocworld« ⑩ mit Nilkrokodilen (S. 149; bis 5 m lang), die hauptsächlich Zuchtzwecken dienen.

An Durbans Nordküste, bei **Umhlanga Rock** ⑪, kann man den Großen Tümmler vom Ufer aus beobachten.

Einen Ausflug zum **Tal der tausend Hügel** ⑫, traditionelles Wohngebiet der Zulu, kann man mit einem Abstecher zum **Nataler Löwenpark** ⑬, dem **Howick-Wasserfall** ⑭ und dem **Karkloof-Naturreservat** ⑮ bei Pietermaritzburg verbinden.

Der Howick-Wasserfall ist beliebtes Picknick-Ziel.

12 Umfolozi und Hluhluwe

Afrikas älteste Wildschutzgebiete; letzter Hort und größter Bestand beider Nashornarten; Elefanten neu eingebürgert; Tieflandnyala und andere Antilopen; Büffel, Giraffe; Tüpfelhyäne; Löwe, Leopard, Gepard; 400 Vogelarten; paläarktische Zugvögel; über 1250 Pflanzenarten.

Diese beiden weltbekannten Wildschutzgebiete im südöstlichen Afrika sind durch einen Korridor voneinander getrennt, mit dem zusammen sie 1000 km² umfassen. Damit bilden sie das drittgrößte Wildschutzgebiet in der Republik Südafrika. Umfolozi und Hluhluwe unterscheiden sich deutlich durch ihre Atmosphäre.

Hluhluwe wirkt tropisch mit dicht bewaldeten Hügeln und Galeriewäldern. Die dichte Vegetation erschwert im Sommer die Wildbeobachtung. Zum Ausgleich kann man Greifvögel wie Schrei-, Raub-, Steppenadler, Mäusebussard und Steppenweihe sowie Sing- und Wasservögel beobachten. Über 70 europäische Vogelarten überwintern im südlichen Afrika.
Umfolozi ist doppelt so groß wie Hluhluwe. Hier lagen die Jagdgründe von Zuluherrschern. Später wurde das Gebiet zum Tummelplatz europäischer Elfenbein- und Sportjäger. Es erstreckt sich vom Zusammenfluß des Weißen und des Schwarzen Umfolozi 30 km nach Westen und ist zwischen 60 und 550 m hoch gelegen. Daß der weiße Umfolozi nicht mehr ganzjährig fließt, ist eine Folge starker Erosion

Der Umfolozi River ist Mittelpunkt des Reservates. Hier lag das Jagdgebiet der Zulu-Herscher.

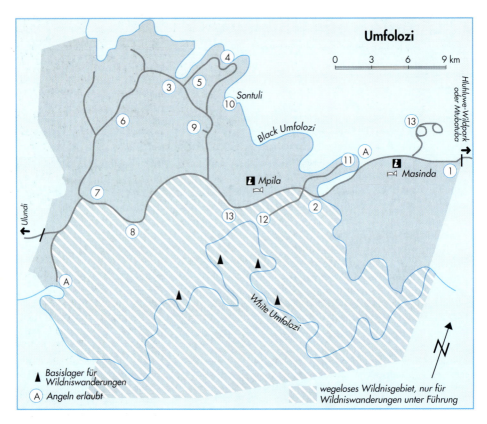

Umfolozi

0   3   6   9 km

Hluhluwe-Wildpark oder Mtubatuba →

Sontuli

Black Umfolozi

13

A

11

Mpila

Masinda

1

2

13

12

White Umfolozi

N

▲ Basislager für
   Wildniswanderungen

Ⓐ Angeln erlaubt

wegeloses Wildnisgebiet, nur für
Wildniswanderungen unter Führung

← Ulundi

in den dichtbesiedelten Gebieten außerhalb des Reservates und des Wirbelsturms Demoina, der den Galeriewald mit seinen monumentalen Sykomoren zerstörte. Immerhin bleiben auch in Trockenjahren Tümpel und Kolke zwischen Sandbänken und Schilfbeständen für das Wild erreichbar. Hier sowie an natürlichen und angelegten Wasserstellen können die Tiere gut beobachtet werden.

Der »Korridor« zwischen beiden Reservaten ist 1989 zum Wildschutzgebiet erklärt worden. Eine Verbindungsstraße in nord-südlicher Richtung führt hindurch und erleichtert die Wilderei. Der Haupteingang und ein moderner Campingplatz sollen hier gebaut werden.

Die Existenz beider Wildreservate war in der ersten Hälfte des 20. Jahrhunderts ge-

fährdet. Die Farmer des Bezirkes machten die Wildtiere für die Verbreitung der tödlichen Naganaseuche unter ihren Rinderherden verantwortlich und setzten die Vernichtung der Wildbestände im Zululand durch. Mit reihenweisem Abschuß wurde 1929/30 begonnen. Bis 1950 waren 96 871 Stück Wild erlegt worden. Nur die Breitmaulnashörner blieben verschont. Die Reservate wurden gerettet, weil man später das hochgiftige, äußerst umstrittene Insektizid DDT erfolgreich zur Bekämpfung der Tsetsefliege einsetzte. Diese afrikanische Stechfliegenart ist als Zwischenwirt für die Übertragung der Nagana oder Tsetsekrankheit, beim Menschen der Schlafkrankheit verantwortlich. An einigen Stellen wird die offene Savanne von undurchdringlichem Dickicht ab-

gelöst. Impala und vor allem Nyala und Kudu (S.125) profitierten davon, während die Grasland-Arten wie Streifengnu (S. 135), Wasserbock (S. 170), Großriedbock und Steinböckchen benachteiligt werden. Man hat mit Breithacke, Spaten – und leider auch mit Pflanzengiften – das Vordringen der Verbuschung nur mit geringem Erfolg bekämpft. Im letzten Jahrzehnt wurden junge Elefanten aus dem Krüger-Nationalpark in Umfolozi eingebürgert. Sie haben effizienter gegen die Verbuschung gewirkt.

Pflanzen und Tiere

Das gemütlich wirkende Breitmaulnashorn kann man leicht beobachten und fotografieren, besonders, wenn man das Frühaufstehen nicht scheut. Bullengruppen, aber auch manche Familien lassen Fahrzeuge dicht an sich herankommen. Für die Begegnung mit Spitzmaulnashörnern braucht man hartnäckigen Spürsinn und Glück. Als reine Blatt- und Zweigesser stecken sie meistens in den unzugänglichsten Dickichten. Sie sind auch nicht so zahlreich (340) wie die größeren, langköpfigen Breitmaulnashörner (2000). Hat man sie aber erst einmal aufgespürt, kann man auch beeindruckende Fotos machen. Spitzmaulnashörner sehen sehr schlecht und kompensieren das mit mißtrauischer Neugier. Zugleich sind sie sehr angriffslustig, und es ist erstaunlich, wie beweglich und schnell die Kolosse auf ihren kurzen Säulenbeinen durch die Savanne sausen. Also: Vorsicht, mit beiden Arten, besonders wenn sie Junge führen! Beide Arten gebären zu jeder Jahreszeit. ·
Dagegen werfen Antilopen wie Impalas (S. 134) und Gnus ihre Kälber nur im November und Dezember, und auch Girafenmütter können dann mit staksigen Jungen beobachtet werden. Um diese Zeit

blüht die attraktive *Scadoxus multiflorus* in der offenen Baumsavanne.
Das Tieflandnyala liebt noch dichteren Busch als die Kudus. Es war typisch für das Zululand und hatte hier sein Hauptvorkommen, war dann aber sehr selten geworden. Auch in Umfolozi mußte die Art neu eingebürgert werden. Sie verdrängte nun wieder den Buschbock (S. 148), der den ursprünglichen Lebensraum der Nyalas besetzt hatte und sehr häufig geworden war.
Die Zululand-Wildreservate sind Heimat für etwa 50 größere Säugerarten, darunter Schwergewichte wie Elefanten und Flußpferde, Giraffen, Büffel und zahlreiche Antilopenarten, vom kleinen Ducker, über Impala, Nyala bis zum Großen Kudu und dem Streifengnu. Raubwild bekommt man seltener zu sehen, doch kann man jederzeit unvermutet auf Löwe, Leopard, Gepard oder Tüpfelhyäne treffen.
Mit 400 Arten, etwa so viele, wie in Europa vorkommen, ist das Vogelleben auf so engem Raum ungewöhnlich reich. Vier der sieben Geierarten des südlichen Afrikas kommen vor, Kapgeiers, Weißrückengeier (S. 41), Ohrengeier (S. 22) und Wollkopfgeier. Drei Arten brüten hier. Brutkolonien des Kapgeiers findet man in den Steilwänden der nördlich gelegenen Lebombo-Berge. Die unauffälligen Einzelhorste des am häufigsten vorkommenden

Die prächtigen Blüten des Farbkätzchenstrauches fallen zwischen Oktober und Januar auf.

Weißrückengeiers findet man vorwiegend im Uferwald entlang der Flüsse und Bäche in Sykomoren und *Acacia robusta*. Der Ohrengeier, die größte Geierart, baut riesige Plattformnester in den Kronen großer Bäume der offenen Baumsavanne; die Akazien »Knob-thorn« und »Black Monkey Thorn« werden bevorzugt. Geier und andere Greifvögel wird man mit Sicherheit auf einer mehrtägigen Wildniswanderung sehen. Den Braunkehl-Wendehals kann man im Mpila-Camp entdecken, und mor-

gens wecken das »toktoktok« von Rudds Feinsänger und die lauten Rufe der Frankoline und Perlhühner.

Europäische Zugvögel überwintern in den Naturreservaten des Zululandes. 50 oder mehr Schwarzmilane kommen oft zu Beginn der Regenzeit zusammen, wenn die Termiten schwärmen und auch unsere Weißstörche über die »Prinzen und Prinzessinnen« herfallen. Störche halten sich zwischen Januar und März in der offenen Savanne und im Grasland auf, und es kommt vor, das einzelne Vögel überwintern. Seit dem Ende der siebziger Jahre verzeichnet man einen starken Rückgang der Weißstörche. Man führt das zum Teil auf die zunehmende Verbuschung zurück, die auch zur Abnahme des Europäischen Bienenessers geführt haben soll, der zwischen Oktober und März anwesend ist. Eurasische Rassen des Mäusebussards kann man beim Durchzug im Oktober beobachten und noch einmal gegen Ende der Regenzeit im März. Der Ziegenmelker ist zwischen Dezember und März zu hören. Die europäische Rauchschwalbe ist zwischen Oktober und April die häufigste Schwalbenart.

Die Pantherschildkröte (S. 48), größte Schildkrötenart des südlichen Afrikas, sieht man oft auf der Fahrbahn.

Nyalas leben in Gruppen, geführt von weiblichen Tieren.

Im Gebiet unterwegs

Am Parkeingang ① erhält man mit der Zugangskarte ein Informationsblatt, in dem Fahrwege, Beobachtungs- und Picknickplätze verzeichnet sind. Achten Sie an der Flachwasserbrücke ② über den **Black Umfolozi River** auf Wasservögel, Wasserböcke und Büffel. Auch Löwen sind hier manchmal zu sehen. Nashörner beobachtet man am besten sehr früh am Morgen und dann wieder spät am Nachmittag im Gebiet des Schwarzen Umfolozi zwischen **Sontuli** und **Thoboti** ③. Man fährt dorthin auf dem Hauptweg nach Westen. Dabei wird man

Am Termitenschlupfloch: ausfliegende Geschlechtstiere.

am Wegesrand häufig die Bronzeflecktaube sehen und hören. Ihr wunderschönes, etwas eintöniges »du-du-du« ist ein charakteristischer Klang der südlichen Buschsavanne.

Vom Picknickplatz ④ aus hat man einen guten Blick hinunter auf den Black Umfolozi, an dessen Ufer oft Antilopen, Büffel und auch Nashörner weiden. Krokodile und Flußpferde gibt es leider nicht mehr. Dafür sieht man am Flußlauf fast überall Breitmaulnashörner. Die klappernde Töne aus dem Blau über dem hügeligen Grasland stammen von den Flügeln der Baumklapperlerche.

Man durchfährt jetzt eine parkähnliche Landschaft ⑤. Rechts und links vom Fahrweg können Breitmaulnashörner weiden oder sich suhlen. Jetzt besonders auf Spitzmaulnashörner achten, die auf dem Weg zwischen ihren Standorten und den Trinkplätzen am Fluß über die Fahrbahn wechseln können. Es folgt typische Waldsavanne ⑥ mit Beständen von »Knobthorn« eine weitverbreitete, leicht zu identifizierende Akazienart mit großen Blättern und dornigen Knoten an Zweigen und Ästen. Man erreicht offenes Gelände ⑦, wo man oft Büffelherden, Kudus, Impalas und Sekretäre (S. 169) sieht.

Gegen Ende der Rundfahrt fährt man über den Mphafa-Bach. »Mphafa« ist der Zuluname für »Wart-ein-bißchen«. Hier wächst Ziziphus mucronata oder »Buffalo Thorn Tree«, ein im südlichen Afrika weit verbreiteter Baum, der eine stattliche Höhe erreicht, wenn er nicht von Nyala, Impala und Giraffe zu sehr beweidet wird. In diesem Fall nimmt er die wunderlichsten Formen an und produziert zu seiner Verteidigung noch mehr Dornen. In den Bäumen am Bach nisten Weißrückengeier (S. 22, 41).

An der **Mphafa-Wasserstelle** ⑧ kann man im Winter (Mai bis Oktober) ein abwechslungsreiches Tierleben aus einem bequemen Versteck beobachten. Ein sehr guter Ansitz ist auch »Bekaphansi Hide« ⑨.

Praktische Tips

Anreise

Von Durban fährt man in nördlicher Richtung auf guter Teerstraße in wenigen Stunden zu den Wildreservaten des Zululandes. Vom internationalen Flughafen Durban aus hat man mühelosen Zugriff auf ein Netz von touristischen Angeboten: Organisierte Touren, Leihwagen, Hotels. Entfernung von Durban: 280 km. Teerstraße bis kurz vor dem Eingang.

Klima/Reisezeit

Die Sommer sind feucht und heiß; die Temperaturen steigen oft über 35 °C, besonders in den niedriggelegenen Tälern. Schwere Wärmegewitter sind in den Sommermonaten häufig. Sie bringen nicht immer Niederschläge und entzünden oft gefährliche Buschfeuer.
Alle Reservate des Zululandes sind das ganze Jahr hindurch geöffnet. Die beste Zeit zur Wildbeobachtung liegt in den Wintermonaten zwischen Mai und Oktober, wenn sich das Wild an den Wasserstellen konzentriert.
ACHTUNG: Malariavorbeugung, besonders im Sommer. Bilharziose, Zecken.

Parkeinrichtungen

Hluhluwe besitzt ein modernes Restaurant und Schwimmbad. Beide Rastparks bieten Einkaufsmöglichkeiten für Getränke, Filme, Bücher, Andenken – aber keinen Proviant!

Unterkunft/Verpflegung

Von einfachen Strohdachhütten bis zu luxuriösen »Lodges«, Rasthäusern im Safaristil. Alle mit fließendem kalten und warmen Wasser. Die Rastparks besitzen afrikanische Atmosphäre und vergötterte koloniale Traditionen. Ein Zulukoch verwandelt Ihre mitgebrachten Vorräte in schmackhafte Mahlzeiten. Die neueren Bungalows besitzen eigene Kücheneinrichtungen.

Bush Camps: Refugien versteckt im tiefen Busch kann man für einen Pauschalpreis (bis zu 8 Personen) tageweise mieten. Umfolozi besitzt drei: **Sontuli** ⑩, **Nselweni** ⑪ und **Mndindini** ⑫. Letzteres dient auch als Basis für die Wildniswanderungen. Hluhluwe besitzt ein Bush Camp. Ein Hausmeister ist für Reinigung und Wäsche verantwortlich. Auch Koch und Wildwart stehen bei Bedarf exklusiv zur Verfügung. Nur seine Vorräte muß man mitbringen.

Camping

Bisher sind keine Campingmöglichkeiten vorhanden. Ein Wohnwagen- und Campingplatz ist jedoch am neuen Eingang zwischen beiden Reservaten vorgesehen. Bitte vorher erkundigen.

Wildniswandern

Viertägige Wanderungen durch 25 000 ha wegeloses unberührtes Wildnisgebiet von Umfolozi sind sehr beliebt und müssen Monate im voraus gebucht werden. Man kann wählen zwischen 3 Trails: dem »Bosveld«, dem »Primitive« und dem beliebtesten »Traditional«. Begegnungen mit Nashörnern sind so gut wie garantiert. Der »Trail-Rekord« liegt bei 112 Nashörnern. Fotografieren kann man Tiere aber meist besser aus dem Autofenster heraus. Außerdem sind die beiden begleitenden, bewaffneten Wildhüter immer auf Sicherheitsabstand bedacht. Ihre Kenntnisse von Hluhluwes Tier- und Pflanzenwelt vermitteln Begegnungen mit Vogelarten, Insekten und anderen Kleintieren, die man sonst

Nashörner ohne Horn?

Die Sorgen um Afrikas graue Giganten reißen nicht ab, obwohl der Handel mit Rhinohorn 1977 geächtet wurde. Das nördliche Breitmaulnashorn ist in Ostafrika längst ausgerottet. Nur die südliche Unterart ist noch mit über 3000 Tieren überlebensfähig. Umfolozi und Hluhluwe besitzen heute die größten Populationen von Breitmaul- und Spitzmaulnashorn, die hier schon vor über 100 Jahren beinahe ausgerottet waren. In letzter Minute entstanden im Zululand die ersten Wildreservate Afrikas zum Schutz der Nashörner.

Der Bestand des **Breitmaulnashorns** erholte sich und wurde zu groß. Überschüsse mußten ausgesiedelt werden. Seit 1961 sandte »Operation Rhino« über 4000 Breitmaulnashörner in alle Welt und in die großen Wildreservate des südlichen Afrikas. Hier wuchsen lebensfähige Populationen heran, bis die internationalen Wildererbanden zuschlugen.

Die einzelgängerischen **Spitzmaulnashörner** traf es noch ärger. Die einst guten Bestände nördlich vom Sambesi sind durch illegale Hornjäger vernichtet worden, und im Tal des Sambesi haben Simbabwes Ranger die Abwehrschlacht verloren. Als letzten Ausweg griff man zur Säge und versuchte die Wilderer dadurch abzuschrecken, daß man den Nashörnern die kostbaren Hörner absägte. Die Hörner wachsen etwa 6 cm jährlich nach, langsamer bei älteren Tieren, bekommen aber ihre ursprüngliche kühne Form nie wieder.

Das Absägen bleibt umstritten, obwohl im entlegenen Kaokoveld Namibias das Enthornen mit einigem Erfolg angewandt wurde. In Simbabwes Hwange-Nationalpark wurden die so amputierten Nashörner trotzdem umgebracht, so daß der nach der »Operation Rhino« auf über 300 Tiere angewachsene Bestand völlig geschrumpft ist. Die Wildhüter im Zululand lehnen das Hornabsägen ab, obwohl sie wissen, daß die internationalen Banden immer näher rücken. Die Ranger wollen in ihren Nashörnern Miniatursender verstecken. Dann könnten sie jederzeit Standort und Zustand ihrer Schützlinge überwachen und umgehend Maßnahmen gegen Wilderer einleiten. Ohne Hilfe von Nashornfreunden in aller Welt wird man die Verteidigung der letzten afrikanischen Nashörner aber kaum finanzieren können.

△ Das Breitmaulnashorn ist die größere der zwei Arten Afrikas. Haupthorn länger, langer Kopf, Buckel am Halsansatz. Hält Kopf tief. Kalb geht meist voraus.

◁ Das Spitzmaulnashorn ist an der geraden Rückenlinie und der spitzen, greiffähigen Oberlippe zu erkennen. Die Ohren sind trichterförmig. Kalb folgt in der Regel.

Scadoxus multiflorus blüht im Oktober und November im offenen Waldland.

selten sieht. Man erlebt die wohltuende Einsamkeit der Wildnis, hört interessante Geschichten, wie die über die Glattechse *Mabuya quinquetaeniata*, von der die Zulu sagen, daß sie den Blitz esse und deshalb so schnell sei. Esel tragen alles Gepäck. Nur auf der »primitiven« Wanderung muß man Rucksack und Zelt selbst tragen und beim Kochen helfen. Wildniswanderungen finden zwischen März und Oktober statt. Buschwanderungen werden während der heißen Jahreszeit vom Basis Camp aus unternommen.

Kurzwanderungen/»Autotrail«
»Self-guided trails« ⑬ sind einem Naturlehrpfad ähnlich. Man kann ohne Begleitung (und auf eigene Gefahr) kurze Ausflüge zu Aussichtspunkten unternehmen und die Natur aus größerer Nähe betrachten. Hier findet man endlich schöpferische Muße für Landschaftsfotos, Nahaufnahmen von Insekten, Blüten usw. Besondere Stellen, Bäume und andere Pflanzen werden im Faltblatt beschrieben, das im Parkbüro erhältlich ist.
Kartenskizze und Erklärungen für den »Autotrail« liegen ebenfalls bereit. Dieser führt den motorisierten Besucher durch ökologisch wichtige Teile der Reservate. Interessante Haltepunkte sind deutlich markiert und werden eingehend erklärt.

Nachtfahrten
Mehrstündige Pirschfahrten unter kundiger Führung erweitern das Verständnis für nachtaktive Tierarten. Sie sind sehr beliebt, deshalb frühzeitig im Reservatbüro buchen! Von erhöhten Sitzen aus beobachtet man Leoparden, Hyänen, Weißschwanz-Ichneumone, Erdferkel sowie Nachtschwalben- und Eulenarten. Auch anderes Wild taucht immer wieder im Licht des Suchscheinwerfers auf.

Ausstellung
Zuluhandarbeiten, Tierschnitzereien, Glasperlenarbeiten und anderes werden am Eingang zu den Reservaten von der lokalen Bevölkerung angeboten.

Adressen
Reservierungen für Übernachtungen und Wildniswanderungen (bis 6 Monate im voraus):
⇨ The Reservation Officer, Natal Parks Board, P.O. Box 662, Pietermaritzburg 3200, Tel. (0331) 471981, Fax (0331) 471980. Allgemeine Information: Tel. (0331) 471961.

Die »blitzschnelle« Glattechse *Mabuya quinquetaeniata*.

13 Greater St. Lucia

Größtes Ästuar und Marine-Reservat Afrikas; Feuchtgebiet von internationalem Rang; zwei Meeresschildkrötenarten brüten; Flußpferde und Krokodile; große Antilopendichte; seltener Sanddünenwald; 12 Reiherarten, viele Wasservögel, zahlreiche Froscharten; Korallenriff.

Das Küsten- und Feuchtgebiet von St. Lucia ist auf dem Weg, einer der bedeutendsten Nationalparks Afrikas zu werden. Die Zusammenfassung der zersplitterten Naturreservate zum »Greater St. Lucia Wetland Park« steht bevor. Mittelpunkt dieses Superreservates wird **Lake St. Lucia**, Südafrikas größtes natürliches Inlandgewässer und Ästuar. Es entwickelte sich aus einer Bucht mit Lagunen, die von einem Barrier-Riff und steigenden Sandmassen eingeschlossen wurden.

Der See liegt heute hinter einem komplexen Dünensystem, das durch den geplanten Abbau von Mineralien bedroht wird. Lake St. Lucia ist 2–8 km breit, 40 km lang und durchschnittlich 1 m tief. Durch einen 20 km langen Kanal im Gezeitenbereich besteht eine direkte Verbindung zum Ozean. Die trichterförmige Mündung wird periodisch durch Schwemmsand und Schlick versiegelt, so daß die Salinität stark fluktuiert und durch Verdunstung bis zu dreimal so stark wie Meerwasser wird.
Landwärts wird Lake St. Lucia von Umfolozi, Mkuze, Hluhluwe River und anderen Flüssen gespeist, die in den vergangenen Jahrzehnten sehr stark durch großräumigen Anbau von Zuckerrohr geschädigt wurden, so daß der natürliche Wasserzufluß von Lake St. Lucia heute manchmal versiegt.
Da sich in diesem großen Wasserbecken Meer- und Süßwasser mischen, bietet es ein besonders reiches Nahrungsangebot

Rosapelikane brüten zu Tausenden auf unzugänglichen Inseln von Lake St. Lucia.

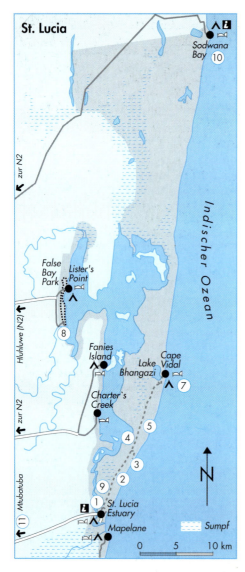

St. Lucia

Sodwana Bay ⑩

Indischer Ozean

zur N2

False Bay Park · Lister's Point

Hluhluwe (N2)

⑧

zur N2

Fanies Island

Lake Bhangazi · Cape Vidal ⑦

Charter`s Creek

⑤

④

③

Mtubatuba

⑨ ②

⑪

① *St. Lucia Estuary*

Mapelane

N

Sumpf

0   5   10 km

größte **Marine-Reservat** Afrikas, das 5,6 km weit in den tiefblauen Indischen Ozean hineinreicht, der durch den Agulhasstrom aufgewärmt wird. Riffe aus Stein- und Weichkorallen sind die am weitesten südlich liegenden Korallenriffe der Welt. Sie entstanden vor etwa 80 000 Jahren und sind Lebensraum vieler mariner Invertebraten und buntschillernder Fische.

Der endlose Sandstrand wird nur von wenigen Flußmündungen unterbrochen und ist teilweise noch unberührt. Leider gilt das für die hohen **Küstendünen** nicht mehr, die das Ostufer des Lake St. Lucia säumen. Die von saftig-grünen Wäldern gefestigten Sanddünen sind reich an Titandioxid und seit Jahren gefährdet, weil das »strategisch wichtige Mineral« bisher Vorrang vor allen Naturschutzmaßnahmen genossen hat. Durch die drohende erhöhte Ausbeutung der Dünen ist eine starke ökologische Bewegung entstanden, die heftige Kritik übt. Die Erhaltung der Dünenwälder ist für den Ökotourismus sehr wichtig, durch den die Region auf Dauer lebensfähiger sein wird als durch den kurzsichtigen Raubbau.

An die Dünenwälder schließt ebenso schutzbedürftiges, abwechslungsreiches Sumpf- und Grasland an. Das Westufer des Sees besteht überwiegend aus Dornbusch- und Trockensavanne. Im Norden von Lake St. Lucia liegen die von Ried und Papyrus dominierten Mkuze-Sümpfe. Sie sind ein verlandeter Teil des Sees.

Pflanzen und Tiere

Flußpferd- (700–800) und Krokodilbestände (1500) gehören zu den größten im südlichen Afrika und sind leicht zugänglich. Der Nilwaran ist hier besonders häufig. Er liebt Krokodileier. Unechte Karettschildkröte und Lederschildkröte kommen zwischen Oktober und Februar zur Eiablage an die Küste, die heute eines der wichtigsten Brutgebiete Afrikas für diese Meeres-

und idealen Lebensraum für See- und Watvögel. Lake St. Lucia ist wichtiger Laichplatz für zahlreiche Fischarten. Die umgebende Landschaft ist vielgestaltig und bietet einer Vielzahl von Organismen Lebensraum.

Die Küste vor St. Lucia und nordwärts bis zur Grenze nach Mosambik bildet das

reptilien geworden ist. Seit Jahrzehnten wird ein Schutzprogramm erfolgreich durchgeführt. Dadurch konnten sich die Lederschildkröten-Bestände verfünffachen.

Zahlreiche Brutpaare des Schreiseeadlers (S. 165) vermitteln die Atmosphäre Afrikas. Besonders interessant sind auch die Vogelarten, die den immergrünen Dünenwald als Lebensraum besetzen. Darunter sind Helmturako (S. 161), Rudds Feinsänger, Natal-Heckensänger, Erzkuckuck, Grüner Tropfenastrild und Schwarzschwanz-Schönbürzel. An den Gewässern lebt ein Dutzend Reiherarten. Beide Flamingoarten gibt es in der Saison zu Tausenden. 1000 und mehr Paare des Rosapelikans versammeln sich in Brutkolonien auf unzugänglichen Inselchen. Dort kann man auch den größten Teil (bis 290 Paare) des etwa 400 Paare umfassenden Brutbestandes der Raubseeschwalbe im südlichen Afrika finden. Nimmersatt, Wollhals- und Sattelstorch (S. 125) sind oft zu sehen, ebenso Kampfläufer, Steinwälzer, Regenpfeifer, Eil-, Brand-, Weißflügel-Seeschwalbe und andere.

Die dicht bewachsenen Küstendünen gehören zu den höchsten der Welt. Durch die unablässige salzhaltige Brise ist dieser Dünenwald seewärts verkrüppelt und weniger artenreich. In geschützten Beständen erreichen die Bäumen dagegen große Höhen. Über 400 Pflanzenarten sind hier gefunden worden. Der Waldboden ist dicht bedeckt mit Farnen; Aufsitzer wie »Thorny Rope«, eine Liane mit großen Dornen, und Baumorchideen wachsen in Fülle, ebenso Flechten und Moose. An Bäumen ist der »White Milkwood« verbreitet, der sehr alt werden kann und unverwechselbar ist mit seinen dunkelgrünen, blanken Blättern. Andere Bäume des Dünenwaldes sind Kapesche und Wilde Feigen, darunter Baumwürger, die größte Bäume zum Absterben bringen. Im offenen Gelände fällt der Korallenbaum (S. 97) mit leuchtenden Blüten zum Win-

Das Brutgebiet von zwei Arten Meeresschildkröten steht seit Jahrzehnten unter sehr erfolgreichem Schutz. Frisch geschlüpfte Junge werden markiert und freigelassen.

terende auf. Er ist ein Zeichen für ehemalige Zulukraals.

Das Ostufer des Lake St. Lucia war schon vor über 1500 Jahren besiedelt. Der »Water Berry Tree« oder Umdori ist der typische und häufigste Baum dort. Auch hochgewachsene Marulabäume sind verbreitet. Besonders wegen ihrer Früchte gehören sie zu den vielseitigsten Bäumen Afrikas. Diese liefern Nahrung, alkoholische Getränke, kosmetische Öle und Mittel gegen Ruhr und Malaria.

Der Wechsel zwischen Feuchtgebieten und Savanne begünstigt eine reiche Tierwelt, darunter Großriedbock, Buschbock, Buschschwein, Ducker, die in ihrer Haartracht eher lichtgraue Grüne Meerkatze und die seltene Weißkehl-Meerkatze mit dunkelbraunem Gesicht und weißem Kehlhaar. Leopard und Streifenschakal sowie die wiedereingebürgerte Braune Hyäne (S. 43) sind nur selten zu sehen. Schon eher begegnet man Wasserbock, Kudu, Büffel und Spitzmaulnashorn.

In der Regensaison kann man abends dem ohrenbetäubendem Konzert von 10 oder mehr Froscharten lauschen.

Im Gebiet unterwegs

Alle Touristenzentren bieten Wanderwege und Lehrpfade durch Dünenwald, Umdoni-Parklandschaft, Mangrovensümpfe, Grasland, Urwald und Buschsavanne. Verschiedene Lebensräume sind leicht auf kurzen Spazierwegen erreichbar. Mehrere beginnen am Parkplatz des **St.-Lucia-Krokodilzentrums** ①. Von hier aus erreicht man in wenigen Minuten Dünenwald. Sein reiches Vogelleben ist leichter zu hören als zu sehen. Mit Glück begegnet man, im Winter, sogenannten »Vogel-Partys« unter den hohen Bäumen, wenn man geduldig wartet. Diese »Partys« sind Ansammlungen von 10 oder mehr Arten, die – gemeinsam auf Futtersuche – langsam durch den Wald ziehen und manchmal sogar von Erdhörnchen (S. 45) begleitet werden. Eine solche »Party« kann aus so verschiedenen Arten bestehen wie Goldbürzel- und Weißohr-Bartvogel, Goldschwanzspecht, Helmturako, Gerad-

Die Zeichnung der hochgiftigen Gabunviper ist der Laubstreu des Regenwaldes täuschend angepaßt.

◁ Der saline Lake St. Lucia ist mit seinem Ästuar eines der wichtigsten Feuchtgebiete Afrikas.

Der Goliathreiher ist der größte Reiher Afrikas. ▷

schwanzdrongo, Halsbandfeinsänger, Kap-Grünbülbül, Natalrötel, Tamburintaube, Schneeballwürger, Schwarzkehl-Lappenschnäpper und Blaumantel-Schopfschnäpper und Waldweber.

Der 35 km lange Fahrweg nach **Cape Vidal** ② beginnt beim Krokodilzentrum. Auf den Telefonmasten am Wege sieht man häufig den Graubrust-Schlangenadler; der Blauwangenspint läßt sich gern in Reihen auf den Drähten nieder. Nach 16 km erreicht man **Mission Rocks** ③, ein Stück Felsenküste mit Gezeitentümpeln, in denen man marine Lebewesen beobachten kann. Kurz hinter der Abzweigung nach Mission Rocks liegt wenige 100 m links von der Hauptfahrbahn die **Mfazana Pan** ④ mit zwei Ansitzen zur Vogelbeobachtung. Besonders zur Regenzeit kann man in den Süßwasserpfannen sehr gut Flußpferde und Krokodile beobachten.

Keine 2 km von den Ansitzen entfernt liegt **Mont Tabor** ⑤, das Basiscamp für mehrtägige Wanderungen durch das Küstengebiet, das mit 6000 bis 7000 Tieren die höchste Dichte von Großriedböcken in Afrika aufweist. Der dreitägige Wanderweg führt am Meeres- und Seeufer entlang, durch Grasland und auf Flußpferdpfaden durch dichten Wald. Buchungen für diese Wildniswanderung über das Central Reservation Office. Auch von **Cape Vidal** aus sind interessante Wanderungen durch den Dünenwald möglich. Am Campingplatz ⑦ hört und sieht man oft Helmturako, Woodwardschnäpper, den sehr zahmen Natal-Heckensänger. Rudds Feinsänger verläßt das Akaziendickicht nebenan nur selten. Vor Cape Vidal liegt ein tropisches Riff, wo es gute Möglichkeiten zum Schnorcheln gibt.

Das Flußpferd wird dem Menschen gefährlicher als jedes andere Tier Afrikas.

Wollhalsstörche lieben Gebiete mit höherem Regenfall. Einige Paare nisten in der St.-Lucia-Region.

Der Nimmersatt (links) ist ein innerafrikanischer Zugvogel.
Stelzenläufer brüten überall im südlichen Afrika.

ACHTUNG: Behandeln Sie Flußpferde respektvoll. Sie sind schneller, als man glaubt (30 km/h), und gelten als Afrikas größte Killer. Im Falle einer unverhofften Begegnung bleibt man still stehen und setzt sich langsam ab. Hat man erkannt, daß das Tier angriffslustig ist, dann heißt es, schnell weg, auf einen Baum oder hinter dem Stamm verstecken. Ein Busch genügt dafür nicht! Zum Glück flüchten Hippos aber meistens vor dem Menschen, besonders nachts, solange der Rückweg zum Wasser nicht abgeschnitten ist.

Praktische Tips

Anreise
Von Durban auf der N2. Bei der Abzweigung Mtubatuba nach rechts und weiter am **Dukuduku-Urwald** ⑪ vorbei bis zum Ort **St. Lucia Estuary** (30 km) an der Mündung des Ästuar. Von St. Lucia nach Cape Vidal auf der teilweise schlechten Fahrbahn zwischen Ozean und Lake St. Lucia (30 km).
Nach **Charter's Creek** und **Fanies Island** fährt man auf der N2 an Mtubatuba vorbei, 20 km weiter nördlich folgt die Ab-

zweigung, nach 7 km am Ende der kurzen Teerstraße links nach Fanies Island abbiegen (14 km) oder 5 km geradeaus bis Charter´s Creek.
Nach **False Bay Park** auf der N2 bis zur Abzweigung Hluhluwe, nach rechts zum Dorf abbiegen und 15 km weiter auf Teerstraße bis False Bay.
Nach **Sodwana Bay** 10 km hinter Hluhluwe nach rechts in die Lower Mkuze Road nach Mbazwana (60 km) und weiter bis Sodwana (25 km). Dieser Trip kann mit normalem Personenwagen unternommen werden. Das letzte Stück von Mbazwana bis Sodwana ist nach schwerem Regen oft in sehr schlechtem Zustand.

Klima/Reisezeit
Alle Einrichtungen bleiben das ganze Jahr hindurch geöffnet. Die recht regenreichen subtropischen Sommer sind heiß und feucht, werden jedoch von der ständigen Meeresbrise gemildert. Die Winter sind mild. Die meisten Niederschläge fallen im September und von Januar bis März. Die relative Luftfeuchtigkeit ist dann besonders hoch. August und September gelten als die Windmonate. Als schönste Zeit werden die Herbstmonate zwischen April und Juni angesehen.

Parkeinrichtungen
Bootvermietung: Charter`s Creek und Fanies Island, mit Sicherheitsausrüstung, Außenbordmotore müssen mitgebracht werden (7,5 bis 40 PS). Buchungen beim Empfang.
Schwimmbäder: St.-Lucia-Mündung (nur Sugar Loaf Campingplatz), Charter`s Creek, Fanies Island.

Unterkunft/Verpflegung
St.-Lucia-Mündung: Hotels, Ferienwohnungen, alle Einkaufsmöglichkeiten.
Cape Vidal: 30 Blockhäuser mit 2 Schlafzimmern (5–8 Betten), Badezimmer mit Dusche, Küche und Wohnraum; Bush Camp am **Lake Bhangazi** (7 km entfernt) für

max. 8 Gäste, alle Einrichtungen, einschließlich Camp-Assistent. Tageswanderungen mit Wildhüter möglich.

Charter`s Creek und **Fanies Island**: Riedge-
deckte Hütten mit 2–7 Betten, voll aus-
gerüstete Küche, kommunale Toiletten-
und Waschräume, Verpflegung muß mitgebracht werden, wird von Camp-Köchen
zubereitet. Beide Camps sind als Basis für
die Vogelbeobachtung, aber auch bei
Sportanglern sehr beliebt.

False Bay Park: Rustikales **Camp Dugandlo-
vu** (8), erreichbar durch einen Fußmarsch
von Lister's Point. 4-Bett-Hütten, Dusche
(nur kaltes Wasser), Spültoilette, Gaskocher, Petroleumlampen, Tiefkühltruhe.
Trinkwasser und reichlich Feuerholz sind
vorhanden, ebenso Geschirr und Besteck.
Verpflegung muß mitgebracht und selbst
zubereitet werden.

Camping

St.-Lucia-Mündung: 3 Campingplätze –
Sugar Loaf, Iphiva und Eden Park; Plätze
mit Elektrizitätsanschlüssen nur auf Sugar
Loaf. Cape Vidal: 50 Plätze im Dünenwald. Fanies Island besitzt ebenfalls einen
schattigen Campingplatz mit entspannen-
der Atmosphäre. False Bay Park: 36 Plätze
am Ufer mit Blick auf den See.
Toiletten, heißes und kaltes Wasser, Bäder
und Duschen auf allen Campingplätzen.
Buchungen bei der Campaufsicht.

Wandern/Ausflüge/Exkursionen

Zweistündige Fahrt mit 80sitziger Barkas-
se »Santa Lucia« (9) unter kundiger Führung.
Gute Fotomöglichkeiten vom Aussichts-
deck auf Flußpferde, Krokodile, Schreiseeadler (S. 165) und andere wasserabhängi-
ge Vögel. Buchung beim Empfang St. Lucia.

Tiergehege

St. Lucia Crocodile Centre, 2 km vom Orts-
kern, Zucht, umfassende Information über
Nilkrokodil, aber auch andere Arten sind
zu besichtigen. Fütterung normalerweise
Sonnabend 15 Uhr.

Adressen/Information

➯ Natal Parks Board Central Reservation
Office, P.O. Box 662, Pietermaritzburg
3200, RSA, Tel. (0331) 47981,
Fax (0331) 471980.

➯ Natal Parks Board, Private Bag X01,
3936 St. Lucia Estuary, RSA, Tel. (035)
5901340, Fax (035) 5901343.

➯ The Officer-in-Charge, Cape Vidal, Private Bag, 3936 St. Lucia Estuary, RSA,
Tel. (035) 5901404.

➯ The Camp Superintendent, Fanies Island, P.O. Box 201, 3935 Mtubatuba,
RSA, Tel. (035) 5501631.

➯ The Officer-in-Charge, False Bay Park,
P.O. Box 222, 3960 Hluhluwe, RSA,
Tel. (03562)2911.

➯ The Camp-Manager-in-Charge, Sodwana Bay National Park, Private Bag 310,
Mbazwana 3974, RSA, Tel. (035682) 51.

Gesundheit

Malariavorbeugung wird für die gesamte
Region empfohlen. Zecken im Grasland:
Vaseline oder Insektenschutzmittel benut-
zen.

Blick in die Umgebung

Der **Sodwana Bay National Park** (10) liegt am
Indischen Ozean, nördlich von Greater St.
Lucia, und wird von zahlreichen Sportanglern und - tauchern in der Ferienzeit
besucht. Zwischen Oktober und Februar
kommen Leder- und Unechte Karettschildkröte zur Eiablage an Land. Die
Parkverwaltung organisiert dann Nachtfahrten zur Beobachtung. Plätze müssen
im voraus beim Camp-Manager gebucht
werden. Man darf auch im eigenen Geländewagen folgen. Dazu Erfahrung im Fahren in sehr weichem Sand unbedingt
erforderlich. Von Sodwana führt ein Wanderweg am **Ngoboseleni Lake** entlang, einer der letzten unberührten Küstenseen in
Südafrika. Sodwana besitzt sehr gute Tou-
risteneinrichtungen, vom Campingplatz
bis zur exklusiven Privat-Lodge.

14 Mkuzi-Wildreservat

Große Vielfalt überschaubarer Lebensräume; gute Nashornbestände; Urwald wilder Feigenbäume; reiches Vogelleben, über 420 Arten; südlichstes Brutgebiet von Rötelpelikan; zahlreiche Zugvogelarten überwintern; 6 Beobachtungsstände.

Mkuzi (34 000 ha) gilt als Geheimtip für ernsthafte Vogelbeobachter. Wohl nirgendwo sonst in Afrika kann man ein so reiches Vogelleben auf so engem Raum beobachten wie hier, wo sich tropische und gemäßigte Klimazonen überlappen und sich Arten des tropischen Nordens und der temperierten südlichen Zone einfinden. Mkuzi gehört noch zur tiefliegenden Küstenebene von Mosambik mit seinem feuchtheißen Klima, das hier in ein trockenes subtropisches Sommerregengebiet übergeht. Die Biotope profitieren von dieser Vielseitigkeit. Sie umfassen mehrere Waldformen, dichte Baumsteppe, Dorn-

Im Reservat besteht die einzige Kolonie von Rötelpelikanen. Sie wird mit großem Eifer geschützt.

busch, üppigen immergrünen subtropischen Busch, Trockenwald mit Sandboden, Galeriewald, Flußauen, offene Grassavanne und Küstenebenen mit reichem sumpfigem Schwemmland sowie prähistorischen Küstendünen. Afrika ist wie auf einer Leinwand zu einem Bild vereint, das sich nirgends wiederholt. Die ursprüngliche Flora ist komplex und dynamisch und schon allein eine Reise wert.
Die Anreise führt durch dicht besiedelte ländliche Gebiete von KwaZulu, mit dem höchsten Bevölkerungswachstum und der schnellsten Zunahme von Aids in Südafrika. Überall sind die Folgen der zu großen Bevölkerungsdichte sichtbar. Natur- und Umweltschutz beginnen erst hinter dem Eingangstor. Aber Wilderei nimmt zu, hauptsächlich für den Eigenverbrauch, aber auch die ersten Nashörner wurden wegen ihrer kostbaren Hörner in den letzten Jahren getötet.

Pflanzen und Tiere

In Mkuzi sind bis heute etwa 420 Vogelarten nachgewiesen worden, darunter solche Besonderheiten wie Perlastrild, Rudds Feinsänger, Kap-Breitrachen sowie der seltene Trauerkiebitz. Bei Pirschgängen mit einem Wildhüter kann man im Galeriewald und in der Nähe der **Nsumo-Pfanne** auf die Afrikanische Fischeule und zur Sommerzeit auf mehrere Bienenesser-Arten in den Bruthöhlen in den Uferbänken treffen. An der Nsumo-Pfanne wird man mit Sicherheit Nimmersatt, Sattelstorch (S. 125), Klaffschnabel (S. 123), Afrikanischen Löffler und bis zu 10 Reiherarten sehen. Achten Sie hier auch auf Senegalliest, Rötel- und Rosapelikan.
Beide Nashornarten besitzen starke Populationen mit guten Zuwachsraten. Mkuzi

Vom Stamm des Fieberbaumes sollte Malaria ausgehen. Dabei liebt diese Akazienart nur feuchte Standorte.

ist zu einem wichtigen Bewahrungsgebiet für das Spitzmaulnashorn (S. 107) geworden. Antilopen sind zahlreich, z. B. 6800 Impalas, 4000 Nyalas. Ebenfalls recht häufig, doch selten zu sehen, ist das Moschusböckchen, eine der kleinsten Antilopen Afrikas. Elefanten werden gerade wieder angesiedelt.

Die wilden Feigen sind wichtige Bäume Afrikas; unter ihnen nimmt die bis 25 m hohe **Sykomore** einen besonderen Platz als Nahrungsquelle und Heilmittel ein. Im Wildreservat Mkuzi gibt es einen richtigen Wald dieser zu den Maulbeergewächsen gehörenden, schnellwachsenden Baumriesen, die hier einen Umfang bis 12 m erreichen. Die riesigen Sykomoren stehen auf fruchtbarem alluvialen Schwemmland, das sonst überall für die Landwirtschaft genutzt wird. Deshalb ist der 1400 ha große Feigenwald von Mkuzi einer der letzten unberührten Bestände in Afrika. Die schmackhaften »Eselsfeigen« wachsen in großen Büscheln und reifen auf jedem Baum zu verschiedenen Zeiten.

So bleibt der Tisch für die Fruchtesser unter Säugern und Vögeln lange reich gedeckt. Auch die Rotnasen-Grüntaube macht sich über die reifen Früchte her, die umgeben sind von Wolken von Fruchtfliegen, die den Meisenschnäpper und andere Insektenfänger anziehen.

Außer der Riedscharbe (Foto) gibt es auch Weißbrust- und Kapkormoran im Mkuzi-Feuchtgebiet.

Ein Nyalabulle unterscheidet sich durch Gehörn und Farbe deutlich von den gestreiften weiblichen Tieren (S. 104).

Wildreservat Mkuzi

0   3   6   9 km

● Ansitz (Beobachtungsplattform)
▨ Wildnisgebiet

Im Gebiet unterwegs

Zum Wald der Feigengiganten ① und zur Nsumo-Pfanne ② fährt man vom Camp nach Süden. An der Weggabelung fährt man nach links, an den Ansitzen **Kubube** ③ und **Kumasinga** ④ vorbei und hält sich geradeaus, bis man auf den Nebenfluß des Mkuze River trifft. Hier sieht man einen Bestand hoher **Fieberbäume** ⑤. Man fährt links weiter und kommt zur Nsumo-Pfanne, die hinter einer Reihe alter Küstendünen liegt.

Der große Ansitz ⑥ steht neben dem Picknickplatz, von dem aus man auch Vögel und Flußpferde beobachten kann. Flußpferde grunzen und gähnen im schlammigen Wasser, meist gerade außer Reichweite der Kamera. Klaffschnäbel fliegen vorbei, und einzelne Rallenreiher (S. 169) warten in waagerechter Körperhaltung auf Beute zum Aufspießen. Im Juli kann man Hunderte von Sporengänsen (S. 173) in der Mauser beobachten. Am anderen Ufer der Pfanne ⑦ sieht man die große Brutkolonie der Rötelpelikane in hohen Fieberbäumen.

Vom Parkplatz führt ein 3 km langer Fußweg durch den **Feigenwald** ①. Sobald man die schwankende Hängebrücke überquert hat, fühlt man sich in eine fremde Welt versetzt. Der süße Feigengeruch unter den ausladenden Kronen wirkt betäubend, und fremd hallt das Bellen und Kreischen der Paviane (S. 33, 157) aus den Wipfeln, die trotz des Überflusses nicht aufhören zu streiten. Dazwischen schmettern Trompetenhornvögel, als übten sie auf verstimmten Instrumenten. Auch Afrikanische Fischeule, Graubrust-Schlangenadler, Erzkuckuck und Zimtroller finden Schutz und Nistplätze in den Sykomoren.

Biegt man während der Rückfahrt in den ersten Weg nach rechts, kommt man zunächst am verbuschten Grasland ⑧ vorbei und erreicht nach ein paar Kilometern immergrünes Dickicht. Es ist Heimat für Arten, deren Überleben besonders gefährdet ist, da diese Dickichte nur auf fruchtbarem Boden gedeihen, der überall außerhalb des Reservates gerodet worden ist. Die sonst unverwüstliche Vegetation ist in Zeiten der Dürre auch wichtiger Notvorrat für die grasessenden Steppentiere. Der Bestand ist so dicht und undurchdringlich, daß seine Bewohner wie Spitzmaulnashorn und das winzige Moschusböckchen nur selten gesehen werden. Dasselbe gilt für die Vögel, die hier Unterschlupf finden, darunter mehrere Würgerarten, Kräuselhauben-Perlhuhn und Weißbrauen-Heckensänger. Trockenwald mit Sandboden ⑨ wächst zwischen Flugplatz ⑩ und Kumasinga-Anstand. Neergaards Nektarvogel, Meisenschnäpper, Vierfarbenwürger und Bülbülwürger sind hier zu finden. In Dornbäumen kann man den Rostband-Eremomela suchen.

Die »Loop Road« ⑪ säumt hoher, offener Baumbestand. Hier finden sich nach reichlichem Frühlingsregen zwei europäische Gäste ein: Steppenadler und Schreiadler warten mit den Steppenweihen vor den Schlupflöchern auf Myriaden Termiten. Auch der Braunkopfpapagei (S. 153) lebt hier. In kleinen, geräuschvollen Gruppen

sucht er im Blätterdach nach Futter. Achten Sie auf sein variiertes »kriiik«.
Mächtige Dunghaufen am Wege stammen von Breitmaulnashörnern. Nach Regenfällen sind sie von Mistkäfern (S. 61) überlaufen. Über 120 Arten wurden in Mkuzi und der ländlichen Umgebung gezählt. Einige Arten graben ihre Schlupflöcher mit direktem Zugang zum Dung. Am auffälligsten sind die Pillendreher, die eine etwa golfballgroße Kugel aus Dung rückwärts mit den Hinterbeinen zur Brutkammer rollen (S. 63).
Ein Wildhüter führt zur einzigen Brutkolonie der **Rötelpelikane** ⑦ im südlichen Afrika. Über Wildwechsel geht es durch wegelose Wildnis, bis endlich die gelb-grünen Stämme der hohen Fieberbäume an der Nsumo-Pfanne aufleuchten. In den Kronen nisten Rötelpelikane zu Hunderten. Sie sind eigentlich in den wärmeren tropischen Gebieten an der Ostküste Afrikas zu Hause. Die Brutkolonie von Mkuzi wird von den Wildhütern deshalb wie ein besonderer Schatz behandelt und vor allen Störungen geschützt.

Praktische Tips

Anreise
Wie nach Hluhluwe-Umfolozi. Man fährt aber bei Mtubatuba an der Abzweigung nach Umfolozi/Hluhluwe vorbei und erreicht nach weiteren 100 km Teerstraße den Ort Mkuze. Jetzt sind es noch 15 km, gut beschildert, bis zum Parkeingang. Die Entfernung von Durban beträgt rund 360 km.

Klima/Reisezeit
Wie Hluhluwe-Umfolozi (s. S. 105).

Parkeinrichtungen
Im Rastpark ein Aufenthaltsraum, Tankstelle, öffentlicher Fernsprecher. Die 6 Ansitze sind besonders im Winter beliebt. Viele Tiere trinken am Vormittag zwischen 9 und 12 Uhr. Nashörner kommen durch-

Mensch und Natur

Beim Beobachten eines Nashornpaares sticht plötzlich der Rauch eines Holzfeuers in die Nase und erinnert daran, daß auch in Afrika die Umgebung jungfräulich erscheinender Naturgebiete längst dicht von Menschen besiedelt ist. Es sind nur noch Naturinseln, viele auf Dauer ohne kräftige menschliche Hilfe nicht einmal lebensfähig. Gerade im dicht besiedelten Zululand wird immer wieder deutlich, daß man sich hier durchaus nicht in unberührten Paradiesen befindet. Jenseits der elefantensicheren Zäune kämpfen arme Bauern ums Überleben auf ausgelaugtem, erodiertem, überbevölkertem Land, das einen starken Kontrast bildet zu dem üppigen Busch auf der anderen Seite, für dessen Erhaltung die Menschen in der Vergangenheit willkürlich umgesiedelt wurden.
Ist es ein Wunder, daß die Landleute Tiere und Pflanzen in den Tierreservaten anders sehen, als ein entzückter Tourist? Eine Menge Aufklärung und Motivierung sind nötig, um die ländliche Bevölkerung davon zu überzeugen, daß praktischer Naturschutz auch für sie lebensnotwendig ist und ihnen größere Vorteile bringen kann, als der Mais auf ausgelaugtem Feld, das magere Rind und die gefräßige Ziege, die gewilderte Antilope oder selbst das kostbare Horn eines Nashorns.

schnittlich alle 2–4 Tage zur Tränke. Vom großen Vogelbeobachtungsstand an der Ostseite der Nsumo-Pfanne lassen sich Wat-, Schreit- und Entenvögel beobachten. Der Erfolg hängt von der Höhe des Wasserspiegels ab. Am besten, wenn der Wasserstand niedrig ist und einen breiten, schwarzschlammigen Uferstreifen freigibt. ACHTUNG: Malaria, Zecken, Mücken.

Weißstirnweber (Weibchen am Nest) bevölkern zur Brutzeit die Ried- und Papyrusbestände an der Küste und im Okavango-Sumpf.

Der Cabanisweber zieht die Baumsavanne vor.

Der Kleine Goldweber ist im subtropischen Küstenstreifen bis bei Port Elizabeth verbreitet.

Unterkunft/Verpflegung

Wie Hluhluwe-Umfolozi (s. S. 106). Man kann Eßwaren kaufen. Es gibt preiswerte rustikale Hütten. Dusche, Toilette und Decken sind vorhanden, Bettwäsche und Handtücher muß man mitbringen.

Camping

Am Eingang unter schattigen Bäumen; fließendes heißes und kaltes Wasser, Bad/Dusche, Kochgelegenheit, Waschküche.

Wandern/Ausflüge/Exkursionen

Gegen eine mäßige Gebühr kann man mit einem Wildhüter überall Pirschgänge mit der Kamera unternehmen. Der »Auto Trail« ist eine Art motorisierter Naturlehrpfad, auf dem man bei einer Rundfahrt mit eigenem Wagen die Ökosysteme des Wildreservates kennenlernt. Es gibt auch Kurzwanderungen (»Self Guided Trails«). Mehrtägige Wildniswanderungen durch Mkuzi werden neuerdings auch von der Reservatverwaltung angeboten.

Adressen/Information

Reservierungen für Übernachtungen in Häusern und Hütten, Bush Camps, Wanderungen:
↪ The Reservation Officer, Natal Parks Board, P.O. Box 662, Pietermaritzburg 3200, RSA, Tel. (0331) 471981, Fax (0331) 471980.
Allgemeine Informationen:
↪ Tel. (0331) 47961.
Buchungen für Campingplatz:
↪ Camp Superintendent, Mkuzi Game Reserve, Private Bag X550, Mkuze 3965, RSA, Tel. 0020 und Mkuzi Game Reserve verlangen (MRI-line).
Wilderness Walking Trails:
↪ Game Lodge Reservations, P.O. Box 783968, Sandton 2146, RSA, Tel. (011) 8834345/8, Fax (011) 8832556.

15 Krüger-Nationalpark, Süd

Baumsavanne mit zahlreichen Erhebungen und »Granit-Kopjes«; Klippspringer, Kudu, Giraffe, Impala, Wasserbock, Flußpferd, Krokodil, Löwe, Leopard, Hyänenhund; große Paviansippen; wichtiges Schutzgebiet für beide Nashornarten; 8 Storchenarten; reicher Baumbestand; stimmungsvolle Flußauen.

Der bekannte Krüger-Nationalpark ist mit 20 000 km² eines der größten und ältesten Wild- und Naturreservate der Erde. Er liegt im Nordosten Südafrikas, innerhalb der Sommerregenregion des südlichen Savannen-Bioms. Diese Kombination von Grasland, Büschen und Bäumen wird in Südafrika »Bushveld« genannt. Auf den ersten Blick erscheint die Region als eine eintönige, mit Gras und Buschwerk bedeckte Ebene. Aber die Zahl unterschiedlicher Lebensräume ist überraschend groß. Das Reservat ist durchschnittlich 60 km breit und erstreckt sich über 350 km von Süd nach Nord bis an die Grenze zu Mosambik. Seine westliche Hälfte ist ein sanftes Hügelland, dessen Granitböden nach Osten hin von einer dicht bebuschten Savannenebene aus basaltischen Roterden abgelöst werden. Im Norden bildet der Limpopo eine natürliche Grenze zwischen dem Krügerpark und Simbabwe, im Süden ist der Crocodile River Grenzfluß und im Osten, entlang der Grenze zu Mosambik, formen die Lebombo-Berge eine natürliche Barriere.

Nach Westen hin geht der Krügerpark in Kultursavanne über, in der Farmen und exklusive private Wildreservate angesiedelt sind. 80 Stauseen verschiedener Größe sind an den Haupt- und Nebenflüssen im Reservat angelegt worden. Sie sind beliebte Standorte für Vögel und Flußpferde geworden und ziehen viele andere Tiere an. Nur 5 Flüsse führen ganzjährig Wasser, Crocodile, Sabie, Olifant, Letaba und

Der Sabie River zur Trockenzeit. Flüsse wie er bilden die Lebensquellen des Großreservates.

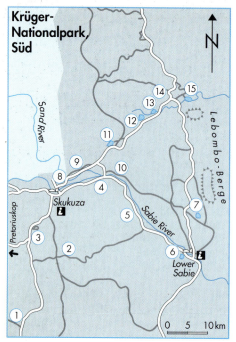

Krüger-Nationalpark, Süd

N

Sand River

Lebombo-Berge

Pretoriuskop

Skukuza

Sabie River

Lower Sabie

14
15
13
12
11
9
10
8
4
7
5
3
2
6
1

0   5   10 km

ne Reise-Mischung zusammenstellen kann.

Der südliche Teil umfaßt das Gebiet vom Crocodile River im Süden bis über den Sabie River im Norden. Am Sabie liegt Skukuza, größter Rastpark, Park-Hauptquartier und Verwaltungs- und Forschungszentrum. Das Gebiet besteht zum größten Teil aus hügeliger Baumsavanne. Im Bergland in der Südwestecke befinden sich die höchsten Erhebungen (840 m) und grasbedeckte Felshänge mit bewaldeten Schluchten, Kloof genannt. Ein breiter Streifen Galeriewald, wechselnd mit offenen Uferauen, Wasserfällen, Inselchen, Stromschnellen und verzweigten Nebenarmen machen den Sabie River zu einem der schönsten und reichsten Flüsse des ganzen Landes.

Pflanzen und Tiere

Mit etwas Glück kann man an einem Tag die meisten **Storcharten** Afrikas sehen. Alle 8 Arten kommen vor (durchschnittliche Standhöhe): Schwarzstorch (1,18 m), Weißstorch (1,20 m), Abdim- oder Regenstorch (0,75 m), Wollhalsstorch (0,90 m; S. 113), Klaffschnabel (0,95 m), Nimmersatt (1,00 m; S. 114), Sattelstorch (1,45 m) und Marabu (1,50 m). Auch Hornvögel, Würger, Schnäpper, Roller und Greifvögel lassen sich vom Besucher manchmal in einer solchen Fülle betrachten, daß dieser leicht vergißt, wie beschwerlich die Tierbeobachtung im Krügerpark manchmal werden kann, und daß man die Kamera manchmal tagelang nur unbenutzt spazierenfährt. Gerade in Gebieten, in denen es anscheinend nicht so viele Tiere gibt, ist die Artenvielfalt meistens am größten. Man muß mit Überraschungen rechnen. An der nächsten Ecke kann schon ein Löwe liegen.

Die Baumsavanne ist im Süden besonders ausgeprägt und artenreich. Hier wachsen zahlreiche fruchttragende Bäume und

Luvuvhu River. Alle haben ihren Ursprung außerhalb und durchlaufen das Reservat von Westen nach Osten. Nur der Sabie River ist noch relativ wenig von äußeren Einflüssen berührt.

Durch seine Artenvielfalt ist der Krügerpark in der Welt kaum zu übertreffen. Man fand 380 Baumarten, 48 Arten Frischwasserfische, 33 Amphibien, 114 Reptilien, 150 Säugetiere und über 500 Vogelarten, darunter 14 Adler, 12 Schnäpper, 11 Eulen und 10 Kuckucke. Über 60 000 Insektenarten sind in den Sommermonaten aktiv und manchmal lästig. Aber nur die weibliche Malariamücke der Gattung *Anopheles* kann den Menschen gesundheitlich gefährden.

Mit ein paar schnellen Schnappschüssen ist der monumentale Krüger-Nationalpark nicht zu bewältigen. Um das Reservat überschaubar zu halten, haben wir es in drei natürliche Regionen eingeteilt, aus denen man sich nach Belieben seine eige-

Sträucher, die Säugetiere und Vögel anziehen. Akazien- und »Bushwillow«-Arten dominieren, auch Marula, Farbkätzchenstrauch (S. 104), Tambuti und Teak (Kiaat), »Knob-thorn« und riesige Sykomoren sind verbreitet. Viele Baumarten tragen dicke, korkartige oder schuppige Rinden, die sich als Schutz gegen Savannenbrände entwickelt haben.

Die hügelige Baumsavanne des Südens wird von Breitmaulnashörnern bevorzugt. Frühmorgens grasen sie gern schattenliebende Gräser und ruhen später im Schatten der Galeriewälder. Anscheinend vermeiden die Nashörner es, die Flußbetten nach Norden zu durchqueren, obwohl sie keine Hindernisse darstellen. Um das Verbreitungsareal auszuweiten, muß man deshalb die Riesen einfangen und über die Flüsse nordwärts transportieren. Beide Nashornarten (S. 107) verzeichnen im Augenblick erstaunliche Zuwachsraten von 6–9% jährlich. Das große Wachstumspotential macht den Krügerpark heute zum wichtigsten Nashorn-Schutzgebiet in Afrika.

Galeriewälder mit eindrucksvollen Beständen von Feigen findet man am Crocodile und Sabie River, verbunden mit breiten Bändern von dichtem Dornbusch. Hier leben die kleineren Antilopen, die man seltener sieht, wie Kronenducker,

Klippspringer findet man auf den Felsen bei Tshokwane.

Steinböckchen, Greisbock und Großriedbock. Den Klippspringer sieht man häufig auf den Granitfelsen stehen. Der Sabie River ist mit Olifants und Levuvhu im Norden Heimat von 2800 Flußpferden.

Im Gebiet unterwegs

Nashörner kann man regelmäßig an der **Matjulu-Wasserstelle**, 5 km vom luxuriösen Rastpark **Berg-en-Dal** beobachten. Auch auf einer Fahrt auf dem sogenannten »Vortrekkerweg« ① und den daran anschließenden Wegen ② bekommt man sie regelmäßig zu sehen. Von Pretoriuskop nimmt man die H2-2 und fährt 31 km bis zum Picknickplatz Afsaal.

Pretoriuskop ist der älteste Rastpark im Reservat. Er liegt hoch zwischen fotogenen Granithügeln und ist wegen seines besonders milden Klimas bei älteren Besuchern beliebt. Im Rastpark kann man nach über 100 Vogelarten Ausschau halten. 90 Baum- und Buscharten findet man hier, darunter den Korallenbaum mit blutroten Blüten von August bis September, mehrere Feigenarten, »Natal Mahogany« und seltenere Arten wie »Wild Jasmine«, Ölbaum und »Cape Chestnut«. In der Umgebung leben seltenere Tierarten wie Rappenantilope (S. 151), Leopard und Gepard. Auch Pferde- (S. 156), Elen- und Leierantilope gelten im Krügerpark als selten.

Der Klaffschnabel, ein seltener Zugvogel.

Nach gutem Regen herrscht hektisches Leben bei der Lion Pan. Viele wasserliebende Vogelarten brüten jetzt.

10 km vor Skukuza liegt der **Granokop** ③, der Teil des Jagdreviers von Hyänenhunden ist. Herrliche Sonnenuntergänge über dem »Lowveld« kann man hier fotografieren. »Lowveld« heißt das tiefliegende, einst malariaverseuchte Gebiet, in dem der Krügerpark liegt.

Die Route von **Skukuza** zum **Rastpark Lower Sabie** am Sabie River entlang ④ ist äußerst beliebt, weil sie mühelos gute Resultate liefert und die polierten Straßenkreuzer die Teerstraße nicht verlassen müssen. Deshalb herrscht hier schon frühmorgens hektischer Verkehr. Die Paviane (S. 157) sind daran gewöhnt und lassen sich aus nächster Nähe beobachten und fotografieren. Eindrucksvoll ist das herzhafte Gähnen eines großen Pavianmannes mit Riesengebiß. Frühmorgens gähnt er oft. Wenn nicht, dann gähnen Sie ihm doch mal was vor. Vorsicht bei offenen Fenstern! Und bitte nicht füttern!

Der **Sabie River**, an dessen Ufer es weiter entlanggeht, ist das am besten erhalten gebliebene Flußsystem des Reservates. Mit

Giraffen sind häufig, doch ein unerschütterlicher, kapitaler Bulle erweckt immer wieder Aufmerksamkeit.

Der Sattelstorch ist die höchste Storchenart Afrikas.

Marabus sind hauptsächlich Aasesser.

Sicherheit werden Sie auf **Flußpferde** und **Krokodile** ⑤ stoßen. Meistens kommen nachmittags auch Elefantenbullen zum Trinken. Löwen sind nicht selten, denn auch Antilopen lieben die Nähe des Flusses. Impalas sind immer da. Die heimliche Buschantilope bekommt man am ehesten frühmorgens zu Gesicht. Auch Büffel trinken hier und rasten im Schatten. Das Vogelleben ist vielseitig.

10 km bevor Sie Lower Sabie erreichen, kommen Sie links an einer Lehmbank vorbei, in die Bienenesser (S. 164) ihre Nester tief eingegraben haben. Manchmal, zur Brutzeit, hangeln hier die Paviane und versuchen gemeinsam, die Nesthöhlen auszuräubern. Der kurz vor Lower Sabie auf der rechten Seite folgende **Staudamm** ⑥ beherbergt eine stattliche Flußpferdherde. Er ist auch ausgezeichnet für die Beobachtung wasserliebender Vögel geeignet. Nimmersatt, Sattelstorch, Klaffschnabel und Marabu sind mit Sicherheit zu finden, und in der Saison machen Weiß-, Schwarz- und Regenstörche hier Station. Der Schrei-

seeadler baumt oft in den toten Bäumen am Ufer auf.

Etwa 15 km nördlich von Lower Sabie liegt der **Mlondozidam** ⑦, bei dem sich oft Elefantenbullen mit langen Stoßzähnen aufhalten.

Abwechslungsreich ist meist auch eine Fahrt von Skukuza in nordöstliche Richtung bis zum berühmten Picknickplatz **Tshokwane** ⑬. Man fährt die HI 2 durch das Bett von Sabie und **Sand River** ⑧. Nachdem man sich hier gut umgesehen oder vielleicht den Sonnenaufgang über dem Fluß am ersten Übergang (Sabie) fo-

Nur männliche Tiere des Großen Kudu tragen die stolzen, spiralförmigen Hörner.

15 Krüger-Nationalpark, Süd

Versiegen die Flüsse?

Fünf Flüsse prägen Landschaft und Lebensräume des Krügerparkes, eines der wichtigsten Wild- und Naturreservate der Welt. Die großen Fünf, von denen hauptsächlich das Wohlergehen des Reservates und seiner Geschöpfe abhängt, sind die einzigen, die noch das ganze Jahr durch Wasser führen. Alle anderen fließen nur nach ausgiebigen Regenfällen. Aber auch Crocodile, Sabie, Olifants, Letaba und Luvuvhu River sind längst nicht mehr ausreichend mit Wasser versorgt. Zeitweilig gibt es nur noch trockene Sandbetten mit weit auseinanderliegenden Kolken. Flußpferde müssen sich in Trockenzeiten oft weit über Land bewegen, um Tümpel zu finden, in denen sie sich bis zur Nasenspitze mit Wasser bedecken können.

Die Niederschlagsmengen im Verlauf eines Jahres sind niedrig. Periodisch hohe Regenfälle wechseln mit Trockenperioden ab. Das ist aber nicht der Grund, warum der Wasserzufluß von außen ständig abnimmt. Der Zustrom von Menschen, Industrie, Bergbau sowie Land- und Forstwirtschaft in den Auffanggebieten und zunehmende Umweltverschmutzung haben Probleme geschaffen, die in den kommenden Jahren gelöst werden müssen, wenn der Park seine biologische Vielfalt und seine Flüsse behalten soll.

Ein Forschungsprogramm wurde begonnen, das die Grundlagen für die Maßnahmen schaffen soll, die zur Erhaltung der fünf Flußsysteme dringend notwendig werden.

tografiert hat, fährt man 6 km weiter und kann links abbiegen in die S 83, bekannt als »Marula Loop« ⑨. Alte Hasen schwören, hier regelmäßig Löwen aufzuspüren.

Es lohnt sich immer, die 8-km-Schleife entlangzufahren, besonders am frühen Morgen oder späten Nachmittag, wenn der schöne Baumbestand zur Geltung kommt.

Kurz nach dem Ende der Marula-Schleife zweigt eine Querverbindung rechts ab. In diesem Gebiet sieht man oft bettelnde Hornraben. Die Abzweigung führt über die Hochwasserbrücke zur Hauptstraße zwischen Lower Sabie und Skukuza. Hier sind oft Paviane und Löwen zu sehen. Kurz vor der Brücke biegt ein Sandweg nach links ab und folgt ein Stück dem Flußufer ⑩. Flußpferde und wasserliebende Vögel kann man hier beobachten. Antilopen und auch Elefanten kommen zum Trinken.

Auf der Hauptstraße zwischen Skukuza und Tshokwane folgt als nächstes der **Manzimahledam** ⑪. Hier hat man eine gute Chance, Löwen zu sehen. Büffelherden kommen häufig zum Trinken. Antilopenarten sind an der Wasserstelle oder in der Umgebung zu sehen. Achten Sie auf Gaukler (S. 138) und andere Greifvögel in den Bäumen. Das **Olifantsdrinkgat** liegt dicht daneben. Das zementierte Trinkbecken kann im trockenen Winter der ideale Ort zur Tierbeobachtung sein: Elefanten, Paviane, Zebras, Rappenantilopen und Löwen finden sich ein. In der Sommer- und Übergangszeit ist die Stelle – wie so manche andere – weniger zu empfehlen. Man kann das erkennen, wenn das Gras um eine Wasserstelle hochgewachsen und kaum zertrampelt ist.

Lion Pan ⑫, der nächste Stop, ist ein natürlicher Weiher, der besonders in der Regenzeit reizvoll ist. Man biegt links ab. Im offenen Gelände rechts und links der kurzen, geteerten Zufahrt halten sich Kronenkiebitze auf. Seerosen blühen auf dem Löwenweiher, der nach starken Sommerregen bis an den Rand gefüllt ist. Zu dieser Zeit ist die zweite Brut der Blatthühnchen (S. 178) gerade geschlüpft und eilt auf den runden Seerosenblättern hin und her, als wäre das nichts Neues für sie, während die Alten ihre halberwachsene erste Brut vertreiben. Flüge junger Sporengänse fallen ein und üben das Landen, auch Nilgänse sind da; Witwenenten führen ihre Gössel spazieren, Gelbschnabel- und Glanzenten fehlen nicht.

Kurz vor **Tshokwane** ⑭, ebenfalls auf der linken Seite, folgt der **Silolweni Dam** ⑬, in dem eine der größten Flußpferdherden des Krügerparkes lebt. An warmen Tagen lagern über 60 dieser massigen Tiere am Ufer. Generell ist dieser Platz für das Fotografieren schlecht geeignet, weil die Distanz zum Ufer recht groß ist. Am **Orpen Dam** ⑮ bei Tshokwane hat man das gleiche Problem, obwohl eine strohgedeckte Aussichtsveranda weite Ausblicke auf eine interessante Landschaft gewährt. Fährt man auf der Hauptstraße noch weiter nach Norden, kommt man zum südlichsten Vorkommen des **Affenbrotbaumes** (s. S. 163). Im **Kumanadam** kann man viele Tiere beobachten (s. auch S. 131).

Im Camp von **Skukuza** kann man von den Bänken unter den großen Sykomoren am Sabie River oft Flußpferde sehen und hören. An den Bäumen hängen die Nester der Textor- und Cabanisweber (S. 120). Grau- und Riesenfischer (S. 175) fischen am Ufer. Man hört den Ruf des Schreiseeadlers (S. 165), sieht gelegentlich, wie er sich einen Fisch greift. Die Rotnasen-Grüntaube hängt papageiartig kopfunter in den Zweigen und erntet reife Früchte. Elefantenbullen treten gelegentlich zum Trinken aus dem dichten Busch am anderen Ufer.

Im Gartenteich an der Abzweigung zum Campingplatz von Skukuza gedeiht die nahe Verwandte unserer Weißen Seerose, *Nymphaea caerulea*, mit prächtigen mauve- und violettfarbenen Blüten (S. 172). Der Teich ist von großen Bäumen (»Knobthorn«, Kapesche, »Lowveld Fig«, »Water Berry«) umgeben und ein unerwartetes Vogelparadies. Zu beobachten sind unter anderem Gelb- (S. 138) und Rotschnabel-

Der Schlangensperber ist ein geschickter Nesträuber. Hier verjagt er einen Rotschnabelweber am Stauteich bei Lower Sabie von dessen Nest.

Unverwechselbar ist der Höcker der Glanzente.

toko, Paradiesschnäpper, Mausvogel, Glanzstar, Wald- und Weißbauch-Nektarvogel, Maskenpirol, Weißkehlrötel, Witwenstelze, Glanzhauben- und Graulärmvogel, Rotschnabeldrossel, Bülbül (S. 201), Braunkopfpapagei und selten Schwarzmilan. Eisvogelarten sind mit Graufischer, Senegal-, Braunkopf- und Streifenliest gut vertreten. Auch einige Libellenarten findet man hier und mehrere der 220 im Park verbreiteten Schmetterlingsarten sowie zahlreiche andere Insektenarten.

Praktische Tips

Siehe Seite 139.

16 Krüger-Nationalpark, Mitte

Weite Grassavanne überwiegt; Ballungszentrum von Grasessern und Raubtieren; starke Zebra- und Büffelherden, Streifengnus, Wasserböcke; Geparden, größte Löwenrudel der Region; Elefantenbullen mit Rekord-Stoßzähnen; Kampfadler und andere Greifvögel verbreitet; beliebte Löwentour; Vogelbeobachtung im Camp.

Der zentrale Krügerpark mit deutlich niedrigeren jährlichen Niederschlägen beginnt nördlich vom Sabie River. Bis hinauf zum Olifants River besteht er zum größten Teil aus offener Grassavanne. Auf den Graniterden im Westen wächst ein gemischter *Combretum*-Bestand, während auf den Basalt- und Doleriterden im Osten »Marula«-, »Knob-thorn«- und Ahnenbaum vorherrschen. Der englische Name »Leadwood« (Bleiholz) beschreibt den Ahnenbaum treffend.

Die ausgedehnte Ostgrenze wird von den Lebombo-Bergen mit ihrer abwechslungsreichen Landschaft und ganz anderen Lebensräumen gebildet. Typisch ist die Grassavanne in der Ebene um Satara. Wenn hier ausreichend Regen nach den in den Wintermonaten planmäßig angelegten Buschfeuern fällt, sammeln sich die größten Tierherden des Reservates, und ihnen folgen viele Raubtiere.

Männliche Schwarzbauchtrappe, morgens beim heiseren Balzgesang mit korkenknallartiger Endstrophe.

Pflanzen und Tiere

Satara, das »Löwenherz« des Wildreservates, liegt mitten in der offenen Grassavanne und bietet Weide für große Herden. Deshalb findet man in der Parkmitte die größten Herden von Savannentieren, verbunden mit der höchsten Löwenkonzentration im südlichen Afrika. Zebras und Streifengnus sind ihre Hauptbeute. Schwarzfersenantilope (Impala), Büffel, Giraffe, Kudu, Kuhantilope, Wasserbock und Rappenantilope sind ebenfalls gut vertreten. Die beste Zeit für die Löwenbeobachtung beginnt kurz vor der neuen Regenzeit im August und September. Alle 5 im Krügerpark vorkommenden Geierarten sind in der Savanne um Satara zu finden. Andere Greifvogelarten, wie Steppen-, Raub- und Kampfadler, und viele typische Grasland-Vogelarten sind ebenfalls vorhanden. Typische Bäume sind Marula und »Knobthorn«, die überall im Park mit dem Ahnenbaum Lebensgemeinschaften bilden, ferner »Red Bush Willow«, und, lokalisiert, die nur in dieser Region vorkommende *Acacia welwitschii*. Massen von blutroten kleinen Blüten des »Flame Creeper« signalisieren im September und Oktober an Flußläufen und Nebenarmen die Ankunft des Sommers, wenn sich der Krügerpark in ein grünes Paradies verwandelt. Die auffällige, sehr robuste Kletter- und Kriechpflanze gehört zur Familie Combretaceae, zu der auch der Ahnenbaum zählt, einer der größten Bäume (20 m und höher) im Park.

◁ Das südlichste Vorkommem des Baobab liegt bei Satara.

Afrikanische Zwergohreule, aufgebaumt in einem Anabaum im Gelände des Rastparkes von Satara.

Junger Löwe auf dem Sprung. Am Tag sieht man vorwiegend schlafende Löwen.

Im Gebiet unterwegs

Kampfadler horsten in der Nähe der Abzweigung zur S 100, der vielbefahrenen und staubigen »Löwenpiste« ①, die 2 km südlich von Satara nach links von der Teerstraße (HI 3) abzweigt und 14 km dem **Nwanetsi River** in östlicher Richtung bis zum **Gudzanidam** ② folgt. Hier leben Schreiseeadler und Flußpferde. Das kurze Wegstück gilt unter Eingeweihten als eine der besten Routen für die Begegnung mit Löwen. Mit Sicherheit sieht man Zebra, Wasserbock, Streifengnu, Impala und Elefantenbulle. Auch Geparden zu sehen, bestehen gute Aussichten.

In diesem Gebiet östlich von Satara sollte man besonders auf im Grasland lebende Vögel achten, wie Trappen, Strauße, Lerchen, Harlekinwachteln und Frankoline. Mit etwas Glück sieht man im Sommer Brutkolonien von Tausenden von Lappenstaren oder die Millionen Nester der Blutschnabelweber, die von fliegenden und vierbeinigen Nesträubern heimgesucht werden. Raub-, Steppen- und Schreiadler sind dann anwesend und Wiesen- und Steppenweihen nicht weit. Marabu und Sekretär fehlen nicht, und auch Tüpfelhyänen suchen die Kolonien.

Die größten Löwenrudel des Krügerparkes sind am **Sweni Drive** ④ beobachtet worden, darunter ein Rudel von über 60 Löwen aller Altersgruppen. Auch wenn Sie so großes Glück nicht haben, der Sweni Drive bietet eine der interessantesten Fahrten im Reservat. Von Satara aus geht es etwa 10 km nach Süden (HI 3), dann biegt man rechts ab in die S 126 und fährt, an der **Sweni-Wasserstelle** ③ vorbei, etwa 22 km am Sweni River entlang. Dabei fährt man durch Pflanzengemeinschaften, die den verschiedenen Böden auf Basalt-,

Die Gabelracke baumt gern entlang der Fahrwege auf.

Die »Impala Lily« gilt als Wahrzeichen des Krügerparkes. Der sukkulente Busch kann 3-4 m Höhe erreichen.

Der Haubenbartvogel ist ein Allesesser. Er wird schnell zutraulich und läßt sich gern füttern.

Sandstein-, Schiefer- und Granitgrundlage angepaßt sind und einen Querschnitt durch die wichtigsten Lebensräume des Reservates repräsentieren. Die Route endet beim Picknickplatz **Muzandzeni** ⑤, der noch in seinem traditionellen Gründerstil besteht: mit Holzfeuern und Plumpsklosett.

TIP: Eine mühelose Fahrt auf der Asphaltstraße H 7 zum Orpen Gate liefert oft sehr gute Ergebnisse. Zwei Kilometer südlich von Satara biegt man nach rechts in die H 7. Verschiedene Antilopenarten, Zebras, Giraffen, Löwen, Geparden und Rudel von Hyänenhunden werden hier oft gesehen. Auf der Rückfahrt kann man am **Nsemani-Damm** ⑥, 9 km vor Satara, fotogene Sonnenuntergänge mit Flußpferden, Wasserböcken und reicher Vogelwelt erleben und als Bonus vielleicht ein Löwenrudel, das zum Trinken kommt.

In der Nähe liegt die **Ngirivani-Tränke** ⑦ mit schönen Feigenbäumen und einem Teich, in dem sich ein alter Flußpferdbulle aufhält. Antilopen und Giraffen kann man aus der Nähe fotografieren. Löwen kommen zum Trinken.

Die **Nkayapan** ⑧, 16 km südlich von Satara an der Hauptstraße (HI 3), ist ein natürlicher Weiher, der im Winter viele Tiere anlockt, wenn er nicht ausgetrocknet ist. 10 km weiter in Richtung **Tshokwane** findet man das südlichste natürliche Vorkommen der bizarren **Affenbrotbäume** ⑨. Man biegt nach rechts ab und durchquert einen Trockenfluß, in dessen Uferbäumen sich der Milchuhu gern aufhält. Auf der anderen Seite der Hauptstraße liegt der **Kumana-Stausee** ⑩ mit oft überflutetem Baumbestand. An diesem Gewässer trifft man oft Wollhals- und Schwarzstörche, aber auch andere Tiere finden sich hier regelmäßig ein.

Aufdringlich kann der Rotschulter-Glanzstar werden.

131

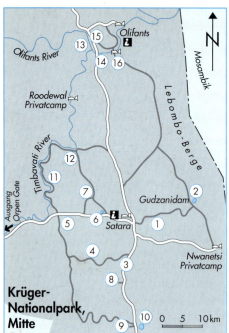

Krüger-Nationalpark, Mitte

grafieren. Pirschen Sie sich aber nicht zu dicht heran, sondern lassen Sie die Vögel auf den letzten Metern möglichst selbst näherkommen, und helfen Sie einfach mit etwas Futter (Brotkrümel) nach. Hyänen (S. 139) kann man leicht aus nächster Nähe am Drahtzaun des Campingplatzes fotografieren. Sie kommen gern am Abend oder frühmorgens, um sich die Reste von den Grillparties verfüttern zu lassen. Das gilt auch für **Letaba** und **Skukuza**.

Von Mai bis Oktober blüht die »Impala Lily«, ein Wahrzeichen des Krügerparkes, die auch in anderen Rastparks angepflanzt worden ist. Ihre hübschen weißen bis rosa Blüten mit roten Säumen bereichern die triste Winterlandschaft mit ihren verdorrten Grasflächen und vielen blattlosen Baumarten. Die »Impala Lily« wird unter günstigen Bedingungen 3–4 m hoch. Sie gehört zur Oleanderfamilie, ist aber nicht giftig. Vor der Veranda des Restaurants kann man hochgewachsene Fieberbäume aus nächster Nähe betrachten.

45 km nördlich, am **Olifants River** ⑬, wachsen wilde Dattelpalmen. Gute Beobachtungen sind von der Brücke ⑭ und am Flußufer möglich, das regelmäßig von Elefanten, Büffeln, Zebras, Wasserböcken und anderen Tieren besucht wird. Krokodile und große Flußpferdherden sonnen sich oft auf den Sandbänken. Beim erhöhten Ausblick über die Flußlandschaft ⑮ darf man aussteigen. Im hochgelegenen Rastpark Olifants genießt man unter schattigen »Sneezewood«-Bäumen einen herrlichen Ausblick auf den Fluß. Nächstgelegener Campingplatz ist **Balule** ⑯ am Olifants River, mit besonderer Wildnisatmosphäre. Geparden kann man manchmal dicht am Camp beobachten, ebenso andere Großtiere. Von Balule aus kann man Kurzfahrten am Olifants River entlang unternehmen.

Eine Rundfahrt am **Timbavati River** ⑪ entlang führt durch verschiedene Lebensräume. Man kann den Trip auf dem romantischen Timbavati-Picknickplatz ⑫ unterbrechen, wo die traditionellen Holzfeuer für Frühstück und Grillmahlzeiten leider von Gasbrennern abgelöst werden sollen. Im Rastpark von **Satara** gibt es viel zu sehen. Der kleine Teich am Empfang zieht viele Vogelarten an. Die Negerralle ist dort heimisch. Fragen Sie den Gärtner, der die Anlage in Ordnung hält, nach der Afrikanischen Zwergohreule, die gern im Ahnenbaum nebenan aufbaumt. Mehrere nicht immer leicht zu unterscheidende Glanzstararten, Graulärmvogel, Haubenbartvogel, Gelb- und Rotschnabeltoko und Wiedehopf sind mit Sicherheit zu sehen, vor allem auch auf dem Campingplatz, wo das unverwechselbare Quietschen des Braunkopfpapageis (S. 153) weit zu hören ist. Die meisten Vogelarten am Campingplatz sind an Menschen gewöhnt und lassen sich aus der Nähe foto-

Praktische Tips

Siehe Seite 139.

Elefantenprobleme

Der erste Wildhüter der **Sabie Sand Game Reserve** mußte 1903 melden, daß es keine Elefanten in der Region mehr gab, die heute Teil des Krüger-Nationalparks ist. Erst 2 Jahre später fand er Elefantenspuren am Olifants und Letaba River. Über die ursprüngliche Elefantenbevölkerung und ihre Einwirkung auf ihren Lebensraum ist wenig bekannt. Lebte sie dauernd hier, und führte Überbevölkerung zu periodischen Zusammenbrüchen, oder zogen die Tiere saisonal durch das Gebiet und vermieden so große Veränderungen und Zerstörung der Umwelt? Ein Elefant kann in einem Jahr 1000 Bäume vernichten.

In den 20er Jahren gab es nur 120 Elefanten in Südafrika. Danach wuchs der Bestand im Krügerpark stark an. Nachteilige Einwirkungen auf Pflanzengemeinschaften, auf seltene Tierarten und auf die beschränkten Wasservorräte nahmen rasch zu. Durfte man die Elefanten in dem nun elefantensicher eingezäunten Gebiet sich selbst überlassen, wenn die Erhaltung der biologischen Vielfalt das Hauptziel der Schutzmaßnahmen bleiben sollte? Man entschied, die Elefantenbevölkerung zu kontrollieren und ihre Zahl auf einen »Idealwert« von 7500 (1 Elefant auf 3 km²) einzupendeln; eine Bestandsgröße, die gut durch Trockenjahre gebracht werden konnte, ohne den Lebensraum zu gefährden. Seit 1967 wurden deshalb 13000 Elefanten getötet und 500 Jungtiere umgesiedelt.

Der Erfolg scheint den Befürwortern rigoroser Elefantenkontrolle recht zu geben. Das Gleichgewicht der Vegetation zwischen Verlust und Neuwuchs bleibt erhalten. Keine Pflanzengemeinschaft im Krügerpark zeigt Zeichen übermäßiger Beschädigungen durch Elefanten, keine Pflanzen- oder Tierart ist wegen der Anwesenheit zu vieler Elefanten ausgestorben. Die Verwertung der abgeschossenen Tiere brachte Millionen, mit denen auch die anderen, teilweise unrentablen Nationalparks finanziert werden konnten. Trotzdem sind noch viele Fragen zu beantworten, bis Gewißheit über den Segen solcher Eingriffe des Menschen in die Natur erlangt werden kann.

17 Krüger-Nationalpark, Nord

Landschaftsbestimmende Mopane-savanne am Wendekreis des Stein-bocks; Elefanten- Mutterherden; Nyala, Pferde-, Elen- und Leierantilope; Büffelherden; Fieberbaumwald; Ausstellung mächtiger Stoßzähne; vielseitige Vogelwelt; gewaltige Affenbrotbäume.

Der ausgedehnte, trockene und weniger touristisch erschlossene Norden beginnt nördlich vom Olifants River. Die Entfernungen zwischen den Rastparks werden größer. Mopanesavanne, Mopanegebüsch und Mopanewald beherrschen die viel eintöniger gewordene Landschaft, die einen eigenen Charakter besitzt. Im Norden liegt der Regenfall mit 500 mm am nied-

rigsten. Nur das »Sandveld« um Punda Maria und Pafuri erhält ein Jahresmittel von etwa 800 mm Niederschlag. Zur Nordgrenze hin wird die Busch- und Baumsavanne wieder abwechslungsreicher. Affenbrotbäume, Fieberbäume, Palmen und anderen Pflanzen deuten auf ein tropischer werdendes Klima hin.

Der hohe Norden ist besonders reich an verschiedenen Lebensräumen. Das »Sandveld« um Punda Maria ist ein Ausläufer des Kalahari-Beckens, das einen großen Teil des südlichen Afrikas einnimmt. Diese Trockensavanne mit tiefen Sanden und ausstreichendem Sandgestein wird am Luvuvhu River bei Pafuri von tropisch anmutenden Flußauen und Galeriewäldern abgelöst. Hier findet man reiche Bestände an Sykomoren, Fieber- (S. 117) und Affenbrotbäumen (S. 128). Der nördliche Teil

Mit über 130 000 Tieren sind Schwarzfersenantilopen oder Impalas die weitaus häufigste Antilopenart.

des Krügerparkes gilt als das beste Gebiet zur Vogelbeobachtung. Mehrere Vogelarten Zentralafrikas erreichen hier die Südgrenze ihrer Verbreitung.

Pflanzen und Tiere

Obwohl die Elefanten, wie die meisten anderen Säugetiere auch, recht gleichmäßig über das Reservat verteilt sind, gilt der Norden als das beste Elefantengebiet. Die Elefantenbullen ziehen tatsächlich seit Jahrzehnten gewisse »traditionelle Gebiete« im Norden vor, in denen sie sich vorwiegend aufhalten. Der Grund dafür ist nicht bekannt. Die Mutterherden scheinen dagegen wenig Sinn für solche Traditionen zu besitzen und verteilen sich mit unvorhersehbar wechselnden Ansammlungen. Aber auch sie sind im Norden besonders gut zu beobachten. Um **Letaba** und **Shingwedzi** findet man die größte Konzentration von Elefantenbullen mit den längsten Stoß-

zähnen. An den Wasserstellen sieht man Elen-, Pferde- und Leierantilope. Letztere gilt als die schnellste Antilopenart. Sie soll bis zu 100 km/h erreichen können. Tieflandnyalas (S. 104, 117) und Kräuselhauben-Perlhuhn sind in der nahezu tropischen Pafuri-Region am Luvuvhu River häufig. Hier gibt es auch Flußpferde und sehr große Krokodile zu beobachten. Eindrucksvoll ist der Feigenbaumwald am Levuvhu.

In der Mopanesavanne fallen die hohen Bauten der Termiten auf. Auch viele andere Insekten leben hier, die kleinere, meist nachtaktive Raubtiere wie Steppenschuppentier, Erdwolf und das Erdferkel anziehen, dessen Wohnhöhlen von zahlreichen anderen Tieren benutzt werden. Man sieht diese Arten nur selten. Ebenfalls unsichtbar bleibt meistens die bis 7 cm lange, bodengrabende Grille *Brachytrupes membranaceus*, die allerdings nicht zu überhören ist. Sie soll die lauteste Grille der Welt sein und schrillt oft um Pafuri, ist

Das Streifengnu war einst weit über das südliche Afrika verbreitet und wanderte in großen Herden.

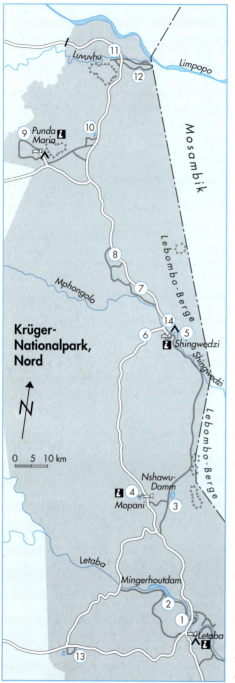

Krüger-Nationalpark, Nord

0 5 10 km

aber auch bei Skukuza zu hören. Auffallend ist die groteske, zur Familie der Laubheuschrecken (Tettigoniidae) gehörende »Armoured Ground Cricket«, die nach periodischen Bevölkerungsexplosionen zu Tausenden auf den Teerstraßen im Norden überfahren wird.

Im Gebiet unterwegs

Der nur 4 km lange Letaba River Loop ① und die 20 km lange Strecke nördlich vom Rastpark Letaba bis zum Aussichtspunkt am **Mingerhoutdam** ② gelten als die besten Plätze für die Elefantenbeobachtung im Krügerpark. Bevor man sich auf die »Elefantenjagd« macht, kann man sich wundervolle, hochgewachsene Exemplare der im Norden weitverbreiteten Lala-Palme ansehen. Im kleinen Park mit herrlichem Blick auf den **Letaba River** wachsen stattliche Ahnen-, Apfelblatt- und Mahagonibäume. Sogar einen **Leberwurstbaum** mit seinen bis 50 cm langen Riesenfrüchten, die im März und April vom Baum fallen, findet man hinter der »Elephant Hall« von **Letaba**, wo man sich eingehend über das größte Landsäugetier informieren kann. Die gewaltigen Stoßzähne der als »Glorreiche Sieben« weltbekannt gewordenen Elefantenbullen sind hier ausgestellt, darunter die von Shawu, dessen linker Stoßzahn mit 3,17 m Länge Rekordhalter im südlichen Afrika ist.

Shawu verbrachte den größten Teil seines langen Lebens im Tal des **Nshawu River** ③, wo sich immer noch kapitale Elefantenbullen versammeln. Besonders nach starkem Regen kann eine Fahrt dorthin erfolgträchtig sein. 30 km nördlich von Letaba biegt man von der Hauptstraße (HI 6) nach rechts in die S 50. Man kommt an mehreren Wasserstellen vorbei und erreicht nach etwa 12 km den **Nshawudam**. Brachschwalben brüten hier, und der Wachtelastrild ist verbreitet. Dies ist die einzige Stelle im Krügerpark, wo man den Hirtenregenpfeifer regelmäßig beobachten kann, manchmal auch den Wermutregenpfeifer. Dieser Zugvogel aus dem arktischen Norden ist eine der seltensten der 18 im südlichen Afrika vorkommenden Regenpfeiferarten. 11 davon sind im Krügerpark zu sehen.

Südlich des Stausees besteht eine Querverbindung zur Hauptstraße (HI 6), die man nach 10 km langer Fahrt unterhalb des neuen, luxuriösen Rastparks **Mopani** ④ erreicht. Ein großer Affenbrotbaum steht mitten im Camp. Von der Bar hat man Aussicht auf den **Pionier-Stausee**, mit Flußpferden, den Trinkstellen von Elefanten und Antilopen sowie verschiedenen wasserliebenden Vogelarten.

Fährt man dagegen vom Nshawu-Damm auf der S 50 noch weiter nach Norden, dicht an den Lebombo-Bergen entlang, erreicht man nach 60 km Shingwedzi. Die letzten 20 km führen am **Shingwedzi River** entlang, der kurz vor dem Rastpark zum **Kanniedood-Damm** ⑤ aufgestaut ist und einen Ansitz zur Beobachtung der reichen Vogelwelt besitzt. Die meisten Reiher- und Storcharten des Krügerparkes sind hier zu beobachten. Die Aussichten, Löwen, Leoparden und Elefanten zu begegnen, sind sehr gut.

Im Flußbett bei **Shingwedzi** ⑭ sieht man Büffelherden, Elefanten und manchmal sogar Hyänenhunde oder einen Leoparden. Paviane sind allgegenwärtig. Oft ist es lohnend, am frühen Morgen oder späten Nachmittag ein Stück auf der Hauptstraße nördlich und südlich von Shingwedzi (HI 6 und HI 7) entlangzufahren. In manchen Abflußkanälen unter dem Straßenbett haben sich kleine und große Hyänen-Clans ⑥ eingerichtet.

Auf Elefanten, vor allem Mutterherden, stößt man auch recht häufig am **Mphongolo River** ⑦. Von Shingwedzi fährt man – am besten frühmorgens – 10 km in nördlicher Richtung auf der HI 7 und biegt dann links in die S 56. Wird man auf den folgenden 15 km nicht von einer Mutterherde

aufgehalten, kann man entweder zur Hauptstraße zurückkehren oder 15 km weiter auf dem Schotterweg bis zur Wasserstelle **Babalala** ⑧ fahren und sich auf dem Picknickplatz nebenan von den Strapazen erholen.

Die **Mahagoni-Schleife** ⑨ bei **Punda Maria** ist ein Muß für Vogelfreunde. Die Rundfahrt (S 99) beginnt gleich links hinter dem Eingangstor und führt knapp 30 km durch das »Sandveld«. Bergmahagoni und »Mountain Seringa« sind für diese Gegend typisch. Auch der sonst im Park seltene »Quinine«-Baum, dessen Rinde zur Malariabehandlung verwendet wurde, kommt in dieser Gegend häufiger vor. Außer Greifvogel- und Nachtschwalbenarten kann man Elefanten, Giraffen, Stachelschweine, Tieflandnyalas und andere Antilopenarten beobachten, darunter das seltene Moschusböckchen.

Der Rastpark liegt malerisch auf einem Hügel, mit weitem Blick über die endlose Mopane-Ebene, mit langgestreckten rustikalen Strohhäusern aus der Gründerzeit, als die Ranger noch beritten waren.

Nachts ruft hier oft der Kapkauz, und der grillenähnliche zirpende Ruf des Ruderflügels ist manchmal zu hören. Diese Nachtschwalbenart brütet zwischen September und März im südlichen Afrika und zieht dann ins »Winterquartier« nach Zentralafrika nördlich des Äquators. Ein interessanter Naturlehrpfad liegt innerhalb des Rastparkes.

Eine Reihe weiterer Vogelarten aus dieser Region ist in der Nordspitze des Krügerparkes bis zum **Luvuvhu River** vertreten. Man fährt von **Punda Maria** aus auf einer kürzeren Schotterstraße (S 60), die nach etwa 20 km auf die Nord-Süd-Achse (HI 8) stößt. Nach weiteren 30 km erreicht man den **Luvuvhu River**. Unterwegs bieten eine Reihe interessanter Wasserstellen Abwechslung. Bei **Kloppersfontein** ⑩ sind besonders große Baobabbäume zu sehen. Von der Brücke des **Luvuvhu** ⑪ sieht man oft Flußpferde und mit Sicherheit beson-

Durch seinen tiefgelben, massigen Schnabel ist der Gelbschnabeltoko unverwechselbar.

Der Gaukler, eine der schönsten Greifvogelarten, ist nur
noch in großen Wildreservaten resident.

ders große Krokodile, die sich auf den
Sandbänken sonnen.

Rechts von der Brücke über den Luvuvhu
zweigt ein Fahrweg (S 63) ab, der 10 km
am Fluß entlang führt ⑫. Man hat gute
Ausblicke auf das Ufer, an dem man
Nyalas, Kudus und Büffelherden – beglei-
tet von Schwärmen von Madenhackern
(S. 156) – beim Trinken beobachten kann.
Fledermaus- und Baobabsegler sind in
diesem Gebiet ebenfalls zu beobachten.
Letzterer nistet gerne in Affenbrotbäumen,
die auch von anderen Seglern und
Schwalbenarten bevorzugt werden. Die
seltene Afrikanische Fischeule baumt im
Bereich des Picknickplatzes von **Pafuri** auf.
Fragen Sie beim Aufseher nach ihr.
Fährt man über die Levuvhu-Brücke wei-
ter auf der Hauptstraße, die zur HI 9 wird,
erreicht man nach 18 km das Eingangstor
Pafuri.
Verläßt man den Krügerpark nun, kommt
man nach 110 km auf guter Teerstraße
zum Ferienort **Tshipise** mit seinen warmen
Mineralquellen, die während des Südwin-
ters sehr beliebt sind. Falls man weiter

nach Simbabwe fahren will, biegt man
rechts ab und erreicht nach 50 km den
Grenzübergang Beit Bridge, 16 km nördlich der Kupferstadt Messina.
ACHTUNG: Die Elefanten von **Mphongolo**
⑦ sind bekannt als besonders aggressiv
und übermütig. Am besten geht man Elefanten auf jeden Fall aus dem Weg, besonders, wenn man noch nicht sehr viel Erfahrung besitzt. Elefanten, die direkt auf
das Auto zusteuern, weicht man vorsichtig
aus. Solange man im Auto bleibt, sehen
Tiere Fahrzeug und Insassen als eine Einheit und stören sich normalerweise wenig
daran. Steigt man aber aus, werden Elefanten und auch Löwen eher angriffslustig,
während alle anderen Tiere meistens sofort flüchten.
Fahren Sie nie hastig und direkt auf Tiere
zu. Das stört sie immer und regt sie zur
Flucht an. »Probleme entstehen nur durch
Unkenntnis«, sagen die Wildhüter. Sie
meinen, daß besonders die Besucher aus
Übersee zu wenig Respekt vor wilden Tiere zeigen und oft nicht genug Distanz ein-
halten.

Die Zukunft der Hyänenhunde ist bedroht. Im Krügerpark gibt es noch etwa 250 dieser Rudeljäger.

Tüpfelhyäne trägt Welpen zum Bau. Die Art ist mit über 2000 Tieren im Reservat gut etabliert.

Praktische Tips

Anreise Krüger-Nationalpark Süd
Will man die Rastparks im äußersten Süden zuerst besuchen, fährt man am besten über Nelspruit in Richtung **Komatipoort** (N4) und biegt nach etwa 20 km nach links ab zum **Malelane Gate**. Von hier aus sind es 12 km bis zum Rastpark Berg-en-Dal. Für Eingang und Rastpark **Crocodile Bridge** weiterfahren bis kurz vor Komatipoort an der Grenze nach Mosambik, dann ebenfalls links abbiegen.
Der Haupteingang **Kruger Gate** kann in etwa 5 Stunden von Johannesburg (450 km) erreicht werden. Anfahrt auf der N 4 über Sabie (R 37) oder über Nelspruit–White River (R 40 oder R 538) und bei Hazyview rechts abbiegen. Vom Eingangstor sind es 12 km bis Skukuza, und weitere 40 km bis zum Rastpark Lower Sabie.
Zum **Numbi Gate** von der R 538 etwa 25 km hinter White River rechts abbiegen und 9 km weiter bis Pretoriuskop, dem ältesten Rastpark. Der Eingang Numbi Gate wird allerdings nicht empfohlen.

Fliegen: 2 Linienflüge täglich von Johannesburg nach Skukuza mit Comair Fokker F28. Automiete am Flughafen oder beim Empfang im Rastpark.

Anreise Krüger-Nationalpark Mitte
Die Eingänge **Orpen** und **Phalaborwa** erreicht man, wenn man von Nelspruit auf der R 40 durch das malerische Osttransvaal weiter nordwärts fährt und bei Klaserie nach rechts in die R 351 abbiegt. Nach 40 km erreicht man Eingang und Rastpark Orpen. Von hier aus sind es noch 50 km bis zum Rastpark **Satara** und 100 km bis Olifants. Man kann auch direkt von Johannesburg auf der N1 bis Pietersburg (320 km) fahren, hier rechts abbiegen. Über Tzaneen und den malerischen Magoebas- oder Duiwelskloof erreicht man nach 210 km Phalaborwa.

Anreise Krüger-Nationalpark Nord
Man fährt am besten auf der R 40 weiter bis zur Abzweigung (R 530) bei **Mica** und erreicht nach 40 km den Bergwerksort **Phalaborwa** (Kupfer, Düngemittel) und

Frühe Jäger

Archäologische Ausgrabungen haben bewiesen, daß die Region jahrtausendelang von Jägern und Sammlern bewohnt war, deren Lebensweise denen der San (Buschleute) glich. Knochenfunde zeigen, daß sie hauptsächlich kleine Antilopen wie Impala, Steinbock und Ducker jagten oder in Fallen und Schlingen fingen. Spuren der ersten Einwanderer der Eisenzeit sind etwa 1700 Jahre alt. Sie siedelten sich in kleinen Dörfern auf den hochgelegenen Sandbänken an allen größeren Flüssen an und besaßen anscheinend Fertigkeiten in Töpferei und Metallverarbeitung. Sie kannten Viehzucht und Ackerbau, die aber beide in diesem harschen Lebensraum beschränkt bleiben mußten, in dem Malaria, Schlafkrankheit und Pferdestaupe verbreitet waren.

Jagd spielte also weiterhin eine große Rolle. Es wurde mehr Großwild wie Gnu, Zebra und Büffel erlegt, aber auch Elefanten und Flußpferde oder gelegentlich Löwen und Paviane, wahrscheinlich für medizinische Zwecke, wurden gejagt. Noch heute gilt Löwenfett als starke »Medizin«.

Die archäologische Fundstelle **Masorini** ⑬ bewies, daß es schon früh Spezialisten auf dem Gebiet der Eisenverhüttung gab. Masorini liegt am Parkeingang **Phalaborwa** und ist als Museum den Besuchern zugänglich. Reste prähistorischer Siedlungen gibt es auch weiter nördlich, wo Ruinen aus sorgfältig aufgeschichteten Felssteinen gefunden wurden. Wahrscheinlich war hier eine wichtige Durchgangsroute für arabische Elfenbeinhändler zur Ostküste und zum Inland. Außer den Funden an Tonscherben, Perlen aus Muscheln, Glas und Kupfer fand man Goldornamente und Beweise, daß nicht nur in Groß-Simbabwe, sondern auch südlich des Limpopo vor hunderten von Jahren Gold geschmolzen und verarbeitet wurde.

Thulamela, die wichtigste Fundstätte, liegt im Pafuri-Gebiet auf einem Felsenhügel mit grandioser Aussicht über den Luvuvhu River. Sie soll ebenfalls als Museum der Öffentlichkeit zugänglich gemacht werden, sobald die archäologischen Arbeiten abgeschlossen sind.

---

nach weiterer 4 km das Eingangstor am östlichen Ortsausgang. Von hier aus sind es 50 km bis Letaba, 75 km bis Mopani, 135 km bis Shingwedzi.

Den Rastpark **Punda Maria** im hohen Norden erreicht man am schnellsten über die N 1 Johannesburg–Pretoria–Pietersburg–Louis Trichardt (440 km). Hier rechts abbiegen. Nach 160 km Fahrt durch das subtropische, landschaftlich reizvolle **Venda** erreicht man den Eingang Punda Maria. 10 km weiter bis zum gleichnamigen Rastpark und 70 km bis **Shingwedzi**.

ACHTUNG: Reise- und Öffnungszeiten beachten! Geschwindigkeitsbeschränkungen im Park: 50 km/h auf Teerstraßen (alle Straßen zwischen den Rastparks sind ge-

teert), 40 km/h auf allen Schotterwegen. Zur Tierbeobachtung besser langsamer fahren (20–30 km). Offene Fahrzeuge und Motorräder sind nicht zugelassen. Nur an besonders gekennzeichneten Plätzen darf man das Fahrzeug verlassen.

Klima/Reisezeit

Der Krügerpark ist das ganze Jahr geöffnet. Subtropisches Sommerregengebiet (Oktober bis März) mit höchstem Niederschlag im Süden und Südwesten, nach Norden abnehmend. Oft unerträglich heiß im Sommer, jedoch ist dies die beste Zeit für Vogelbeobachtung. Viele Säugerarten bringen um diese Zeit ihre Jungen zur Welt. Tierbeobachtungen am besten frühmorgens und am späten Nachmittag. Im Winter sind die Tage mild, die Nächte erfrischend kühl. In dieser Zeit konzentrieren sich die Tiere um die Wasserstellen.

Parkeinrichtungen
Überall Erste Hilfe, Tankstellen für Benzin und Diesel. Reparaturen und Abschleppdienst (AA) in Skukuza, Satara und Letaba. Telefonanschluß nur Berg-en-dal, Crocodile Bridge, Skukuza. Skukuza besitzt eine Bibliothek mit Nachschlagewerken und Fachzeitschriften, Ausstellungen, Tierbilder, Gärtnerei mit einheimischen Pflanzen. Kostenlose Vorführungen von Naturfilmen in allen größeren Rastparks. Autoverleih (AVIS) nur in Skukuza, bei Empfang und Flugplatz. Berg-en-Dal, Pretoriuskop, Skukuza (neu), Mopani und Shingwedzi besitzen Schwimmbäder. Weitere sind im Bau oder geplant.
12 Picknickplätze zur Unterbrechung der Autoausflüge mit Grillmöglichkeiten und kochendem Wasser sind überall im Busch zugänglich, oft mit Aussichtspunkten, an Flüssen und Dämmen.

Selbst diese 25 cm lange Stabschrecke kann man wegen der Ähnlichkeit mit einem Ästchen leicht übersehen.

Unterkunft/Verpflegung
Für alle Ansprüche in den **Rastparks**.
Süd: Berg-en-Dal, Crocodile Bridge, Pretoriuskop, Skukuza, Lower Sabie.
Mitte: Orpen, Satara, Olifants, Balule.
Nord: Letaba, Mopani, Shingwedzi, Punda Maria.
Alle Unterkünfte besitzen Klimaanlagen, Kochgelegenheit (teilweise Geschirr und Besteck mitbringen), Restaurant, Schnellimbiß und Läden (Preise relativ hoch).
Skukuza, Hauptrastpark, ist Verwaltungs- und Forschungszentrum, beinahe schon Kleinstadt mit Post, Polizei, Bank, Geldautomat, Arzt, Restaurants, Supermarkt und Landebahn. Privatflugzeuge benötigen Sondergenehmigung vom Parkdirektor. Exklusive Unterbringung in »Private Camp« für absolutes Alleinsein (Camp muß im ganzen gebucht werden) und »Bushveld Camp« für Gruppen, Familien oder Ein-

zelbesucher, die ebenfalls Wildnis in relativer Abgeschiedenheit erleben möchten. Organisierte Nachtfahrten und Tagesausflüge möglich.
Weitere **Camps** außerhalb Skukuza.
Süd: 2 Private Camps: Malelane, Jock of the Bushveld. 2 Bushveld Camps: Mbyamiti, Jackalsbessie.
Mitte: 2 Private Camps: Nwanetsi, Rodewal mit Baumplattform und Blick auf Wasserstelle. 1 Bushveld- Camp: Talamati.
Nord: Private Camp: Boulders, auf Stelzen gebaut mit Blick auf Wasserstelle. 3 Bushveld Camps: Shimuwini, Bateleur, Sirheni.
Unterkünfte mit Einrichtungen für **Rollstuhlfahrer**. **Süd:** Crocodile Bridge, Berg-en-Dal, Lower Sabie, Skukuza. **Mitte:** Satara, Olifants. **Nord:** Letaba, Mopani, Shingwedzi.

Camping
Süd: Berg-en-Dal, Crocodile Bridge, Lower Sabie, Pretoriuskop, Skukuza.
Mitte: Balule, Maroela, Satara.
Nord: Letaba, Shingwedzi, Punda Maria.
Alle Plätze mit modernen Einrichtungen. Bäder und Duschen im Preis eingeschlossen, Wäscheautomaten gesondert. Maroela und Balule sind einfacher, und man fühlt sich näher an der Wildnis.

Sichernder Büffelbulle. Besonders im Norden des Reservates gibt es noch große Herden von mehreren hundert Büffeln.

Wandern/Ausflüge/Exkursionen

7 mehrtägige Wildniswanderungen (Wilderness Trails) durch verschiedene Landschaften werden angeboten. Ausgangspunkt ist jeweils eines der über den Park verteilten 7 Basislager (Wilderness Trail Camp). Unter kundiger Führung erschließt man sich die unberührte Wildnis in bis 15 km langen täglichen Fußmärschen, die nicht nur durch ebenes Gelände führen. Man lernt die verschiedenen Lebensräume kennen. Besonders gut kann man die Vogelwelt beobachten.

Im Dezember und Januar werden die Tore überall vor Sonnenaufgang geöffnet. Das

Buschhörnchen am Letaba River. Kleintiere werden in großen Wildreservaten oft zu Unrecht übersehen.

bietet eine gute Chance, um auch Nachtvögel zu beobachten. Nachtaktive Tiere kann man neuerdings auch während organisierter Nachtfahrten (Night Drives) beobachten, in offenen Fahrzeugen von verschiedenen Hauptcamps aus.

Neu sind auch geführte Morgengänge und Tagesexkursionen (Day Excursions), bei denen man von einem erfahrenen Ranger zu einem interessanten Ziel in der Wildnis gefahren wird, wo die Wanderung beginnt. Zum Abschluß sind Grill-Picknicks vorgesehen. Diese Aktivitäten muß man rechtzeitig und nur beim Empfang buchen! In Berg-en-Dal, Skukuza und Letaba können persönliche Führungen (Courier services) durch Teile des Parks arrangiert werden, die normalerweise dem Besucher nicht zugänglich sind. Buchungen 2 Monate im voraus.

ACHTUNG: Mehrtägige Wildniswanderungen sollten möglichst 13 Monate im voraus gebucht werden. Sie erfordern ein gewisses Maß an Fitness. Die Sommerhitze sollte man vermeiden. Beste Zeit zwischen Mai und August.

Ausstellung

Olifants: Aquarien mit Süßwasserfischen, wo man die wichtigsten Fischarten (insgesamt 48) des Reservates kennenlernen kann. **Letaba:** »Elephant Hall«, alles über Elefanten mit Sammlung prächtiger Stoßzähne. **Masorini:** Archäologisches Museum an der Fundstelle einer Eisenerz-Schmelzanlage aus der Späteisenzeit, 10 km vom Eingang Phalaborwa.

Adressen
Buchungen möglichst schriftlich, bis 13 Monate im voraus, über:
➪ National Parks Board, P.O. Box 787, 001 Pretoria, RSA, Tel. (012) 343 1991, Fax (012) 343 0905.
Buchungen (Information und Preise in deutsch, für alle Nationalparks) auch über:
➪ National Parks Foreign Desk, Tel. (012) 343 2007, Fax (012) 343 2006.
➪ Kurzfristige Reservierungen (Skukuza): Tel. (01311) 65159.
➪ Privatführungen: Information and Environmental Education – KNP, P.O. Box 50, 1350 Skukuza, RSA, Tel. (01311) 65611, Fax (01311).
➪ Autoverleih: Avis Rent-A-Car, Tel. (Toll Free) 08000-21111.
➪ Linienflüge: Comair, P.O. Box 7015, 1622 Bonaero Park, RSA, Tel. (011) 9732911, Fax (011) 9733913.
➪ Fluggenehmigungen für Privatflüge: Executive Director, Kruger National Park, Private Bag X402, 1350 Skukuza, RSA, Tel. u. Fax (01311) 65611.
Anschriften der renommiertesten privaten Reservate:
➪ Mala Mala Game Reserve (30 000 ha), P.O. Box 2575, 2125 Randburg, RSA.
➪ Londolozi Game Reserve (18 000 ha), P.O. Box 1211, 2157 Sunninghill Park, RSA.
➪ Sabi Sabi Private Game Reserve, P.O. Box 52665, 2132 Saxonwold, RSA.

Information
Überall beim Empfang der Rastparks. Hier liegen auch dicke Kladden aus, in denen Touristen Begegnungen mit Tieren aufzeichnen und oft die Plätze der Begegnun-

gen genau angeben. Berg-en-Dal, Skukuza und Letaba besitzen besondere Informationszentren.
TIP: Eine Landkarte des Gebietes – absolutes Muß – ist an Eingangstoren und in den Camp-Läden erhältlich. Straßen und Wege sind darauf gut gekennzeichnet, Entfernungen angegeben. Machen Sie öfter von Nebenwegen Gebrauch. Moderne Videokameras kann man sich in folgenden Camps ausleihen: Skukuza, Pretoriuskop, Lower Sabie, Satara und Letaba.

Gesundheit
Erste Hilfe in allen Rastparks. Zur Sicherheit wird auf allen Wanderungen eine Notapotheke mit Gegengiften mitgeführt. Ärzte praktizieren in Skukuza und Satara. Für Notfälle stehen Hubschrauber bereit. Malaria: Vorkommen bisher gering. Die Parkverwaltung legt hohen Wert auf Hygiene und Sicherheit. Vorbeugungsmaßnahmen sind aber besonders im Sommer angebracht. Schlangen: Noch nie ist ein Besucher gebissen worden.

Blick in die Umgebung

Eine Reihe von exklusiven – und teuren – privaten Wildreservaten befindet sich an der Ostgrenze des Krügerparkes. Ihre Besonderheiten bestehen vor allem in ihrem exklusiven Übernachtungs- und Speisekartenangebot, mit Abendessen an offenen Feuern in der Boma unter afrikanischem Himmel. Gäste werden in offenen Geländeautos gefahren. Die Fahrer verständigen sich per Funk über besondere Entdeckungen. Nachtfahrten im Angebot. Pirschgänge mit Begleitung möglich. Raubtiere werden nicht selten durch Beködderung angelockt oder halbzahm vorgeführt. Der 150 km lange Veterinärzaun zwischen den Privaten und dem Krügerpark ist beseitigt worden, wodurch der Lebensraum für die Tierwelt zwischen Sabie und Olifants River um mehrere 1000 km^2 vergrößert wurde.

18 Mana-Pools-Nationalpark und Sambesi

Unberührte Wildnis, zur »World Heritage Site« erklärt; mächtiger Strom, waldumgebene Weiher, fruchtbare Flußterrassen; reiche Vogelwelt; große Büffel- und Elefantenherden; Tierwanderungen; Flußpferde, Krokodile; Wildnis-Kanufahrten.

Das Wild- und Naturreservat am viertgrößten Strom Afrikas (2700 km lang) ist ein Erlebnis für alle, die etwas Abenteuer und eine Prise Gefahr nicht scheuen. Im Reservat kann man auf eigene Faust Pirschgänge unternehmen und die wilden Tiere aus neuem Blickwinkel kennenlernen. Nirgendwo sonst kann man die Wildnis so direkt erleben, hört man ihre Laute so nah und so deutlich. **Mana Pool** ist von allen Reservaten das Ursprünglichste geblieben. Befürchtungen sind nicht eingetreten, daß es durch den großen Kariba-Staudamm zerstört würde, der stromaufwärts hinter der Kariba-Schlucht beginnt. Das Reservat (2200 km²) ist etwa 50 km lang. An beiden Enden schließen »Safarigebiete« an, in denen gejagt wird. Mittelpunkt sind alluviale Flußterrassen, Zeugen der landschaftsändernden Kraft des Wassers. Reste alter Flußarme durchschneiden die Terrassen. Sie sind zu langgestreckten Teichen oder kleinen Seen in einer parkähnlichen Umgebung geworden. Die »Pools« werden jährlich überschwemmt und liegen in fruchtbaren Flußauen. Der großartige Bestand an Anabäumen, »Natal Mahogany«, Feigen und Ebenholz bildet eine große Nahrungsreserve am mittleren Sambesi. Wenn Pfannen und Wasserstellen auf dem trockenen Inlandplateau versiegt sind und die Nahrung knapp geworden ist, ziehen die großen Herden aus den Miombowäldern ins Sambesi-Tal und belagern die Mana Pools zu Tausenden. Die Wildkonzentration gehört dann zu den größten in Afrika, bis endlich im November oder Dezember die neue Regenzeit beginnt und die Tiere zum Hochland zurückkehren.

Pflanzen und Tiere

Anabäume, eine der größten Akazienarten (30 m), dominieren auf dem fruchtbaren Schwemmland der Flußterrassen. Durch ihren »umgekehrten Blätterzyklus« tragen sie im Winter ihr dichtestes Blätterkleid. Ihre Samenschoten reifen im September und sind durch den hohen Proteingehalt begehrte Nahrung der Säugetiere. Elefanten haben gelernt, sich auf den Hinterbeinen an die hochhängenden Schoten heranzumachen. Ein großer Baum kann bis 400 kg Samenschoten liefern. Büffel, in Herden bis zu 2000 stark, sind manchmal so sehr vom Hunger geschwächt, daß die Löwen leicht Blutbäder unter ihnen anrichten können, wenn sie ihre Welpen in der Kunst des Jagens unterrichten. Elefanten üben großen Druck auf den Baumbestand aus. Viele **Affenbrotbäume** (S. 128, s. S. 163) sind stark beschädigt. Die Bäume, darunter vielleicht 3000 Jahre alte Exemplare, können sich zum Glück erholen. Schwerwiegender ist das Entrinden von Anabäumen und die massenhafte Vertilgung der Samenschoten durch die Elefanten. Seit langem bleiben nicht mehr genug Schößlinge zur Bestandssicherung übrig. Es ist auffällig, wie wenig mittelgroße Anabäume vorkommen. Die Zahl der Elefanten wird auch hier kontrolliert werden müssen, wenn man die fortschreitende Zerstörung aufhalten will. Pläne dafür liegen vor. Bisher scheiterten sie aber an der Kostenfrage.

Sonnenaufgang über dem Sambesi. Die Krokodile hier schrecken internationale Wildererbanden nicht ab.

Long Pool ist der größte der alluvialen Flußarme. Er lädt zu morgendlichen Rundgängen ein.

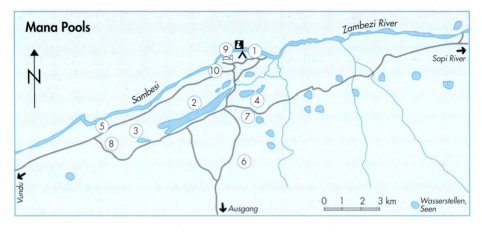

Mana Pools

Zambezi River

Sapi River

Sambesi

Vundu

↓ Ausgang

0 1 2 3 km

Wasserstellen, Seen

Flußpferde sind häufig und können in Muße in ihrem natürlichen Lebensraum an stillen Stellen und Nebenarmen des Sambesi beobachtet werden. Auch anderes Großwild ist reichlich vertreten. Nur Giraffe, Streifengnu und Breitmaulnashorn kommen nicht vor. Das Reservat, das ein Hort für Spitzmaulnashörner am Sambesi sein sollte, ist so schwer von internationalen Nashorngangstern heimgesucht worden, daß es praktisch keine Nashörner mehr gibt (s. S. 106, 167).

Dem Waffenkiebitz begegnet man überall. Am Sambesi brütet er das ganze Jahr hindurch.

Die parkähnliche Uferlandschaft ist Lebensraum für etwa 380 Vogelarten. Diese hohe Konzentration macht die Vogelbeobachtung am Sambesi zu einer besonderen Freude. An selteneren Vogelarten brüten hier Scharlachspint und Braunmantel-Scherenschnabel (s. S. 173). Krokodile sind zahlreich. Die großen Alten sieht man am besten zwischen Mai und August, wenn der Sambesi kühl ist und die wechselwarmen Tiere sich oft sonnen müssen, um ihre Körpertemperaturen auf etwa 30 °C zu halten. Unter den Fischarten im Sambesi sind Brassen und Tigerfisch häufig. Der hier vorkommende, in Schwärmen jagende Kariba-Tigerfisch ist vom Nil bis nach Natal verbreitet und mit seinen stark entwickelten Fangzähnen der wichtigste Raubfisch Afrikas.

Im Gebiet unterwegs

Tief befriedigend ist es, unter hohen Bäumen beim Camp am **Sambesi** ① zu sitzen und auf die Tiere zu warten, auf mächtige Elefantenbullen, begleitet von Kuhreihern, auf Büffelveteranen, die zum Trinken weit hinauswaten, auf tiefliegende Scherenschnäbel und auf die großen Krokodile auf den Sandbänken. Geht man behutsam am Ufer entlang, begegnet man an stillen Stellen unter anderem Langzehenkiebitz, Rotbauchreiher und Zwergdommel, im Schatten der überhängenden Büsche und Uferdickichte Morgenrötel, Grünbülbül, Weißrücken-Nachtreiher und zuweilen der Afrikanischen Fischeule.

Im dichten Gebüsch trifft man auch den Buschbock. Diese hübsche Antilopenart scheint sich hier an den Menschen gewöhnt zu haben. Die »Pools« bieten hervorragende Beobachtungsstellen. Man findet sich am besten so früh wie möglich ein, parkt sein Auto und sitzt still unter den großen Bäumen oder unternimmt einen kleinen Rundgang. Flußpferde sind da, ebenso Wat-, Schreit- und Entenvögel. Bald kommt auch das erste Großwild zum Trinken. Der 5 km lange **Long Pool** ② ist der beliebteste und beste Platz für Tierbeobachtungen. Der offenere **Green Pool** ③ schließt daran an. **Chine Pools** ④ besitzt besondere Reize, vor allem, wenn der Wasserspiegel gesunken ist und Flußpferde zwischen dem Schwimmfarn »Kariba Weed« auftauchen, bevor sie in den Sambesi umsiedeln müssen.

Vielseitige Baumbestände findet man, wenn man stromabwärts am Sambesi entlangfährt, am **Mucheni Camp** ⑤ vorbei und weiter in Richtung **Vundu**. Auf den nächsten Kilometern stehen dicht beieinander: Sambesifeigen, Anabäume, Ahnenbäume, »Natal Mahogany«, Tamarinden, Affenbrotbäume, Leberwurstbäume und andere.

Lange Pirschfahrten sind nicht erforderlich, doch sollte man eine Rundfahrt zum Kennenlernen unternehmen. Landschaftlich sehr interessant ist der Weg zum **Sapi River**, am Landestreifen ⑥ und an den **Sapi Pans** ⑦ entlang. Beim Landestreifen erlegen Hyänen gern Impalas. Achten Sie auf kreisende oder in den Bäumen hockende Geier, die auch Löwenrisse anzeigen. Löwenrudel folgen gern den Büffelherden, und »Kills« sind frühmorgens im mehr offenen Gelände wie beim **Zebra Vlei** ⑧ aufzuspüren.

Buschknigge

Alleingänge durch die Wildnis unternimmt man auf eigene Verantwortung. Gefahren bestehen im Busch, aber die meisten lassen sich vermeiden. Wenn man gesunden Menschenverstand gebraucht und sich an ein paar einfache Regeln hält, dann ist man sicherer als auf einer Großstadtstraße. Gesunde Tiere halten eine natürliche Fluchtdistanz ein und sind nicht darauf aus, mit Menschen anzubändeln, es sei denn, sie fühlen sich in die Enge getrieben, sind also irritiert, verängstigt oder überrascht worden. Darum rücken Sie nie zu nahe an wilde Tiere heran und schneiden Sie ihnen nicht den möglichen Rückzugsweg ab. Kommt einer der »Großen« auf Sie zu, warten Sie ruhig ab oder entfernen Sie sich rechtzeitig und unauffällig.

Fotografieren kann man am besten vom Ansitz aus oder aus dem Auto. Bleiben Sie im offenen Gelände, wo Sie Tiere schon aus sicherer Entfernung beobachten können. Meiden Sie hohes Gras und dichten Busch, und folgen Sie dort keinen Tieren hinein. Gehen Sie nie auf Raubwild zu, besonders nicht auf Löwen und Hyänen mit Beute. Meiden Sie Büffel und Elefanten-Mutterherden. Sie sind unberechenbar. Lernen Sie die Zeichen von Ärger bei einem Elefanten deuten und füttern Sie nie wilde Tiere. Gehen Sie immer langsam, entspannt, gegen den Wind oder zumindest unter Seitenwind. Vergessen Sie aber nie, daß Tiere auch hinter Ihnen sein können. Verirren Sie sich nicht. Lassen Sie die rote Mütze und das bunte Hemd zu Hause. Auffällige Farben sind gute Warnzeichen, so daß scheue Tiere verjagt werden.

◁ Witwenenten sind im Sambesi-Tal besonders zahlreich. Für den Vogelfreund ist das Gebiet ein Paradies.

Das Nilkrokodil, die einzige Krokodilart in der Region. ▷

Praktische Tips

Anreise
Besuch ist mit normalem Personenwagen möglich. Organisierte Touren können gebucht werden. Von **Harare** (insgesamt 400 km) auf der A1 in Richtung Lusaka, etwa 320 km bis Marongora, Hauptquartier von Mana Pools, wo man die Eintrittsgenehmigung erhält. Dann rechts in die Schotterstraße zum Nyakasikana Gate (30 km) und 40 km weiter bis zum **Nyamepi Camp** ⑨ (Anmeldung). Zuletzt schlängelt sich der Weg zwischen hohen Affenbrotbäumen. Er kann in schlechtem Zustand sein. Vorher erkundigen und vorsichtig fahren!

Klima/Reisezeit
Subtropisch; extrem hohe Temperaturen zu allen Jahreszeiten möglich. Unerträglich heiß sind Oktober und November vor den ersten Regen, wenn die Temperatur auf über 40 °C ansteigt. Das Reservat ist vom 1. Mai bis zum 31. Oktober geöffnet.

Parkeinrichtungen
Landestreifen für leichte Flugzeuge ⑥. Verleih von Kanus (beim Empfang ⑨ nachfragen). Man kann aber auch ein eigenes Paddel- oder Ruderboot mitbringen. Starke Strömung! Flußpferde vermeiden. Angeln ist erlaubt. ACHTUNG: Honigsuchen darf man nicht! Alle Vorräte, Benzin und möglichst auch Trinkwasser mitbringen. Sonst Trinkwasser vor Gebrauch abkochen oder chemisch behandeln. Letzte Tankstelle: In Makuti kurz vor der Abzweigung von der Teerstraße bei Marongora.

Der Hammerkopf ist an allen Inlandgewässern verbreitet.

Der hübsche Buschbock (Schirrantilope) tritt morgens gern aus dem dichten Busch heraus.

18 Mana-Pools-Nationalpark und Sambesi

Unterkunft/Verpflegung

Zwei Lodges dicht bei **Nyamepi Camp** ⑩, für je bis zu 8 Personen, mit Gaskocher und -kühlschrank, Geschirr und Töpfen, Bettwäsche, Moskitonetzen, Solar-Beleuchtung.

Vundu: Hütten für maximal 12 Personen, 17 km flußaufwärts gelegen, Küche, warmes und kaltes Wasser.

ACHTUNG: Hütten und Lodges sind lange im voraus ausgebucht und werden durch Central Booking Office in Harare verlost.

Camping

Main Camp Nyamepi ① besitzt 40 Plätze im Schatten hoher Anabäume, warmes und kaltes Wasser, Duschen, unbeleuchtet! 3 versteckt gelegene »exklusive« Campingplätze, Mucheni, Nkupe und Ndungu, werden en bloc gebucht und garantieren Alleinsein. Einfache Toiletten. Abfall muß entfernt und im Main Camp deponiert werden.

ACHTUNG: Der Campingplatz ist nicht eingezäunt. Elefanten und Paviane sind tagsüber, Hyänen und Honigdachse in der Nacht regelmäßige Besucher. Nur im Zelt, Auto oder auf dem Autodach schlafen.

Wandern/Ausflüge/Exkursionen

Organisierte Kanufahrten, Wanderungen am Sambesi entlang und durchs Hinterland. Flußabwärts liegt ein versteinerter Wald.

ACHTUNG: Malariavorbeugung das ganze Jahr hindurch erforderlich; Tsetsefliegen (Schutzmittel!); Bilharziose im Sambesi und allen stehenden Gewässern.

Adressen/Information

⇨ National Parks Central Bookings Office, P.O. Box 8151, Causeway, Harare, Zimbabwe, Tel. (4) 706077.

Information beim Empfang, Nyamepi Camp.

Wie bei alle Antilopenarten der Gattung Cobus trägt nur der männliche Wasserbock Hörner.

19 Hwange-Nationalpark

Unübertroffene Wildtierdichte; viele Büffel; schnellwachsender Elefantenbestand; Nashorn gefährdet; Tüpfelhyäne, Hyänenhund; Löwe und Leopard; Pavian; Warzenschwein; Heimat von Pferde- und Rappenantilope; über 400 Vogelarten; großartige Baumbestände; wildnisgerechte Rastparks, luxuriöse Lodges; gute Ansitze an strategischen Plätzen, Wildniszelten, geführte Wanderungen, Nachtbeobachtung.

Hwange zählt zu den großen Wildreservaten Afrikas. Es ist 14 650 km² groß, mit der umgebenden Waldsavanne und »Kontrollierten Safarigebieten«, in denen gejagt werden darf, sind es über 20 000 km². Die zentralen und südlichen Reservatbezirke gehören zur Trockensavanne des Kalahari-Beckens, mit tiefen Sanden, fossilierten Dünen, spärlichem Graswuchs und kümmerlichem Mopanegebüsch. Zum Touristengebiet hin folgt abwechslungsreichere Busch- und Waldsavanne mit reifen Mopanebeständen, trefflichem Simbabwe-Teakholz und lichtem, regengrünem Miombowald.

Tiefsandiger Boden und die Abwesenheit von Oberflächenwasser machten dieses Gebiet im Südwesten Simbabwes ungeeignet für landwirtschaftliche Nutzung. Deshalb wurde die Region 1929 auf sein Potential als Naturreserve untersucht. Man fand die ehemaligen Jagdgründe von Ndebele-Potentaten und weißen Großwildjägern gähnend leer. Beide Nashornarten waren ausgerottet, weniger als tausend Elefanten übrig. Selbst dieser Rest zog außerhalb der Regenzeit bis zum Okavango-Delta (s. S. 171) in Botswana. Grundwasser war aber genug vorhanden.

Außer 6 großen Teichen oder »Pfannen« wurden im Laufe der Zeit mehr als 60 Wasserstellen an günstigen Stellen angelegt. Windräder und später Dieselpumpen füllten die künstlichen Pfannen mit Grundwasser. Die verbesserte Wasserversorgung war so erfolgreich, daß Hwange heute als das Wildreservat mit der größten Tierdichte in Afrika gilt.

Die Erhaltung natürlicher Lebensräume, Schutz und Entwicklung des Wildbestandes, insbesondere der bedrohten Arten wie Nashorn und dem neuerdings wieder eingebürgerten Hyänenhund (S. 139), ist Ziel der Parkverwaltung. Auch die Kontrolle der übermäßig schnell zunehmenden Arten ist vorrangig. Die Zahl der Elefanten und Büffel wird auf über 20 000 geschätzt. Probleme entstanden durch die zunehmende Wilderei, die sich auf die Nashörner konzentrierte und zur erneuten Ausrottung der aus dem Zululand wiedereingeführten Tiere führte. Etwa ein Drittel des Reservates, begrenzt von der Eisenbahnlinie zwischen Bulawayo und Victoria Falls, ist dem Besucher zugänglich. Es ist der Teil, in dem sich während der Wintermonate das meiste Wild und die größten Elefantenherden Afrikas sammeln.

Pflanzen und Tiere

Die Rappenantilope mit ihren geschwungenen Hörnern gilt als die schönste Antilope Afrikas und kommt nirgendwo anders in so großer Zahl (2500–3000) vor, wie in Hwange. Auch Elen- (2000) und Pferdeantilope (700–900) sind ungewöhnlich zahlreich. Weltbekannt ist das Reservat durch seine großen Elefanten- und Büffelherden. Auch Giraffe und Antilopenarten (Kudu, Impala, Streifengnu, Wasserbock, Steinböckchen, Buschbock, Klippspringer,

Greisbock, Kronenducker, Großriedbock) sind verbreitet, so daß sich eine standorttreue Raubtierhierarchie entwickelt hat, bestehend aus Löwe, Leopard, Tüpfelhyäne, Hyänenhund (S. 139), Gepard, Schakal, Löffelhund (S. 42) und anderen Kleinräubern, unterstützt von 6 Geierarten, darunter der seltene Schmutzgeier. Breit- und Spitzmaulnashorn zeigten gutes Wachstum, bis die Wilderer eindrangen und die Verwaltung zu »verzweifelten« Maßnahmen zwangen wie das Absägen der Hörner, das sich aber als nutzlos herausstellte (s.S. 106). Neuerdings werden auch mehr Elefanten gewildert. Deren Zuwachsrate ist allerdings so hoch, daß jedes Jahr ein paar tausend abgeschossen werden müssen.

Zwischen September und März überwintern viele Zugvögel aus anderen Afrikaländern und Kontinenten und bereichern den Bestand der über 400 Vogelarten. Darunter sieht man neben typischen Vögeln der südlichen Savannen so auffällige oder ungewöhnliche Arten wie europäischer Weißstorch, Schwarzmilan, Bruchwasserläufer, Bienenesser, Paradiesschnäpper, 5 Rackenarten. Es gibt sogar Kreuzungen zwischen Goldbug- und Braunkopfpapagei, die aber durchaus nicht selten sind. Wo sich die Verbreitungsgebiete überschneiden, ist Bastardisierung beider Arten recht häufig. Hwange ist eine der letzten Bastionen des Gelbschnabel-Madenhackers, der überall zurückging, während sich der Rotschnabel-Madenhacker besser anpassen konnte. Viele Vögel, besonders die kleineren Arten, können am besten in den Rastparks und auf den Picknickplätzen beobachtet werden, weil sie hier besonders zutraulich geworden sind.

Im Gebiet unterwegs

Die geteerte Zufahrt zum »Main Camp« ① führt durch Miombowald, in dem typische Arten zu entdecken sind wie Miombo-Nektarvogel, Honiganzeiger, Großer Waldrötel und – mit etwas Glück – ein Schwarm Dreifarbenwürger, denen der Dickschnabelkuckuck gern seine Eier ins Nest legt. Den Miombogehölzen folgt prächtiger Baumbestand aus Simbabwe-Teak, der auch in **Main Camp** vorherrscht. Stierlingbindensänger, Bradfieldtoko, Breitschwanz-Paradieswitwe und Schwarzwangengirlitz sind hier zu finden. Vogelbeobachtung im Camp kann sehr lohnend sein, denn auch Arten, die in der am Rastpark anschließenden Akaziensavanne vorkommen, können in Muße beobachtet werden. Trauerdrongo, Braun- und Elsterdroßling, Elsterwürger, Grünschwanz-Glanzstar, Graubülbül und mehrere Weber- und Sperlingsarten fehlen nicht. Den wunderschönen Rotbauchwürger findet man im Gehölz am Westzaun des Camps.

Die scheue Rappenantilope läßt sich von morgens bis abends am besten an den Wasserstellen beobachten.

Hinter dem Schlagbaum vom Main Camp beginnt die Grassavanne mit vereinzelten Dornbäumen. Hier kann man schon auf mehrere Antilopenarten, Giraffen, Warzenschweine und nach ein paar Kilometern auf Hyänen und Hyänenhunde hoffen. Von Anfang an sollte man auf folgende Vogelarten achten: Rotschopf- und Riesentrappe (S. 186), Nacht- und Gelbkehlflughuhn, Hornrabe, Gabelracke (S. 130), Rotschnabel- und Swainsonfrankolin. Schwärmen nach erstem Regen die Termiten, hat man ein Spektakel vor der Haustür. Baumfalke, Rotfußfalke und Rötelfalke treten in großer Zahl auf, und Gruppen von 5 und mehr Steppen- und Schreiadlern sind nicht selten.

Da die meisten Tierarten in der Trockenzeit täglich die verbliebenen Wasserstellen besuchen, ist es am besten, hier geduldig zu warten, anstatt große Entfernungen abzufahren. **Nyamandhlovu Pan** ②, umgeben von gemischtem Gebüsch und Gehölz, liegt etwa 12 km vom Main Camp entfernt und besitzt die größte und beliebteste Aussichtsplattform. Zebrafamilien, Büffel- und Elefantenherden, Breitmaulnashörner, Kudus, Giraffen in großer Zahl, Wasser-

böcke, Rappenantilopen und Hyänen sind Stammgäste. Gelegentlich kommen auch Löwenrudel, und in den Bäumen in der Umgebung stöbert man den Leopard auf. Zwei Krokodile wurden vor Jahrzehnten ausgesetzt und haben sich zu stattlichen Echsen entwickelt. Nahaufnahmen von Gelbschnabeltoko, Gurrtaube und Grünschwanz-Glanzstar kann man leicht vor der Plattform machen. Der Kampfadler landet häufig am Ufer der Pfanne, und das »tink-tink« des Waffenkiebitz (S. 146) ist allgegenwärtig.

500 km geschotterte schmale Nebenwege fordern besondere Aufmerksamkeit. Sie verstärken jedoch den Eindruck des Alleinseins im Herzen Afrikas, besonders nach einem Aufenthalt im kommerzialisierten Krüger-Nationalpark. Es ist ein solcher nicht immer glatter Weg, der sich durch die dem Main Camp anschließende dichte Akaziensavanne ③ mit schönen Kameldornbäumen windet und, an mehreren Wasserstellen vorbei, bis zur 60 km entfernten **Ngweshla Pan** ④ mit ihrem besonders schönen Picknickplatz führt. Kurz hinter dem Schlagbaum vom Main Camp biegt man nach links ab. Nach 10 km ga-

⊲ Die Aussichtsplattform an der Nyamandhlovu Pan ist einer der beliebtesten Beobachtungsplätze Afrikas.

Goldbug- oder Braunkopfpapagei? Kreuzungen ▷ zwischen beiden kommen öfter vor und erschweren das Erkennen.

belt sich der Fahrweg. Fährt man nach rechts weiter, kommt man nach **Caterpillar** und **Dopi Pan** ⑤. Nach links geht es zu der von schönen Bäumen umgebenen **Makwa Pan** ⑥, wo man frühmorgens oft schon Büffelherden, Paviane und anderes Wild findet. Nach weiteren 17 km durch typische Dornbaumsavanne erreicht man Kennedy Pan I und Kennedy II (14 km). Die erwähnten Pfannen werden alle gerne von Elefanten besucht, und manchmal kann man an einem Nachmittag ein paar hundert sehen.
Will man einen Szenenwechsel, kann man eine Fahrt durch den nordwestlichen Teil nach **Sinamatella** und **Robins Camp** unternehmen. Zu jedem dieser Rastparks besteht auch eine Direktverbindung von der Hauptstraße Bulawayo–Victoria Falls. Bis zur **Shumba Pfanne** ⑦ sind es 80 km auf der einzigen Teerstraße. Zwergdommel, Teichhuhn, Weißbartseeschwalbe und andere wasserliebende Vögel sind zu sehen. Vor allem in der Regenzeit und wenn die Pfannen wieder aufgefüllt sind, findet man Wollhals- (S. 113) und Weißstorch, Glanz-, Maccoa- und Weißrückenente, Schwarzmilan, Purpurhuhn, Afrikanische Zwerggans, Blaustirn-Blatthühnchen (S. 178), Tüpfelsumpfhuhn und Afrikanisches Sultanshuhn.
Der Shumba-Picknickplatz wird beherrscht von einem herrlichen Feigenbaum. Der Meves-Glanzstar fällt hier mit seinem langen Schwanz auf. Von jetzt ab wird er immer häufiger. Achten Sie auch auf Maskenbülbül (S. 201), Arnottschmätzer und Rotschnabeltoko.
Auf der Weiterfahrt von Shumba nach Sinamatella (40 km) wird die Landschaft hügelig, durchsetzt mit ausstreichendem

Granitgestein und mehr und mehr von Mopanesavanne beherrscht, die auch den **Masuma-Stausee** ⑧ umgibt. Von der Terrasse des Picknickplatzes kann man fast unablässig zum Wasser ziehende Herden beobachten. Ein Nachteil ist die große Entfernung beim Fotografieren. Flußpferde sind meistens ortstreu, tauchen aber überraschend auch an anderen Gewässern und Pfannen auf der Suche nach idealem Lebensraum auf. Sie können leicht 50–80 km zwischen zwei Wasserstellen zurücklegen. Der Stausee wird vom **Lokozi River** gespeist, durch dessen Uferwald ⑨ man die Fahrt fortsetzen kann (Lokozi River Loop).
Man kann auch geradeaus weiter nach Sinamatella fahren und kommt dann am eindrucksvollen **Mandavu-Damm** vorbei, wo es ebenfalls Aussichtsterrasse und Picknickplatz gibt. Je nach Saison sind zahlreiche Wasservögel zu erwarten, wie wir sie auch auf den Pfannen und in den Vleis kennengelernt haben. Die Region ist für ihren Reichtum an Greifvögeln bekannt. 12 Adlerarten wurden gezählt. Am häufigsten ist der Raubadler. Aber auch Gaukler (S. 138), Wahlbergadler, Ha-

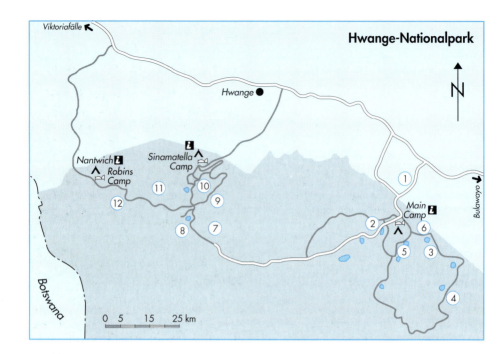

Hwange-Nationalpark

bichts- und Kampfadler, Brauner Schlangenadler und Schreiseeadler (S. 165) sind keineswegs selten. Flußpferde sind verbreitet, Elefanten häufig, und Löwen trinken am Ufer, schlagen gern Büffel und andere Beute in den angrenzenden Mopane-Gehölzen.

In **Sinamatella** kann man mit Sicherheit Flötenwürger, Meves-Glanzstar, drei Pirolarten und den Rotflügelstar sehen. Der Aloe-Garten beim Empfang lockt zur Blütezeit auch den schönen Rotbrust-Nektarvogel. Cottages und Campingplatz liegen auf einem Plateau. Vom Steilabfall hat man einen guten Blick hinunter ins Sinamatella-Tal, wo oft große Büffelherden grasen und Elefanten Dauergäste sind.

Robins Camp, etwa 70 km weiter westlich, ist wegen seiner Löwendichte bekannt und auch bei Vogelfreunden sehr beliebt. Es ist umgeben von Mischwald (*Terminalia sericea* und Mopane), der unterbrochen wird von Grassavanne, Pfannen und

Vleis. Auf der Fahrt dorthin kommt man an der **Deteema-Pfanne** ⑪ vorbei, wo zuweilen die größte Ansammlung von Großwild zu finden ist. Im Camp sieht man sicher Goldbugpapagei und den im Reservat weit verbreiteten Mahaliweber. Die 10 km entfernte **Salt Pan** ⑫ ist der beste Platz zur Vogelbeobachtung. Hier gibt es neben den schon erwähnten wasserliebenden Arten auch Flamingos, Pelikane, Brachschwalben und den scheuen, zwergdommelähnlichen Mangrovenreiher, die seltenste der hier vorkommenden 12 Reiherarten. Im benachbarten Vlei hört man frühmorgens die Schwarzbauchtrappe (S. 129).

TIP: Nachtfahrten auf eigene Faust: Die Zufahrten zu den drei Rastparks von der Hauptstraße zwischen Bulawayo und Victoria Falls sind unbeschränkt und führen durch Wildnisgebiete. Bei Nachtfahrten auf diesen Straßen sieht man Nachtschwalben (5 Arten) und Eulen.

Praktische Tips

Anreise
Von Bulawayo (290 km bis Main Camp) auf der A 8 in Richtung Victoria Falls. 17 km hinter **Gwayi River** links abbiegen. Die Abfahrten von der Hauptstraße zwischen Victoria Falls und Bulawayo sind gut beschildert. Von Victoria Falls (A 8) in entgegengesetzter Richtung 200 km bis zum Main Camp. Offene Autos, Motorräder, Anhalter sind nicht zugelassen. Die Geschwindigkeitsbegrenzung im Reservat ist 40 km/h. Tägliche Linienflüge zwischen Harare, Bulawayo und Victoria Falls und zwischen Johannesburg und Victoria Falls. Landestreifen für Privatflugzeuge und Charter beim Main Camp. Genehmigung vom Park Warden einholen! Auch mit der Eisenbahn kann man einreisen. (In Simbabwe gibt es noch Dampfloks!) Nächste Haltestelle ist **Dete**, 24 km vom Main Camp. Transport muß mit United Touring Co. im voraus geregelt werden.

Klima/Reisezeit
Das subtropische Klima ist überraschend rauh und trocken. Oktober und November sind die heißesten Monate (vor Beginn der Regenzeit); Sommerregenfall, etwa 600 mm, hauptsächlich zwischen November und April, mit Höhepunkt im Januar. Sommer oft unerträglich heiß. Günstigste Besuchszeit in den kühlen, trockenen Wintermonaten. Von Juni bis Oktober kommen große Herden an die Wasserstellen. Die Zeit von Dezember bis Mai ist für einen Besuch weniger geeignet. ACHTUNG: Malaria kann überall im Reservat auftreten. – Moskitonetze stehen bei Bedarf zur Verfügung.

Parkeinrichtungen
Tankstelle und Telefon in allen 3 Rastparks. 6 Picknickplätze, unter schattigen Bäumen im tiefen Busch, von freundlichem Personal betreut, das nicht nur Bratglut und kochendes Wasser bereithält,

Savanne

Das Wort weckt Vorstellungen von Afrikas riesigen Wildherden, umgeben von Raubtieren, auf unendlichen Ebenen mit wogendem goldbraunen Gras. Die Savannen des tropischen und subtropischen Afrikas entstanden in Gebieten mit ausgeprägter Regen- und Trockenzeit zwischen Wüsten und Regenwäldern. Sie nehmen mehr als $^2/_5$ Afrikas ein. Gräser dominieren in der homogenen Pflanzengemeinschaft. Dort, wo die Regenmengen höher werden, stehen sie mit den Holzpflanzen in Wettbewerb. Jahresniederschläge von über 500 mm begünstigen Baumwuchs, und das Abhängigkeitsverhältnis zwischen Gras und Holzpflanzen kehrt sich um. Mit weiter wachsender Regenmenge geht die Busch- und Baumsavanne in regengrünen Miombo-Trockenwald über, wie er im Zentralhochland von Simbabwe typisch ist. Wild und Savanne sind aneinander angepaßt. Laub- und Grasesser ergänzen sich in der Nahrungsaufnahme. Unter natürlichen Bedingungen herrscht ein optimales Gleichgewicht. Ohne seine Tierwelt stirbt die Savannne. Überweidung kann sie vernichten. Auch Feldbau und Holznutzung haben das Gesicht der Savanne verändert. Das Entstehen der Savanne wird durch Elefanten begünstigt. Sie lichten Gehölze, erleichtern so Buschfeuern das Vordringen zwischen den Stämmen und leiten damit die Umwandlung ein. Natürliche Feldbrände bestimmten die Verteilung von Grasland und Gehölzen. Feuer ist also auch ein wichtiger ökologischer Faktor. In den Großreservaten des südlichen Afrikas werden im Winter Brände gezielt gelegt, ein einfaches und wirksames Mittel, die artenreiche Lebensgemeinschaft zu erhalten.

Der truthahngroße Hornrabe lebt in großen Reservaten.

Rotschnabel- und Gelbschnabel-Madenhacker gibt es in größerer Zahl nur noch in Hwange.

Die selten gewordene Pferdeantilope kommt im Hwange-Nationalpark noch in größerer Zahl vor.

sondern oft gute Tips über Vogelwelt und Tierbewegungen in der Nachbarschaft geben kann.

Unterkunft/Verpflegung

Main Camp und **Sinamatella**: Chalets, Cottages und Lodges (1–2 Schlafzimmer). Elektrizität, Kühlschrank und Kochplatte vorhanden, Besteck und Geschirr nur in Lodges, eigener Grillplatz mit Holzfeuer. **Robins Camp**: Nur Chalets mit gemeinschaftlicher Kochgelegenheit. Elektrische Beleuchtung zwischen Dämmerung und 22 Uhr (Generator). **Nantwich** (10 km von Robins): Komplett ausgestattete Lodges. **Exclusive Camps**: Bumbusi und Lukosi bei Sinamatella, mit Übernachtungsmöglichkeit für 12 Personen, Bumbusi mit Zeltdachhütten (je 2 Betten), Küche mit Gaskühlschrank und -herd, Bad, Toiletten. Restaurant, Bar und Schnellimbiß gibt es im Main Camp und Sinamatella. Alle drei Rastparks besitzen kleine Läden, wo auch gekühltes Bier und andere alkoholische Getränke erhältlich sind. Eines der besten Einkaufszentren in Simbabwe ist im Bergwerksort **Hwange** (90 km).
Die **Hwange Safari Lodge** (3 Sterne) für höhere Ansprüche liegt links vor dem Main Camp, mit eigener, beleuchteter Wasserstelle und Bar im Baumhaus.

Camping

Zelt- und Wohnwagenplätze mit Bädern, Duschen, Wäschewaschen, Holz für Lagerfeuer im Main Camp, Sinamatella, Robins Camp. Wohnwagen dürfen nicht durchs Reservat gezogen werden. Auf den eingezäunten Picknickplätzen kann man auch übernachten (eigenes Zelt erforderlich). Genehmigung beim Empfang. Feuerholz preiswert.

Wandern/Ausflüge/Exkursionen

Nächtliche Tierbeobachtungen bei Mondschein auf der **Nyamandhlovu-Plattform**, wo das Mondlicht über dem Weiher Elefantenrücken in silbernes Licht taucht.

Pavian und Impala gehen sich normalerweise aus dem Weg. Paviane versuchen sogar, neugeborene Lämmer zu erbeuten.

Morgen- und Tageswanderungen in Begleitung eines kundigen Wildhüters vom Main Camp, Sinamatella und Robins Camp. Buchung mehrtägiger Wildniswanderungen (von Sinamatella und Robins Camp) durch »Central Booking Office«, Harare. Maßgeschneiderte Tagesfahrten mit Bussen, Kleinbussen oder Geländewagen unter kundiger Führung durch das Wildreservat kann man im voraus buchen oder im Büro der United Touring Company im Main Camp. Autoverleih ebenfalls am Platze (Safari Lodge).
Kleines naturkundliches Museum im Main Camp.

Adressen
⇨ National Parks Central Bookings Office, P.O. Box 8151, Causeway, Harare, Zimbabwe, Tel. (4) 706077.
⇨ Main Camp: The Warden, Private Bag DT 5776, Dete, Zimbabwe, Tel. (18) 371/2.
⇨ Hwange Safari Lodge, Private Bag 5792, Dete, Zimbabwe, Tel. (18) 331/2.
⇨ United Touring Co., Private Bag 5792, Tel. (Hwange Safari Lodge) (18) 393, Tel. (Main Camp) (18) 2202.

⇨ Natural History Museum, P.O. Box 240, Bulawayo, Zimbabwe, Tel. (9) 60045.
⇨ Autoverleih (Grenzübergänge nicht möglich). Hertz Rent-A-Car, Hwange Safari Lodge: Tel. (18) 393, Victoria Falls: (13) 4267/8, Bulawayo: (9) 74701, Harare: (4) 793701.
AVIS, Victoria Falls: Tel. (13) 4532, Bulawayo: (9) 68571, Harare: (4) 720351.

Information
Beim Central Booking Office in Harare und beim Empfang in allen Rastparks. Kladden mit Hinweisen anderer Besucher liegen aus.
TIP: Die Wildhüter am Schlagbaum vom Main Camp sind über Wildbewegungen in der Umgebung und Zustand der Fahrwege gut informiert.

Blick in die Umgebung

Naturkundliches Museum in **Bulawayo** mit dem zweitgrößten ausgestopften Elefanten der Welt, der größten Sammlung von Säugetier-Belegstücken (75 000) im südlichen Afrika und der umfangreichsten ornithologischen Sammlung auf der Südhalbkugel.

20 Viktoriafälle

Gewaltigster Wasserfall der Welt; Lunar-Regenbogen; Galeriewald mit seltenen Pflanzen und Blumen; artenreiche Schmetterlings- und Vogelwelt; Wildreservat am Sambesi-Ufer mit seltenem Großwild; Wildbeobachtung vom Sambesi; Bootsfahrten; historischer Affenbrotbaum.

Die Viktoriafälle gehören zu den großen Naturwundern unserer Erde. Sie sind zur »World Heritage Site« erklärt worden. Ihre Anziehungskraft liegt auch darin, daß die Umgebung ihren ursprünglichen Charakter bewahrt hat. Landschaft und Wasserfall sind noch so, wie Missionar Dr. David Livingstone sie »entdeckte«, als er »Gottes Highway« zum Meer suchte und seiner Königin widmete. Die einheimische Bevölkerung kannte den phänomenalen Wasserfall längst unter dem treffenderen Namen »Mosi-oa-Tunya«, der »Rauch, der donnert«. Diesen Namen verdienen die Victoriafälle besonders zur Regenzeit, wenn große Wassermassen in die Tiefe stürzen und Sprühnebel, zu einer dichten Wolke geballt, die Fälle verhüllen.

Der Sambesi entspringt zwischen den grünen Hügeln des nördlichen Sambias und fließt nach Süden, vereinigt sich in den Sümpfen Ost-Caprivis mit dem Chobe River und wendet sich plötzlich nach Osten. Wahrscheinlich wurde er im Pliozän durch Auffaltungen zu dieser Richtungsänderung gezwungen. Bis dahin durchquerte er Botswana und mündete vermutlich im Oranje oder Limpopo River. Durch Basaltlagen verschiedener Härten und Dichten bahnte sich der Sambesi sein heutiges Bett. Seine enorme Erosionskraft

Luftaufnahme der Hauptfälle; links Sambia, rechts Simbabwe, rechts außen die Brücke über den Sambesi nach Sambia.

zeigt sich flußabwärts in der über 100 km langen Batoka-Schlucht. Heute stürzt der Sambesi über eine Breite von 1708 m über 100 m tief in die jüngste, quer zum Flußlauf liegende Felsenschlucht, den breitesten Wasservorhang der Welt bildend. Seine Wassermenge ist saisonbedingt. Von November bis Dezember ist sie mit etwa 20 000 m /Min. am niedrigsten und erreicht nach dem Ende der Regenzeit gegen Jahresmitte bis zu 700 000 m /Min. Der Sambesi bildet die Grenze zwischen Sambia und Simbabwe, die sich auch sein Ufer bei den Viktoriafällen teilen. Es besteht aus einem schmalen Band von immergrünen Galeriewald, an das sich eine lichte Waldsavanne auf Basalt anschließt, mit im Winter blätterwechselndem Mopane. Nach 2700 km endet der viertgrößte Strom Afrikas seinen Lauf und mündet in Mosambik in den Indischen Ozean.

Pflanzen und Tiere

Der Affenbrotbaum oder Baobab ist ein bemerkenswertes Gewächs Afrikas. Ein besonders mächtiges Exemplar steht an der Grenze des Uferwaldstückes, das unter ständiger Besprühung durch den Nieselregen liegt und gern als Regenwald bezeichnet wird. In Wirklichkeit handelt es sich nur um ein außergewöhnlich dichtes Stück Galeriewald, das von dürrem Mopane-Waldland umringt wird. Ebenholz, wilde Feigen und Mahagoni sind die Charakterbäume, die auch in anderen Uferwäldern des südlichen Afrikas vorkommen. Die Uferzone im Sprühbereich ist trotzdem ein besonderer Lebensraum für Pflanzen und Tiere, von denen einige Arten sogar nur hier vorkommen, wie ein paar seltene Farnarten. Auch Vögel werden von diesem Lebensraum unterm Regenbogen

angezogen. Warzenschwein und Grüne Meerkatze sind noch recht häufig. Seltener verirrt sich ein Elefant oder Büffel in die Touristenzone. In den Felsenschluchten unterhalb der Fälle leben Kaffernadler (S. 86), Lanner- (S. 87) und Kurzschwanzfalke.

Im Gebiet unterwegs

Der Eingang zum **Victoria-Falls-Nationalpark** ① befindet sich am unteren Ende von Livingstone Way, der Hauptstraße durch den Ort Victoria Falls. Sie führt weiter zur **Sambesi-Brücke** ②, wo sich die Grenze nach Sambia befindet. Am Eingang kann man sich anhand von Informationsmaterial und Karten über die Lage der Aussichtspunkte und der Fußwege dorthin orientieren. Nach rechts geht es direkt in den »Regenwald«.
Geht man geradeaus weiter, kommt man zu **Livingstones Denkmal**. Es steht am Ende der quer zum Flußlauf liegenden Schlucht, in die der Samsbesi über 100 m tief hinabstürzt. Am Schluchtrand führen Pfade entlang, so daß man überall die Fälle aus nächster Nähe erleben kann. Nicht weit vom Denkmal beginnt die Sprühzone. Eine steile Treppe führt hinunter zum äußeren Ende von **Devil's Cataract**. Hier

hat man an stillen Morgen einen guten Blick über die lange Schlucht und die Fälle, mit einem Regenbogen im Vordergrund. Der nächste Aussichtspunkt gibt den Blick frei zum **Devil's Cataract** ③, ebenfalls am besten im Morgenlicht. Dies ist die Stelle, wo sich der Sambesi seinen neuen Weg sucht und den nächsten der stromaufwärts rückenden Wasserfälle bilden wird. Dieser Prozeß wiederholt sich etwa alle 2500 Jahre, wie stromabwärts an den im Zickzack verlaufenden Schluchten ⑤ zu sehen ist.

Dem **Main Fall** ④ steht man am Hauptaussichtspunkt gegenüber. Danach folgt der Blick auf **Livingstone Island** und die Hufeisenfälle. Bei »Danger Point« sieht man die Regenbogenfälle und die enge Schlucht, durch die das schäumende Wasser nun gedrängt wird. Zum Fotografieren der aufregenden Panoramen ist ein Weitwinkel mit möglichst kurzer Brennweite unerläßlich. Man sollte nicht versäumen, sich auch im »Regenwald« umzusehen.

In Richtung Main Falls wird die Vegetation immer dichter. Viele der großen Bäume sind mit Schlingpflanzen überwuchert. Die Würgfeige *Ficus ingens* kann auch den größten Baum erdrosseln. In den fruchtspendenden Feigenbäumen, mit Wilder Dattel und »Water Berries« die häufigsten Bäume in der ganzjährigen Sprühzone hört man den Trompeterhornvogel laut trompeten und jammern. Man sieht ihn regelmäßig. Oft zu hören, aber seltener zu sehen ist dagegen der krähen-

»Der Dampf, der donnert«: Weltberühmter Ausblick auf die Hauptfälle, wie ihn schon Dr Livingstone erlebte.

kann man verschiedene Vogelarten in Muße fotografieren. Die Schirrantilope sieht man mit Sicherheit. Buschbock ist eigentlich ihr viel treffenderer Name. Man sieht sofort warum. Man sollte sich mit Umsicht bewegen, denn Begegnungen mit Büffel- oder Elefantenbullen sind hier immer möglich. Wenn man ihnen unvermittelt gegenübersteht, ist es am besten, sich möglichst unauffällig zurückzuziehen (s. S. 147). Der 570 km² große **Sambesi-Nationalpark** beginnt wenige Kilometer stromaufwärts ⑨. Er liegt am Ende des Park Way, der in der Ortsmitte vor dem städtischen Rast-

Wachsbleich ist die kurzlebige Blüte des Baobabs.

Der Helmturako ist am Sambesi als »Livingstone's Lourie« bekannt. Man hört ihn oft, sieht ihn aber selten.

große Helmturako, »Livingstone's Lourie« genannt. Im Unterholz wachsen Moose, Farne, Orchideen und andere Blumen, besonders üppig in der Regenzeit. Dies ist das Reich von kleinen Insekten und Nektar essenden Vögeln wie Gelbbrust-Feinsänger und Rotbrust-Nektarvogel. Der **Zambesi Drive** ⑥ zweigt hinter dem Elephant Hill Hotel vom Park Way nach rechts ab. Zuerst kommt man am »Big Tree« vorbei, ein Affenbrotbaum ⑦ von 16 m Umfang und über 20 m Höhe, der etwa 1500 Jahre alt ist. Dr. Livingstone hat hier gerastet. Unmittelbar dahinter stößt man auf den Sambesi. Ein Fußweg ⑧ führt mehrere Kilometer flußaufwärts durch relativ unberührten, immergrünen Uferwald. Hier

Viktoriafälle

N

SAMBIA

Sambesi

SIMBABWE

Kazungula
(Botswana),
Namibia

Victoria
Falls
Town

Sambesi

0   1   2 km

↓ Bulawayo

sieht man in der Regel Flußpferd (S. 113), Wasserbock (S. 149), Kudu (S. 125), Elefant, Büffel und verschiedene Vogelarten, aber nur selten in Fotografierabstand. TIP: Lunar-Regenbogen über den Fällen in Vollmondnächten. Besuch muß mit Aufseher am Eingang geregelt werden. Stativ für lange Belichtung unbedingt erforderlich. ACHTUNG: Schützen Sie Ihre Kameras beim Besuch der Fälle zumindest mit einer Plastiktüte vor dem ständigen Sprühregen. Regenschirm und Regenmantel sind in der Zeit zwischen April und Mai besonders empfehlenswert oder, wenn man sich länger in der Sprühzone aufhalten will.

Praktische Tips

Anreise

Von Bulawayo (440 km) auf der A 8, gute Teerstraße. 200 km vom Hwange-Nationalpark (Main Camp) bis Victoria Falls. 70 km bis zur Grenze nach Botswana bei Kazungula.

Klima/Reisezeit

Die Regenzeit ist heiß, feucht und unangenehm. Die Wintermonate sind kühl und trocken, manchmal mit kalten Nächten. Für gute Ausblicke auf die Fälle ist die Zeit zwischen August und November am besten geeignet, wenn nicht zuviel Sprüh-

park nach links abzweigt. Mehrere luxuriöse Hotels und Lodges liegen an dieser Straße wie auch Bootsanleger ⑩ und Campingplatz ⑪ am Sambesi. Im Wildreservat führt ein etwa 25 km langer Schotterweg am Sambesi-Uferwald ⑫ entlang, der unmittelbar von Mopanesavanne abgelöst wird. Der Park ist besonders wegen seiner Herden von stattlichen Rappenantilopen (S. 151) bekannt. Je nach Tageszeit sieht man auch größere Büffel- und Elefantenherden. Die Vogelwelt am Flußufer, zu dem es zahlreiche Zufahrten gibt, ist abwechslungsreich. In die Uferböschungen haben Bienenesser-Arten ihre Bruthöhlen gegraben.
Bei Bootsfahrten, die stromaufwärts am Sambesi-Nationalpark entlang bis zum **Kandahar Island** ⑬ führen, fallen große Palmen auf. Es ist die Dumpalme, die den Sonnenuntergängen stimmungsvolle Umrahmung gibt. Während der Bootsfahrt

Die neugierigen Zebramangusten leben in Rudeln bis zu 30 Tieren. Sie sorgen für ihre Invaliden.

Affenbrotbaum

Seine Welt ist die heiße, trockene Wald- und Grassavanne des tropischen Afrikas. Im südlichen Afrika gedeiht er in einem breiten Gürtel über dem Wendekreis des Steinbocks, von Namibia, Botswana bis hinunter ins nördliche Transvaal. Der Affenbrotbaum oder Baobab kann eine Höhe von annähernd 20 m erreichen. Erst sein Umfang bis 30 m macht ihn zum größten Baumriesen Afrikas. Man wußte, daß der Affenbrotbaum ein hohes Alter erreichen kann, aber erst die Karbondatierung belegte, daß diese Giganten über 3000 Jahre alt werden.

So kann ein Baobab Jahrtausende vielen Lebewesen Schatten, Schutz, Heimat, Nahrung und Wasser geben. Die kolossalen Bäume bieten Lebensraum für Eulen, Galagos, Fledermäuse, Nagetiere, Eidechsen, Schlangen, Spinnen, Baumfrösche, Bienen und viele Vogelarten. Stamm und Äste des Baobabs bestehen aus weichem, wasserhaltigem Holzgewebe. Große Bäume entwickeln während ihres langen, langsamen Wachstums so riesige Hohlräume in ihren Stämmen, daß erfinderische Menschen Bars, Gefängnisse und sogar Wohnräume mit Wasserspülung darin eingerichtet haben. Die Blütezeit reicht von Oktober bis November, wenn die Bäume saftig grüne Blätterkleider anlegen. Fruchtfledermäusen (Flughunde), wohl die einzigen Bestäuber, bleibt wenig Zeit zum Blütenbesuch, denn die weißen Blüten öffnen sich nur eine Nacht. Die eierförmigen Früchte können bis 25 cm lang werden. Sie enthalten ein weißes Fruchtmark, das reich ist an Vitamin C und Weinsäure enthält. Paviane und andere Affen lieben die Früchte. Der deutsche Names des Affenbrotbaumes weist deutlich darauf hin.

Die Liebe der Elefanten dagegen gilt dem Stamm, der auch in schlimmen Trockenzeiten viel Wasser speichert. Sie gebrauchen ihre Stoßzähne wie Stemmeisen, um ihn zu entrinden und an das wasserhaltige Holzgewebe zu gelangen. Dabei werden die Bäume nicht selten vernichtet. Sie besitzen aber bemerkenswerte Kraft, sich zu regenerieren. Narben zeugen von den destruktiven Elefantenbesuchen. In Wildreservaten mit vielen Elefanten können die Affenbrotbäume unter hohen Druck geraten, so daß die lebenden Monumente aus längst vergangenen Zeiten hier langsam aussterben könnten.

regen die Fälle verdeckt. Ein Erlebnis ist auch das Wüten der Wassermassen zwischen April und Mai, wenn die Flutwasser aus dem Hinterland die Fälle erreichen.

Unterkunft/Verpflegung

Im und beim Ort **Victoria Falls** (900 m hoch gelegen) gibt es Hotels und Lodges. Weltbekannt ist das Victoria Falls Hotel. Preiswerte Hütten gibt es im überlaufenen städtischen Rastpark ⑭ in der Ortsmitte. 2-Schlafzimmer-Lodges im Sambesi-Nationalpark kann man über das Zentralbüro in Harare buchen.

Camping

Im städtischen Rastpark und im großen Campingplatz am Sambesi, 3 km vom Ort entfernt. Beide mit Duschen und Bädern, aber nicht unbedingt in Bestzustand.

Gesundheit

Malariavorbeugung im Sommer empfohlen. Im Winter eventuell Insektenschutzmittel anwenden. Einwandfreies Leitungswasser im Ort und auf Campingplätzen. Das Gebiet liegt außerhalb der Tsetse-Zone.

Die Wilde Dattelpalme ist wichtiger Teil des Galeriewaldes um die Viktoriafälle.

Den Weißstirnspint findet man überall am Sambesi, mit sieben weiteren Bienenesser- und Spintarten.

Wandern/Ausflüge/Exkursionen

Rundflüge über Fälle und Sambesi. Fahrten mit Booten und Barkassen auf dem Sambesi, besonders zum Sonnenuntergang beliebt. Auf der »Krokodilfarm« ⑮

am oberen Ende des Park Way kann man Krokodile in allen Lebensphasen erleben und sich ihre Biologie erklären lassen.

Adressen/Information

⇨ National Parks Central Bookings Office, P.O. Box 8151, Causeway, Harare, Zimbabwe, Tel. (4) 706077.
⇨ Rundflüge (15 Min.), United Air, Sprayrome Aerodrome, P.O. Box 50, Victoria Falls, Tel. 4220/4530.
⇨ Tourist Information, Ecke Livingstone/ Park Way, Victoria Falls, Tel. 4202.
⇨ Cottages, Chalets, Camping, Town Council, P.O.Box 41, Victoria Falls, Tel. 4210.
TIP: Fahrräder können stunden- oder tageweise gemietet werden. Ausstellung und Verkauf von handwerklichen Arbeiten in der »Falls Craft Village« hinter dem Postamt.

Schwer gepanzerte Felsen-Schildechse, bis 75 cm lang. Bei Sammlern sehr beliebt, deshalb geschützt.

21 Chobe-Nationalpark

Größte Elefantendichte der Welt; enger Kontakt zur unberührten Wildnis; malerische Flußauen; dichter Galeriewald; Koexistenz von 3 wasserabhängigen Antilopenarten; 400 Vogelarten, darunter Schreiseeadler und Fledermausaar; jährliche Tierwanderungen.

Am Chobe River erreicht man die Nordgrenze des südlichen Afrikas. Der ganzjährig wasserführende Fluß, nach dem dieses noch sehr ursprüngliche Wild- und Naturreservat benannt ist, entspringt als **Cuando** im östlichen Hochland Angolas. Im Caprivi-Streifen trifft er auf die Lianti-Sümpfe und ändert seinen Lauf und Namen. Im Vier-Länder-Eck von Namibia, Sambia, Simbabwe und Botswana mündet er in den mächtigen Sambesi. Bis heute fließt er das ganze Jahr über stark genug, um als gewaltige Oase und Zuflucht für das Wild des gesamten Nordwestviertels Botswanas zu dienen; der Chobe-Nationalpark umfaßt 11 700 km². Die Region besteht vorwiegend aus Grassavanne und ausgedehnten Trockenwaldgebieten, die unter einem gewissen Schutz stehen, aber auch durch großzüge Jagdkonzessionen genutzt werden. Winterdürre zwingt das Großwild der kargen Kalahari-Savanne regelmäßig, das erschöpfte Grasland auf der Suche nach Wasser zu verlassen. Uralte Instinkte scheinen die Tiere auf den langen Marsch nordwärts zu treiben, durch endlose Mopanebestände auf feinen Sand- und Lehmböden, durch Akazien-, *Terminalia*- und Ahnenbaumbestände, die auf den tieferen Sandböden wachsen. Zuletzt gilt es, einen breiten Gürtel von wasserlosem Teakwald auf trockenem Kalahari-Sand zu überwinden. Dann leuchtet endlich das Grün und Blau des gastlichen Chobe mit seinen Galeriewäldern, die auch einer reichen Vogelwelt Lebensraum bieten.

Ein langer Veterinärzaun in der Landesmitte hat die uralten Wanderwege von Zebra, Streifengnu und Kuhantilope abgeschnitten. Nur noch nördlich dieses Zaunes besteht eine rinderfreie Zone. Deshalb erlangte Chobe für die Erhaltung des Wildbestandes von Botswana noch größere Bedeutung. Die Zäune, im Verein mit einer großen Dürre in den 80er Jahren, haben zu gewaltigen Wildverlusten geführt, von denen sich die Bestände noch nicht richtig erholt haben.

Schreiseeadler zur Balzzeit am Chobe-Campingplatz. Sein Ruf ist einer der eindringlichsten Laute in Afrika.

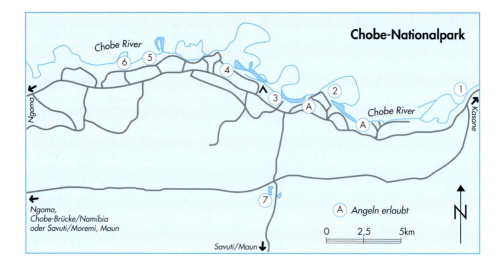

Chobe-Nationalpark

Chobe River

6 5

4

3 2 1

A

Chobe River

A

Ngoma

Kasane

7

A Angeln erlaubt

Ngoma,
Chobe-Brücke/Namibia
oder Savuti/Moremi, Maun

Savuti/Maun

0 2,5 5km

N

Pflanzen und Tiere

Scheue Rappen- (S. 151) und Pferdeantilopen (S. 156) erreichen in der Trockenzeit
als erste die Flußauen des Chobe River. Sie
sind vom Wasser abhängig, wenn auch
nicht so sehr wie die dauernd am Chobe
River lebenden Wasserböcke, Moor- und
Grasantilopen. Diese drei gehören zur
Gattung *Cobus* und zeigen, wie eng verwandte Tierarten durch unterschiedliche
Nutzung des gleichen Lebensraumes nebeneinander leben können. Sie vermeiden den Wettbewerb untereinander durch
feine Unterschiede in der Nahrungs- und
Standortwahl auf dem grasbewachsenen
Schwemmland der Uferzone. Im Gebiet
lebt der einzige Bestand von Grasantilopen südlich des Sambesi und umfaßt nicht
mehr als 50 bis 100 Individuen. Mit über
15 000 Tieren ist die Moorantilope dagegen am Chobe noch gut vertreten.
Zahlreich sind in der Trockensaison auch
die meisten der zuwandernden Tierarten,
Kudu, Zebra, Giraffe und Gnu (S. 135).
Büffel, nicht selten zu Tausenden, drängen
sich am Ufer, während die Elefanten tief
ins Wasser waten, eintauchen und die mo-
natealte Staubkruste abspritzen und ab-

schütteln. Gegen Ende der Trockenperiode gibt es über 35 000 Elefanten im Reservat. Dann erreicht das Gebiet am Chobe River die höchste Elefantendichte der
Welt, mit 5–6 Tieren pro Quadratkilome-
ter. Der Druck auf den wunderschönen
Uferwald ist deshalb enorm. Ein großer
Teil ist bereits zerstört.
Seit längerer Zeit erwägt man drastische
Maßnahmen zur wirksamen Elefantenkontrolle. Bisher ist eine solche teure Akti-
on aber nicht finanzierbar gewesen. Erst
die Zukunft wird zeigen, ob das gut oder
schlecht für Elefanten und Chobe-Galerie-
wald war. Sicher ist dagegen, daß der Lebensraum des Chobe-Buschbocks bereits
gefährdet ist. Der Bestand der sambesi-
schen Unterart hat am Chobe River stark
abgenommen.
Flußpferde und Krokodile sind fast überall
zu sehen. Löwen und andere Raubkatzen
sind vorhanden, werden aber häufiger im
Bereich der Wasserstellen von Savuti gesichtet. Das Ufergebiet bietet vielen standorttreuen Vögeln Lebensraum, beherbergt
aber auch Zugvögel. Es ist keine Seltenheit, innerhalb einer Woche 200 verschiedene Vogelarten zu sehen, wenn man sich
darauf konzentriert.

Im Gebiet unterwegs

Eine Karte mit Fahrwegen ist meistens am **Kasane-Eingang** ① erhältlich, wo auch das Park-Hauptquartier ist. Grasantilopen kann man regelmäßig auf den Puku Flats ② zwischen Eingang und Zeltplatz ③ am **Chobe River** ② beobachten. Schreiseeadler, Schreitvögel, Racken, Riesen- und Graufischer sind im Uferbereich zu sehen. Rallenreiher stehen minutenlang still. Sie können entweder zu den weit verbreiteten Standvögeln gehören oder sind weitgereiste Besucher aus Südeuropa. Sekretäre stolzieren im hohen Gras, nach hier lebenden Kleintieren aller Art Ausschau haltend. Angeln ist stellenweise erlaubt. Alle Wege in Flußnähe führen zu Ausblicken auf Fluß und **Galeriewald** ④. Es ist ein unvergeßliches Erlebnis, wenn abends die Elefantenherden ⑤ aus dem Uferdickicht brechen. Am frühen Morgen sieht man oft noch große Büffelherden ⑥ auf dem Grasland im Uferbereich, obwohl die Bestände in der Region in den letzten Jahren um über 50 % sehr stark abgenommen haben.

Der Campingplatz ③ liegt dicht am Chobe River. Nirgendwo, mit Ausnahme der Mana Pools, fühlt man sich in den Wildreservaten des südlichen Afrikas der Wildnis so nahe wie hier, wenn man im Camp am Chobe River den Sonnenuntergang erlebt und den Stimmen der afrikanischen Nacht lauscht. Pfeift jemand nach seinem Hund? Es ist der Fledermausaar, der in der Dämmerung aktiv wird und bis zum Dunkelwerden über dem Fluß kleine Fledermäuse jagt, aber auch Schwalben und Tauben greift und im Flug verschlingt.

ACHTUNG: Nur die Fahrwege am Chobe River zwischen dem Haupteingang und Ngoma Gate sind für normale Personenautos geeignet. Sobald man sich vom Fluß entfernt, ist Vierradantrieb im tiefen Kalahari-Sand unerläßlich. Das gilt auch für die Querverbindung zu den interessanten **Natanga Pans** ⑦.

Nashorn in Not

Als weitbekannte Nashornexperten aus der Region eine Bestandsaufnahme der Nashörner im Chobe-Nationalpark unternahmen, zählten sie nur noch 7 Breitmaulnashörner. Drei fielen kurz danach auch noch den illegalen Hornjägern zum Opfer. Die restlichen vier, darunter ein junger Bulle namens Kugel, wurden umgesiedelt. Das für diesen Zweck geschaffene, 700 km entfernte »Khama Rhino Sanctuary« bei Serowe im Osten des Landes war von enthusiastischen Bürgern finanziert worden. Kugel hatte seinen Namen bekommen, weil drei Geschosse in ihm steckten, die die Wilderer 8 Tage vor dem Umzug auf ihn abgefeuert hatten. Ein halbes Jahr befand er sich praktisch auf der Intensivstation und wurde künstlich ernährt. Dann verendete er an seinen Wunden.

71 Breitmaulnashörner aus Natal waren zwischen 1974 und 1981 im Chobe-Nationalpark wiedereingebürgert worden. Wäre alles gut verlaufen, gäbe es dort heute annähernd 300. Nicht ein einziges blieb übrig.

Praktische Tips

Anreise

Gute Teerstraßen vom Süden Botswanas und von den Viktoriafällen. Gaborone bis Kasane 910 km. Victoria Falls zum Grenzübergang Kazangula 70 km, weiter bis Kasane 12 km. Von Kasane sind es nur ein paar Kilometer bis zum Parkeingang. Von Namibia fährt man durch den Caprivi-Streifen bis Katima Mulilo und weiter zum Grenzposten Ngoma. Nach der Überquerung des Chobe River auf einer soliden Brücke ist man schon im Chobe-Nationalpark. Mit dem Geländewagen kann man jetzt am Fluß entlangfahren. Anderenfalls

Am Chobe River beginnt eine afrikanische Nacht.

muß man auf der (schlechten) Schotter-straße bis Kasane weiterfahren und den Haupteingang benutzen.

Linienflüge mit Air Botswana von Johannesburg über Gaborone, Maun zum Flughafen Kasane. Verbindung auch von Windhuk (Air Namibia) nach Victoria Falls, Bustransfer nach Kasane möglich. Autos, auch mit Vierradantrieb, können in Kasane geliehen werden. Mit entsprechendem Dokument, das man beim Verleiher erhält, kann man auch über die Grenze nach Simbabwe und Namibia fahren.

Klima/Reisezeit
Heiß und trocken zwischen September und November vor Beginn der Regenzeit. Regenfall überwiegend in heftigen Gewittern. Das Reservat ist das Jahr hindurch geöffnet. Beste Zeit für den Besuch am Chobe von Mai bis Oktober.

Unterkunft/Verpflegung
Private luxuriöse Lodges und Chalets am Fluß innerhalb und außerhalb des Reservates. Teuer! Einkaufsmöglichkeiten in Kasane, Tankstelle und Autoreparatur.

Der langbeinige Sekretär gehört zu den Greifvögeln.

Scheu, leise und gut getarnt: Will man den Rallenreiher fotografieren, muß man Geduld haben.

Lappenchamäleon überquert Piste beim Campingplatz.

Die Grasantilopen von Chobe sind gefährdet.

Wasserböcke leben in Herden von 5-12 Tieren, angeführt von Leitkühen. Die horntragenden Böcke sind territorial.

Camping

Serondela, etwa 25 km vom Parkeingang und Hauptquartier bei Kasane, ist mit normalem Auto zu erreichen. Hier gibt es einen Campingplatz mit primitiven Duschen, die oft nicht funktionieren. Der Platz ist nicht eingezäunt, und Tiere aller Art sind vor allem nachts zu erwarten. Nie außerhalb des Zeltes schlafen! Meerkatzen sind oft lästig, die Paviane unverschämt bis gefährlich. Keine Lebensmittel offen liegenlassen, auch nicht im Zelt. Paviane reißen die Zeltplane auf, um daran zu kommen. Zugangs- und Campinggebühren des **Department of Wildlife and National Parks** sind, wie überall, sehr hoch. Es gibt auch einen privaten Camping- und Wohnwagenplatz im Gelände der Chobe Safari Lodge in Kasane.

Wandern/Ausflüge/Exkursionen

Bootsfahrten auf dem Chobe River können bei der Chobe Game Lodge gebucht werden.
TIP: Fahrten mit einem Einbaum, dem sogenannten Makoro, kann man mit dem Eigentümer aushandeln, der in der Regel den Fluß ausgezeichnet kennt.

Adressen/Information

➪ Department of Wildlife and National Parks, P.O. Box 131, Gaborone, Botswana, Tel. (09267) 37 1405, und
➪ P.O. Box 17, Kasane, Botswana, Tel. 650 235.
➪ AVIS Rent-a-Car, Central Reservations, Gaborone, Tel. 353745/375469.
➪ Chobe Safari Lodge, P.O. Box 10, Kasane, Botswana.
➪ Chobe Game Lodge, P.O. Box 32, Kasane, Botswana.

Blick in die Umgebung

Der **Savuti-Sumpf**, noch Teil des Chobe-Nationalparkes, liegt etwa 200 km südlich von Kasane und ist über 2 Routen zu erreichen. Am besten erfragt man vor Antritt der Fahrt den Pistenzustand. Vierradantrieb erforderlich! Savuti ist zeitweise einer der hervorrangendsten Plätze für Wildbeobachtung im südlichen Afrika. Im Idealfall trifft man hier auf eine überwältigende Vielzahl von Tieren.
Der Savuti Channel, ein natürlicher Kanal, bringt Flutwasser vom 100 km entfernten Chobe River in die Mababe-Senke und verwandelt Teile in fruchtbares, sumpfiges Grasland. Die Wasserzufuhr ist jedoch sehr unregelmäßig, und der Savuti-Sumpf kann jahrelang ausgetrocknet sein. Beste Besuchszeit ist von November bis Mai. Es gibt einen einfachen Zeltplatz in Savuti. Die sanitären Anlagen geben regelmäßig Anlaß zu heftiger – gerechtfertigter – Kritik, da auch hier die überhöhten Gebühren des staatlichen Department of Wildlife and National Parks (DWNP) fällig werden. Es gibt auch mehrere private Safari-Camps mit luxuriöser Unterbringung. Weiterfahrt nach **Maun** (200 km), Ausgangspunkt für Trips ins Okavango-Delta.
ACHTUNG: Gutmütige Elefantenbullen sind oft auf den Campingplätzen zu finden. Bitte nicht füttern! Eßbares, besonders Orangen, aus dem Bereich ihres gut entwickelten Geruchssinns halten.

22 Okavango, Moremi-Wildreservat

Afrika, wo es am schönsten ist; großes binnenländisches Flußdelta; Feuchtgebiet mit großem Artenreichtum; Halbwüste; kristallklare Wasserwege; Einbaumfahrten; Kostbarkeiten unter 540 Vogelarten; alle Reiher Afrikas, Schreiseeadler, Scherenschnabel; Flußpferde, Krokodile; Elefanten und Antilopen, z.B. Sumpfantilope.

Für Naturfreunde und Schwärmer ist das Okavango-Delta Afrikas letztes Paradies. Den modernen Staat Botswana reizen eher die scheinbar unerschöpflichen Wasservorräte. Das 16 000 km² große und 900 m hoch liegende Feuchtgebiet hält über 95 % der offenen Wasserflächen von Botswana. Angola und Namibia werden eines Tages ebenfalls Okavango-Wasser beanspruchen. Noch speist der Okavango aber das größte und letzte »unberührte« Binnendelta der Erde. Es liegt im Norden Botswanas, umringt von den Trockensavannen der Kalahari. Bis heute hat es eine erstaunliche Artenvielfalt bewahrt, obwohl nur etwa 10 % der Region durch das 1800 km² große Moremi-Wildreservat offiziell geschützt werden.

Der Okavango River entspringt als Cubango im regenreichen Hochland von Angola. 400 km läuft er in östlicher Richtung als Grenzfluß zwischen Angola und Namibia. Breit und behäbig durchquert er den ariden Norden Botswanas, bis er den Rand der großen Senke erreicht, die durch Verwerfungen in den letzten 2 Mio. Jahren entstand. Die geologischen Veränderungen führten zu einer unmerklichen Neigung der Erdoberfläche nach Süden. 200 km stromabwärts hob sich die Senke etwas. Es genügte, den Okavango in mehrere Hauptkanäle und zahllose flache

Nebenrinnen aufzufächern. Dazwischen entstanden Inseln mit Bäumen, Palmen, Gras, Schilf und Grasmarschen. 700 000 t Sedimente bringt der Strom jedes Jahr neu heran, die sich vorwiegend im nördlichen Teil des Deltas ablagern und neue Fruchtbarkeit bringen. Nach guten Sommerregen in Angola können sich Wasserflächen und Sümpfe mehr als verdoppeln. Im Juni oder Juli erreicht das Flutwasser das südliche Ende des Deltas, wo es buchstäblich im Kalahari-Sand verrinnt. 90 % der Wassermassen, etwa 10 Mrd. Kubikmeter in guten Regenjahren, verdunsten unter der heißen Sonne.

Der nördliche Teil des Deltas besteht aus permanentem, nahezu unbewohnbarem Sumpfland. Der Süden, etwa bei Maun beginnend, wird jährlich immer wieder neu überflutet. Im Nordosten ragt die Moremi-Landzunge tief in das Feuchtland

Heilige Ibisse erlebt man im Delta in großen Schwärmen. Sie brüten in Kolonien.

hinein. Eine große Sandinsel in der dauerfeuchten Zone – Chief's Island – gehört zum Moremi-Wildreservat, das die Verbindungen zwischen Okavango-Sümpfen und trockener Kalahari-Savanne bildet. Hier operieren die privaten Safari-Unternehmer, die ihre Gäste über Maun einfliegen.

Die Seuchen und Schlafkrankheit verbreitende Tsetse-Fliege hat die Rinderzüchter ferngehalten. Sie ist unter Kontrolle gebracht worden, und dadurch entstanden neue, ernste Gefahren für die Zukunft des Deltas als paradiesisches Feuchtgebiet, denn die Rinderherden rücken nun immer näher an das Delta heran. Wanderwege des Großwildes in südliche Richtung sind längst durch Veterinärzäune abgeschnürt worden, die eine Übertragung von Tierseuchen von Wildtieren auf die Rinderherden verhindern sollen. Bedeutende Wildbewegungen sind noch zwischen Delta

Seerosen blühen in Farben von dunkelblau bis rosa. Sie prägen das Bild der Flußarme im Delta.

◁ Mit dem Einbaum, hier Mokoro genannt, können die Okavango-Sümpfe erkundet werden.

Die Moorantilope ist ein typischer Delta-Bewohner. ▷

und dem Norden möglich. Deshalb sind die meisten der großen Wildtierarten zumindest während der Trockenperiode im Delta vertreten. Aber man bekommt sie nicht immer zu sehen.

Pflanzen und Tiere

Krokodil, Flußpferd, Sumpfantilope, Tsetse-Fliege, Papyrus, Schilf und Seerose charakterisieren die Tier- und Pflanzenwelt der Feuchtregion. Krokodile wurden in den vergangenen Jahren zu Zehntausenden wegen ihres Leders rücksichtslos gejagt und fast ausgerottet. Wirkliche Prachtstücke sieht man deshalb nur noch selten. Die Flußpferde des Deltas gelten als besonders aggressiv.
Die überwiegende Zahl der Besucher kommt wegen des überaus reichen Vogellebens. 100 oder 200 Arten in wenigen Tagen zu sehen, ist leicht möglich. Alle Rallen-, Rohrdommel-, Sumpfhuhn- und Reiherarten des südlichen Afrikas haben ihre Nischen gefunden, mit Ausnahme des Weißrücken-Nachtreihers. Sattelstorch (S. 125), Marabu (S. 125), Wollhalsstorch (S. 113), Klaffschnabel (S. 123) und Nimmersatt (S. 114) nisten oft gemeinsam in größeren Ansammlungen. Schwärme von 20 oder mehr Braunmantel-Scherenschnäbeln sind keine Seltenheit. Der Okavango ist die Südgrenze ihres Verbreitungsgebietes. Das Aussehen der mittelgroßen, scheuen Vögel erinnert an Seeschwalben. Scherenschnäbel brüten in der trockeneren Zeit auf Sandbänken. Der Klunkerkranich (S. 93) bildet hier seine größten Schwärme im südlichen Afrika.

Der Afrikanische Ochsenfrosch ist mit über 20 cm Länge die weitaus größte Froschart der Region.

Die Sporengans lebt überall, außer im trockenen Westen. Tausende sammeln sich zur Zeit der Mauser im Delta.

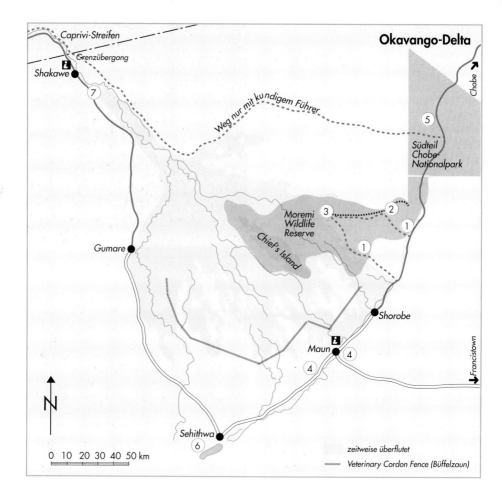

Okavango-Delta

Caprivi-Streifen

Grenzübergang

Shakawe

7

Weg nur mit kundigem Führer

5

Südteil Chobe-Nationalpark

Chobe

Moremi Wildlife Reserve

3

2

1

Chief's Island

1

Gumare

Shorobe

Maun

4

4

Francistown

N

Sehithwa

6

0 10 20 30 40 50 km

zeitweise überflutet

Veterinary Cordon Fence (Büffelzaun)

Auch die seltene Afrikanische Fischeule kann im Delta gut beobachtet werden. Überraschende Entdeckungen auch anderer seltener Vögel sind immer möglich, unter anderem Weißbrauenrötel, Blatthühnchen, Angola-Mönchskuckuck. An Eisvogel- und Kiebitzarten mangelt es nicht. Spint- und Bienenesserkolonien kann man am besten in der Brutzeit von September bis November beobachten. Greifvögel sind verhältnismäßig selten, bis auf den weit verbreiteten Schreiseeadler. Undurchdringliche Papyrus-Dickichte säumen die Ränder der Wasserwege und zahllosen Inselchen. Hier leben Zweifarbenwürger, Sumpfcistensänger und schrill rufender Weißbürzeldroßling.

Seerosen (s. S. 127) bilden einen herrlichen Kontrast zum kristallklaren blauen Wasser, in dem sich 80 Fischarten tummeln. Auf den größeren Inseln wachsen Wilde Dattelpalme und die nördliche Unterart der Dumpalme, unter deren trockenen Wedel der Palmensegler seine zerbrechlichen Federnestchen klebt. Ebenholz, riesige Sykomoren, Leberwurst- und Ahnenbäume, Marulas und »Water Berry« bilden oft dichte Gehölze.

Im Gebiet unterwegs

Das Delta kann man nur auf Bootsfahrten erkunden. Die wenigen Fahrspuren können über Nacht überschwemmt sein und führen in einen bodenlosen Irrgarten, aus dem der Unkundige nicht herausfindet. Einen aus kräftigem Ebenholzstamm herausgehauenen Einbaum, hier Mokoro genannt, oder andere Boote kann man in Maun mit Führer anmieten. Problemloser ist es, sich einem Safari-Unternehmen anzuschließen, die auf den Inseln rustikal-luxuriöse Lodges unterhalten. Von dort aus werden mehrtägige Fahrten im Mokoro unternommen. Übernachtet wird auf einsamen Inseln. Man schläft ein mit den Rufen von Fischeule und Nachtschwalbe, dem Grunzen der Flußpferde, untermalt vom Chor unzähliger Riedfrösche. Geweckt wird man oft vom Weißbrauenrötel, einem der besten Sänger der Welt, dessen Gesang einen starken Kontrast bildet zum bald folgenden Hagedasch-Geschrei. Während des Mokoro-Trips kann man die Inseln zu Fuß erkunden. Pauschal-Safaris für (fast) jeden Geldbeutel werden angeboten. Manche unter Begleitung eines erfahrenen Vogelkundlers.

Mokoro oder Motorboot? Wer mit dem ruhig dahingleitenden, kiellosen Einbaum unterwegs war, gestakt von einem erfahrenen Führer, der erfährt alle andere Boote als unerwünschte Eindringlinge. Die Vogelbeobachtung aus einem Mokoro kann besonders erfolgreich sein, da man oft nur so näher an die großen Vogelkolonien herankommt. Auch der scheue Scherenschnabel ist vom Einbaum aus leichter zu fotografieren. Vom Mokoro sieht man auch gelegentlich die sehr scheue Sumpfantilope, die in den Papyrus- und Schilfdickichten, oft bis zur Nase getaucht, Unterschlupf findet. Ihre Spalthufe sind an schnelle Bewegung auf nachgebendem Boden und wasserbedeckenden Pflanzen angepaßt. Außerdem ist sie ein guter Schwimmer.

Der Schlangenhalsvogel, ein naher Verwandter der Kormorane, spießt seine Beute unter Wasser auf.

Das **Moremi-Wildreservat** liegt teilweise in trockener Savanne, teilweise in sumpfigem Gebiet. Man fährt nach Norden auf der Piste in Richtung Savuti und Chobe. Nach 65 km biegt ein Sandweg nach links ab. 35 km weiter erreicht man den südlichen Parkeingang, wo Eingangs- und Campinggebühren fällig werden. Die Piste ist tiefsandig und mit Bäumen versperrt, die von Elefanten umgeworfen wurden. Vierradantrieb ist unbedingt erforderlich,

Der Riesenfischer ist überall im Delta Standvogel und leicht beim Beutefang zu beobachten.

Flußpferden geht man am besten aus dem Weg, vor allem, wenn man im Mokoro unterwegs ist.

können dicht bei den Campingplätzen beobachtet werden. Auch in Moremi darf man sich zu Fuß bewegen. Vorsicht und Wachsamkeit sollten auf solchen Exkursionen immer herrschen.
ACHTUNG: Nie ohne kundigen Führer in das Delta vordringen. Man muß damit rechnen, daß man im Delta kaum Großwild sieht. Beobachtungen sind meist befriedigender in **Moremi**, **Savuti** ⑤ und **Chobe**, die man leichter auf eigene Faust besuchen kann.

Praktische Tips

Anreise
Von Gaborone bis Maun über Francistown – Nata sind es 930 km auf guter Teerstraße. Von den Viktoriafällen in Simbabwe nach Maun sind es 750 km, ebenfalls Teerstraßen. Man folgt der Teerstraße Victoria Falls – Kasane bis Nata, wo man rechts nach Maun abbiegt. Kommt man von Namibia, fährt man von Rundu am Okavango entlang, der hier Kavango heißt. Am Anfang des Caprivi-Streifens, dort, wo der Strom nach Süden abbiegt, führt eine Schotterstraße an den Popa-Fällen und am **Mahango-Wildreservat** vorbei zum Grenzübergang Muhembo (35 km) und weiter dicht um die südwestliche Hälfte des Okavango-Deltas herum nach Maun. Entfernung von Rundu bis Maun etwa 800 km.
Man kann auch mit Linienverkehr nach Maun einfliegen und sich mit Charterflügen zu den Insel-Lodges bringen lassen. TIP: »Fly-in-Safaris« verkürzen die Reisezeiten. Botswana Air fliegt täglich von Johannesburg über Gaborone nach Maun. Es bestehen auch Flugverbindungen von Windhuk und Victoria Falls.

Klima/Reisezeit
Zwei Jahreszeiten. Sehr heiß und feucht im Sommer zwischen Oktober und März. Die Wintertage zwischen April und September sind angenehm warm und beständ-

vor allem auch für die Fahrwege im Park, die durch Mopanesavanne und Waldland führen, durch grasbewachsenes Schwemmland und entlang der kristallklaren Wasserwege und Lagunen, umsäumt von Papyrus, Schilf und hohen Bäumen.
An größeren Tieren sieht man regelmäßig Kapbüffel, Kudu, Impala, Pferde-, Moor-, Leier- und Rappenantilope, Wasserbock, Großriedbock, Chobe-Buschbock, Warzenschwein, Pavian. Auch Löwe, Leopard und Hyänenhund sind vertreten. Flußpferde sind wegen der dichten Schilf- und Papyrusbestände oft schwierig zu fotografieren. »Hippo Pool«, etwa 15 km nördlich der »North Gate Camping Site« gelegen, ist dafür der beste Platz. Hier trinken oft größere Elefantenherden. Im Xakanaxa-Camp beim Campingplatz »Third Bridge« kann man Boote mieten. Lohnend ist eine Fahrt zur **Gadikwe-Lagune**. Marabu, Klaffschnabel, Schlangenhalsvogel, Riedscharbe (S. 117) und Reiher brüten hier in großer Zahl in ausgedehnten Beständen der Dickichte formenden »Water Fig«.
Die Vogelwelt von Moremi ist ähnlich abwechslungsreich wie im übrigen Delta. Sie wird durch Arten der Trocken- und Waldsavanne ergänzt; Geier und andere Greifvögel, Frankoline und Hornvögel

Paradies in Gefahr

Die unersetzliche Artenvielfalt des Okavango-Deltas wird aus mehreren Richtungen bedroht. Das kristallklare Wasser in Teilen des Deltas täuscht darüber hinweg, daß jährlich um die 700 000 Tonnen Sedimente vom Okavango abgelagert werden. Wissenschaftler warnen seit langem, daß die Oase in der Wüste eines Tages an der Verlandung ersticken könnte. Dazu wird es wahrscheinlich nicht kommen, denn die Bedrohung durch die Rinderbarone ist unmittelbarer. Sie liebäugeln mit dem klaren Wasser des Deltas, das durch einen kanalisierten Flußlauf Farmern und Diamantenschürfern zugänglich gemacht werden soll. Schon eine Senkung des Wasserspiegels um wenige Zentimeter könnte negative Folgen für das fragile Ökosystem haben. Die Regierenden Botswanas gehören selbst zur herrschenden Elite der Rinderzüchter, die von europäischen Rindfleischessern mitfinanziert wird.

Zusätzliche Areale in dem ariden, für Weidewirtschaft ungeeigneten Land sind ohne Rücksicht auf die Folgen erschlossen worden, nachdem endlose Wildzäune an strategischen Stellen gezogen wurden, die den Kontakt zwischen Maul-und-Klauenseuche verbreitenden Wildtieren und den kostbaren Rinderherden verhindern sollen. Die jahreszeitlichen Wanderbewegungen der vom spärlichen Regenfall abhängigen Wildarten sind durch die Zäune sehr eingeschränkt worden. Doch immer noch werfen die Rinderbarone der Regierung vor, das Land als gigantischen Zoo zu bewahren. Sie ignorieren, daß die Seuchenzäune in den vergangenen Dekaden bereits zu einer drastischen Verringerung der Wildbestände des Landes führten. Streifengnus waren am ärgsten betroffen. Nach Presseberichten ist der Bestand innerhalb von 10 Jahren von 300 000 auf knapp 1000 gesunken. Trotzdem ist der Bau weiterer Zäune geplant. Ein »Buffalo Fence« führt seit kurzem dicht an der Südseite des Deltas entlang und verhindert den Kontakt zwischen Büffeln und Rindern. Die Killerzäune sind Folge der Nachfrage aus Ländern der Europäischen Union nach Rindfleisch aus unverseuchten Beständen. Naturschutz-Organisationen beschuldigen die EU-Länder, daß sie Preise zahlen würden, die 60 % über dem Weltmarktniveau lägen. Diese finanzielle Unterstützung sei ein soziales, wirtschaftliches und kulturelles Debakel. Nur eine kleine Minderheit profitiere davon, während Delta und Weideland zerstört würden und mit ihnen die traditionell wirtschaftenden Stammes-Gemeinschaften.

dig, mit kühlen bis kalten Nächten. Regenfall, meist durch starke Gewitter, vorwiegend zwischen Oktober und Dezember sowie März und April. Delta und Moremi-Wildreservat sind das Jahr hindurch geöffnet. Beste Besuchszeit für Moremi sind die Wintermonate zwischen Mai und November, wenn das Delta seinen höchsten Wasserstand erreicht. In der Regenzeit können Safarifahrten in Moremi sehr eingeschränkt sein, in sehr feuchten Jahren werden sie unmöglich. Die Vogelbeobachtung im Delta ist am besten zur Regenzeit zwischen November und April, wenn die Artenvielfalt am größten ist.

Unterkunft/Verpflegung

Hotel, privates Camp und Lodges in Maun; hier Einkaufsmöglichkeiten und einzige Tankstelle im Delta.
Über 20 private und luxuriose Lodges sind über das Delta verteilt.

Ohrenbetäubend sind die nächtlichen Riedfroschrufe.

Camping

4 primitive Plätze im Moremi-Wildreservat, die im Mopane-Gehölz in der Nähe beider Eingänge ① und an den Wasserwegen (Third Bridge ②, Xakanaxa ③), liegen. Weitere Plätze auf den Inseln sind nur über die Safariunternehmen zugänglich. Bei Maun ④ ebenfalls Campingplätze. ACHTUNG: Nicht in stehendem Flachwasser waten oder schwimmen. Bilharziose! Malaria-Vorbeugung erforderlich! TIP: Genug Filme einpacken, da man nur schwer nachkaufen kann oder mit überaltertem, teurem und falsch gelagertem Material bedient wird.

Adressen/Information

⇨ Department of Wildlife and National Parks (DWNP), P.O. Box 131, Gaborone, Botswana, Tel. 371405.
⇨ DWNP, P.O. Box 11, Maun, Botswana, Tel. 660368.
⇨ Autoverleih, AVIS Safari hire, Maun, Tel. 660039, Fax 660258.
⇨ Okavango Wildlife Society (OWLS), P.O. Box 52362, Saxonwold 2132, RSA, Tel. und Fax (011) 8803833.
⇨ Kalahari Conservation Society, P.O. Box 859, Gaborone, Botswana, Tel. und Fax 374557.
⇨ Sitatunga Camping Safaris (preiswerte Basis für Besuche von Delta, Moremi und Chobe; 12 km von Maun an der Straße zum Lake Ngami; Chalets, Zelte zu mieten, Campingplatz, Laden, Krokodilfarm), Tel. und Fax 660570.
⇨ Island Safari Lodge (Chalets, Campingplatz mit Schwimmbad, Restaurant, Kurzflüge über Delta, Boot- und Autosafaris), Tel. und Fax 660300.
⇨ Okavango Tours und Safaris, Oddball's Palm Island Luxury Lodge and Camping, P.O. Box 39, Maun, Botswana, Tel. 09267-660220, Fax 660 589.

Blick in die Umgebung

Das **Shakawe-Fishing-Camp** ⑦ liegt am Okavango River, kurz bevor das Delta beginnt. Es gilt als einer der besten Plätze für Vogelbeobachtung im südlichen Afrika. In einem Radius von 10 km von Buschhotel und Campingplatz liegen Schwemmebenen, Galeriewälder und Dornbuschsteppe. Die Schotterstraße führt im Bogen dicht um das Okavango-Delta herum bis Maun. Nach etwa 130 km ist sie geteert. Vom Anfang der Teerstraße sind es etwa 150 km bis Sehithwa beim **Lake Ngami** ⑥. Solange der seichte See nicht ausgetrocknet ist, findet man hier ein Vogelparadies. Lake Ngami bis Maun: etwa 100 km.

Blaustirn-Blatthühnchen laufen auf den Schwimmblättern.

23 Etosha-Nationalpark

Gute Region, um Elefanten zu sehen; gewaltige Salzpfanne; Trockensavanne; Löwe, Gepard, Hyänenhund; Spitzmaulnashorn; Steppenzebra, Damara-Dikdik, Spießbock, Kuduherden, Elenantilopen, seltene Schwarznasenantilopen, Giraffen; Wildkonzentration an Wasserstellen; Nachtbeobachtung unter Flutlicht; Verzauberter Wald; 340 Vogelarten, von Riesentrappe bis Nacktohrdroßling.

Die weiße Öde der leblosen Salzpfanne, wo Luftspiegelungen Wasser vorgaukeln, gibt dem ariden Schutzgebiet Gesicht und Namen. Etosha, Land des trockenen Wassers. Der Etosha-Nationalpark ist mit 22 270 km^2 größer als manches deutsche Bundesland. Über 4600 km^2 nimmt die Salzpfanne ein, die vom großen Kalahari-Sandfeld umgeben ist. Verschiedenartige Bodentypen ermöglichen eine erstaunlich vielfältige Vegetation, die von der südafrikanischen Karoo beeinflußt ist.

Um **Okaukuejo** im Südwesten erstrecken sich meilenweite Ebenen, bestanden mit dünnem Gras und niedrigem Gebüsch, hier und dort unterbrochen von Mopane-Gehölzen. Mopane herrscht in der Parkmitte bei **Halali** vor. Er ist hier durchsetzt mit Ahnenbäumen und Tambuti. Dolomithügel bringen dort Abwechslung in die monotone, etwa 100 m hoch gelegene Ebene. Im Osten, nach **Namutoni** zu, überwiegt gemischte Baumsavanne mit Akazienarten, Mopane und Tambuti. Der

Nirgendwo kann man Elefanten aus so großer Nähe erleben wie an den Wasserstellen um Namutoni.

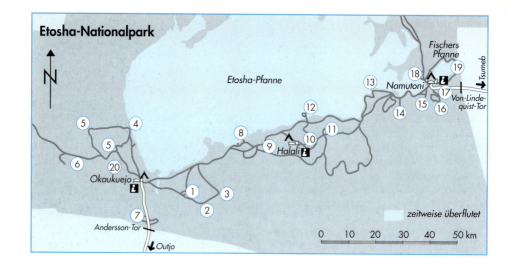

Etosha-Nationalpark

N

Etosha-Pfanne

Fischers
Pfanne

18   19   Tsumeb

13   Namutoni

12   17   Von-Linde-
14   15   16   quist-Tor

5   4   8   11

5   9   10
Halali

6   20
Okaukuejo

1   3

7   2

Andersson-Tor

Outjo

zeitweise überflutet

0   10   20   30   40   50 km

Trockenwald wird unterbrochen von insularer Grassavanne, in der hier und dort hohe Makalani-Palmen wachsen. Die brackigen Böden am Rande der großen Pfanne sind mit salzliebenden Pflanzen bewachsen, die von Gras- und Kurzstrauchsavanne abgelöst werden.

Als Etosha 1907 proklamiert wurde, war es das größte Wildschutzgebiet der Welt. Noch 1956 umfaßte es fast 100 000 km². In der Apartheid-Zeit wurde davon scheibchenweise Land für die sogenannten »Bantu-Heimatländer« ausgegliedert, und durch sogenannte Veterinärzäune wurden die weiträumigen Wanderrouten des Großwildes für immer unterbrochen. Die sozio-politischen Entscheidungen können heute nicht mehr rückgängig gemacht werden, so daß auch dieses große Wildreservat in seiner heutigen Größe ohne menschliche Eingriffe nicht erhalten werden kann. Beispiele dafür sind die regelmäßige Kontrolle des Elefantenbestandes und die hohen Tierverluste durch Milzbrand, durch den vor allem die Streifengnus auf ein Minimum reduziert wurden. Die darauf folgende starke Vermehrung der Löwen wurde versuchsweise durch Geburtenkontrolle begrenzt. Die Verbrei-

tung des Milzbrandes war eine Folge von Politik und touristischer Erschließung des Rest-Reservates. Als mehr Wasserstellen angelegt und neue Fahrwege beschottert wurden, sammelte sich in Baggerlöchern Wasser und bildete perfekte Brutstätten für Milzbranderreger.

Pflanzen und Tiere

Die spröde Schönheit des Nationalparkes bildet den Hintergrund für die Tierwelt der Trockensavanne. Bekannt ist das Reservat für seine großen Bestände von Springbock (20 000), Steppenzebra (6000), Spießbock (4000; S. 47), Giraffe (2000) und Strauß (1500). Kap-Spitzmaulnashorn, Pferdeantilope (S. 156), Schwarznasenantilope, Gepard und der wieder eingebürgerte Hyänenhund (S. 139) sind einige der selteneren Tierarten, denen Etosha ebenfalls Schutz bietet. Damara-Dikdik und Elenantilope, kleinste und größte Antilopenart des südlichen Afrika können mit Glück nebeneinander beobachtet werden.

35 der 340 Vogelarten gehören zu den Greifvögeln. Geier, Gaukler, Steppen- und Kampfadler sind die auffälligsten Arten.

Gabarhabicht, Lanner- (S. 87) und Rothalsfalke sind an der **Okaukuejo-Wasserstelle** zu beobachten. Nama- und Nacht-
flughuhn fallen hier oft zum Trinken ein.
Im großen Ahnenbaum auf der linken Seite halten sich gern auf: Graulärmvogel,
Rot- und Gelbschnabeltoko (S. 138). Afrikanische Zwergohreule (S. 129) und
Weißgesicht-Ohreule sind nachts in allen
drei Touristenparks zu hören. Hecken, Büsche und Bäume beherbergen hier viele
Singvogelarten. Leicht zu fotografieren
sind Hornvögel, Kapglanzstar, Maskenbülbül, Brillenwürger, Kaptäubchen und andere Taubenarten, Rotbauchwürger, auch
Reichsvogel genannt, Rußnektarvogel und
Akaziendrossel. Eine Besonderheit ist ein
recht zahmer Schwarm des seltenen
Nacktohrdrößlings, der in Halali heimisch
ist. Auffällig ist die Gackeltrappe, und
auch die Riesentrappe kann nirgends so
gut wie in Etosha gesehen werden. Durch
den immer noch vorkommenden Milzbrand sind Geier zahlreicher geworden.
Am häufigsten ist der Weißrückengeier,
aber auch Wollkopf- und Ohrengeier sind
gut vertreten.
Etwa 75 % des Baumbestandes besteht aus
Mopane. Einen ausgedehnten Bestand
von Moringa-Bäumen findet man im Verzauberten Wald. Ein paar schöne Exemplare stehen auch auf dem Dolomithügel
bei der von hochgewachsenen Mopane-
bäumen umstandenen **Moringa-Wasser-
stelle** von **Halali**. Sie sind leider zum Teil
durch eingeschnitzte Namen verunziert.
Die Büsche der über große Teile Etoshas
verbreiteten Drüsenakazie bilden unan-
sehnliche graue Dickichte. Nur im Vorfrühling zwischen August und September
lockt ein Meer von goldgelben, süß duf-
tenden Blütenbällchen viele Insekten an.
Giraffe, Kudu, Springbock und Steinböckchen essen gern davon.
Nach sehr gutem Regen verwandelt sich
die Pfanne in einen seichten See und wird
für Wat- und Wasservögel ideal. Dann
brüten Rosapelikane (S. 109) und Flamin-

Verzauberter Wald wird die Ansammlung knorriger Morin-
gabäume im Westen des Reservates genannt.

gos oft zu Tausenden, allerdings an unzugänglichen Stellen. Schlangen sieht man
äußerst selten, obwohl über 50 Arten vorkommen, darunter mehrere hochgiftige.

Die Akaziendrossel ahmt Diderikkuckuck und Glanzstar
nach. In Namutoni ist sie oft zu sehen.

Im Gebiet unterwegs

Faustregel für die Wildbeobachtung in Etosha: Im Winter sitzen, fahren im Sommer. Alle drei Rastparks besitzen jetzt Wasserstellen unter Flutlicht. Von einer Bank innerhalb des Rastparkes kann man oft dramatisches Naturtheater erleben. Im trockenen Winter von Juli bis Oktober konzentrieren sich die Tiere auf die wenigen verbliebenen Wasserstellen. Hier zu warten bringt dann die besten Erfolge, besonders für Fotografen mit Ausdauer. Alle Touristenparks haben gute Wasserstellen in der Nähe (unbedingt Karte von Etosha kaufen! In allen Läden erhältlich).

Wasserstellen bei **Okaukuejo**: Gemsbokvlakte ①, Olifantsbad ②, Aus ③, wo in der Saison mit Sicherheit viele Elefanten zu sehen sind, Okondeka ④ mit Blick auf die Pfanne, Ombika ⑦, wo gern Löwenrudel trinken.
Halali: Rietfontein ⑨, Goas ⑪. Bei Halali wird an manchen Stellen die Wildbeobachtung durch dichte Baumsavanne erschwert. Die Mopane-Gehölze um Halali ⑩ sind aber besonders vogelreich. Auf den Dolomithügeln im Rastpark wachsen Moringa, Ringelhülsenakazie mit kurzhakigen und langen spitzen Dornen, Bergdattel und dichtes Gebüsch von Drüsenakazie, Rosinenstrauch und Kudubusch. Sie

Steppenzebras sammeln sich bei Salvadora am Rand der Etoshapfanne in großer Anzahl. Oft sind Streifengnus dabei.

Achten Sie bei Kalkheuwel auch auf Löwe und Leopard. Greifvögel landen an dieser Wasserstelle oft zum Trinken. Unter den Büschen dicht am Wasser scharren die Rotschnabelfrankoline. In den Zweigen darüber sitzen oft lärmend Goldbug- (S. 153) und Rüppellpapagei, die sich sehr ähnlich sehen. Hauptmerkmal: Rüppell-papagei mit grünem Bauch, Goldbugpa-pagei trägt meist gelblichen Fleck auf dem Scheitel und hat gelblichen Bauch.
Die **Dikdik-Rundfahrt** ⑯, von Klein Namu-toni abzweigend, führt etwa 10 km durch reichen Baumbestand. Hier sieht man das Damara-Dikdik, kleinste Antilope des südlichen Afrikas. Aber auch Gnu (S. 135),

Kalkheuwel ist eine Wasserstelle, wo man den heimlichen Leopard häufig zu sehen bekommt.

Der Gackeltrappenhahn ist selten zu überhören.

bieten Vogelarten Schutz und Nahrung, die sonst in Etosha selten sind, wie Dunk-ler Droßling, Bergammer, Rotschwanz schmätzer und Meckergrasmücke.
Bei **Namutoni** liegen die beliebten, natürli-chen Wasserstellen der wildreichsten Re-gion von Etosha: Klein Namutoni ⑰, Oke-vi ⑱, Chudop ⑮ und vor allem Kalkheu-wel ⑭, wo man den Elefanten sehr nahe ist. Auch große Zebraherden kommen hierher. Kalkheuwel ist von Trockenwald umgeben; die dunklen Stämme der Tam-buti überwiegen, daneben gibt es Ahnen- und Blutfruchtbäume. Die teilweise sehr dichte Strauchschicht besteht hauptsäch-lich aus Rosinenbüschen (*Grewia*-Arten).

Mehrere Paare Paradieskraniche bleiben auch in der Trockenheit ihrem Standort bei Namutoni treu.

Giraffe, Schwarznasenantilope und Hyäne (S. 139) kommen vor. Umgestürzte Bäume zeigen das Wirken der Elefanten. Nach starken Regenfällen ziehen die Steppentiere zu den besten Grasflächen auf die Sommerweide. Besonders westlich von **Okaukuejo** ⑳ sammeln sich große Herden von Zebra, Springbock und Streifengnu, denen die Raubtiere in der Regel folgen. Jetzt werfen die meisten Antilopen und die Zebras ihre Jungen. Es gilt, im richtigen Moment zur Stelle zu sein. Die Route Okondeka–Adamax–Leeubron ⑤ ergibt in dieser Zeit gute Ergebnisse auf Pirschfahrten. Dabei kann man auch einen Abstecher zum **Verzauberten Wald** ⑥ machen, der in vergangenen Jahren arg von Elefanten heimgesucht wurde. Deshalb sind die Wasserstellen in der Umgebung stillgelegt worden.

Fisher's Pan bei Namutoni ist um diese Zeit gut für die Vogelbeobachtung. Die Pfanne erhält von mehreren Flüssen Zufluß, der in die Hauptpfanne überläuft. Kampfläufer, Zwergstrandläufer, große Schwärme des Sichelstrandläufers, Hauben- und Schwarzhalstaucher, Weißrückenente, Sporengans (S. 173), beide Flamingo-Arten und viele andere wasserliebende Vogelarten sind hier zu beobachten. Zur Regenzeit im Sommer sind etwa 30 % der Arten Zugvögel.

Eine Rundfahrt um Fisher's Pan (etwa 40 km) ist auch im Winter lohnend. Rotschnabel-, Schopf- und Swainsonfrankolin und Sandhühner scharren überall am Wege. Sie sind im Park weit verbreitet. Landschaftsaufnahmen im frühen oder späten Licht bei der Wasserstelle **Twee Palms** ⑲ fangen die Atmosphäre Etoshas ein. Bei Twee Palms sieht man oft Paradieskraniche. Ein Milchuhupaar horstet bei Klein Namutoni.

Bei **Salvadora** ⑧ und **Okerfontein** ⑬ hat man einen guten Blick auf die Pfanne. Generell gibt es hier viel Wild zu sehen, wenn genügend Wasser vorhanden ist. Bei **Etosha** ⑫ kann man ein kleines Stückchen auf die Pfanne hinausfahren.

TIP: Zustand der Wasserstellen – besonders der im Text nicht erwähnten – vor Ausfahrten erfragen.

ACHTUNG: Nirgendwo im südlichen Afrika kommt man so leicht und so dicht an Elefanten heran wie in Etosha, so daß man beim Fotografieren oft mit einem Weitwinkel auskommt. Beherzigen Sie die offizielle Warnung: Vorsicht vor Elefanten. Bleiben Sie ihnen aus dem Weg. Halten Sie mindestens 50–60 m Abstand.

Praktische Tips

Anreise

Eingang **Andersson Gate**: Von Windhuk nach Okaukuejo (435 km): In Otjiwarongo links abbiegen. Die Teerstraße endet im Touristenpark.

Eingang **Von Lindequist Gate**: Von Windhuk über Tsumeb auf Teerstraße bis Namutoni (530 km). Alle Straßen im Reservat sind gute, aber mit feinem Kalahari-Kalk gepuderte Schotterbahnen.

Klima/Reisezeit

Sommerregengebiet; durchschnittlicher jährlicher Niederschlag von 400 mm nach Osten hin zunehmend bis über 500 mm. 3 Jahreszeiten: Feucht und heiß zwischen Januar und April, trocken und kühl bis kalt

Bedrohter Gepard

In Namibia gab es vor 10 Jahren noch über 10 000 Geparden. Heute sind es kaum noch 3000 und trotzdem besitzt das Land den größten wildlebenden Gepardenbestand in der Welt, denn der Gesamtbestand auf unserer Erde ist auf 9000 bis 12 000 Tiere geschrumpft. Auch das schnellste Landtier der Erde konnte dem Menschen nicht entgehen. Ein Gepard kann in 2 Sekunden von 0 auf 60 km/h beschleunigen und für kurze Zeit eine Spitzengeschwindigkeit von mehr als 110 km/h erreichen. Das mußte mit einem geschmeidigen, leichtgewichtigen Körper erkauft werden. Trotz extra großer Nasenlöcher ist der »Windhund mit dem Katzenkopf« nach einem Spurt außer Atem und so ermüdet, daß er bis zu einer halben Stunde nicht fähig ist, mit dem Verzehren seiner Beute zu beginnen. In dieser Zeit wird ihm bis zur Hälfte der Beutetiere von anderen Raubtieren abgenommen. Deshalb ist der Gepard innerhalb der Wildreservate mit gut gedeihenden Raubtierbeständen wenig wettbewerbsfähig und sein Status selbst in den größten Reservaten unsicher.

Auch in Etosha ist der Bestand sehr dünn. 95 % aller Geparden Namibias leben außerhalb der Wildreservate. Sie haben die raubtierfreien Kultursteppen Namibias mit Erfolg besiedelt und sind in einen starken Konflikt mit den Großfarmern geraten, die noch immer das »Problemtier« in ihm sehen, das ausgerottet werden muß, wie Löwe und Hyäne außerhalb der Wildreservate ausgerottet wurden. Im vergangenen Jahrzehnt sind in den Farmgebieten Namibias, vorwiegend zwischen Windhuk und dem Etosha-Nationalpark, 6500 bis 7000 Geparden gefangen oder erschossen worden. Es ist deshalb unerläßlich, daß sich die Haltung der Farmer gegenüber den Geparden grundlegend ändert, wenn verhindert werden soll, daß die schnellen Katzen ganz aus Namibia verschwinden. Viehverluste durch Geparden sind durchaus nicht so groß, wie behauptet wird, und könnten durch kleinere Änderungen in der Technik der Tierhaltung auf ein erträgliches Maß herabgesetzt werden.

Die Riesentrappe ist mit 15-19 kg der schwerste flugfähige Vogel der Welt.

zwischen Mai und August, trocken und heiß zwischen September und Dezember. Die heißesten Monate sind November und Dezember, wenn die Tagestemperaturen auf über 40 °C ansteigen können. Dann oft bedeckt und regnerisch. Nachts kühlt es meist etwas ab. Etosha ist das ganze Jahr hindurch geöffnet.

Parkeinrichtungen
Schwimmbäder und Landeplätze in allen 3 Touristenparks. Tankstellen, aber beschränkter Reparaturdienst nur Okaukuejo. Es ist Parkhauptquartier und Sitz des ökologischen Forschungsinstitutes. Postamt in Okaukuejo und Namutoni. Telefon mit Direktwahl in alle Länder nur in Namutoni.

Unterkunft/Verpflegung
Die drei Rastparks Okaukuejo, Halali und Namutoni besitzen Bungalows verschiedener Größen, moderne Einrichtungen, Kochgelegenheit und Bettwäsche, aber kein Geschirr und Besteck. Übernachtung auch in den »Kasematten« des nach Originalplänen 1956 restaurierten Fort Namutoni. Einkaufsgelegenheit und Restaurants in allen Rastparks vorhanden. Exklusive Privat-Lodge 500 m vor dem Von-Lindequist- Eingangstor nach Namutoni.
ACHTUNG: Alle Etosha-Reservierungen so lange wie möglich im voraus buchen.

Camping
Jeder Rastpark besitzt schattige Plätze mit allen Einrichtungen, einschließlich elektrischer Einzelanschlüsse.

Wandern/Ausflüge/Exkursionen
Ein kurzer Wanderweg, als beschilderter

Schwarznasenantilopen gibt es nur in Etosha.

An der Okaukuejo-Wasserstelle: Alte Löwin versucht einen Springbock zu schlagen.

186

Die graue Drüsenakazie trägt im Vorfrühling goldgelbe, süß duftende eßbare Blütenbällchen.

Lehrpfad ausgelegt, führt über einen der Dolomithügel von Halali. Die Vegetation unterscheidet sich von der Umgebung und bietet mehreren in Etosha seltenen Vogelarten Lebensraum. Eine Broschüre des »Tsumasa-Wanderweg« ist beim Empfang erhältlich.

Ausstellung
Historisches Museum in der Festung Namutoni, die zum Nationaldenkmal erklärt worden ist.

Malaria
Nach Auskunft der Parkverwaltung bisher kein Problem. Vorbeugung wird aber empfohlen, Moskitonetze in der heißen Jahreszeit.

Buchungen/Information
➪ Director of Tourism, Reservations, Private Bag 13267, Windhuk, Namibia, Tel. (061) 36975-8, Fax 224900; Information Tel. 33875, Fax 224900.
➪ Mokuti Lodge (am Eingang Namutoni), P.O. Box 403, Tsumeb, Namibia, Tel. und Fax (0671) 21084.

Damara-Dikdik leben im Waldland bei Namutoni.

Blick in die Umgebung

Tsumeb besitzt ein Museum mit einer hervorragenden Sammlung von Mineralien, die im Laufe von Jahrzehnten im bedeutenden Kupferbergwerk am Stadtrand gefunden wurden.
Lake Otjikoto ist bis zu 100 m tief. Sein kristallklares Wasser ist Heimat für mehrere sehr seltene mundbrütende Fischarten. 20 km von Tsumeb links an der B1 nach Namutoni.
Der Hoba-Meteorit soll mit 54000 kg der größte Metall-Meteorit der Welt sein. Er liegt auf der **Farm Hoba**, 20 km von Grootfontein an der Straße nach Otavi.

24 Mittlere Namib und Küste

Grandiose Wüsten- und Felsenlandschaften; Trockenflüsse; riesige Robbenkolonie; Guanoinseln mit zahllosen Meeresvögeln; wichtiges Feuchtgebiet mit Watvögeln aus aller Welt; seltene Seeschwalbe; Rosapelikan, Flamingo; Welwitschia-Route; ausgedehnte Flechtenfelder; »Strandwolf«; seltsame Dünenlebewesen.

Die Dünenwelt vor dem Haus haben die Bürger von Swakopmund, eine Küstenstadt aus deutscher Kolonialzeit. Die Dünen haben den Kuiseb River bei Walvis Bay überquert, über den Swakop River kommen sie aber nicht hinaus, obwohl Dünensand oft die Swakopmunder Haustüren zuweht. Dünen und die anschließende Schotter- und Kieswüste (Flächennamib), gehören noch zum gigantischen Namib-Naukluft-Park. Dieser nördliche Teil wird als Namib-Wildpark bezeichnet.

Die graue Stein- und Schotterwüste und die Erosionstäler der Trockenflüsse bilden zwischen Walvis Bay (Walfischbucht) und Möwebucht den menschenfeindlichsten und zugleich doch zugänglichsten Teil der Namibwüste. Auffällig sind die geringen bodenbildenden Verwitterungsprozesse. Sie sind die Folge der geringen Niederschläge. Zusammen mit hoher Verdunstung und starken Temperaturschwankungen hat dies zu reicher Grus-, Schutt- und Krustenbildung sowie zu Salzausblühungen geführt.

Die zentrale Namib wird nicht durch Randberge begrenzt, ist aber von markanten Inselbergen (S. 219) durchsetzt. Sie fangen den ins Inland ziehenden Küstennebel auf und bieten deshalb Lebensraum für eine vielfältigere Tier- und Pflanzenwelt als die sie umgebenden Wüstenebenen. Inselberge unterscheiden sich sehr untereinander und bestehen oft aus Granit, Quarzit und Marmor. Die Region ist verhältnismäßig mineralreich. Zahlreiche

Am Kreuzkap versammeln sich zur Paarungszeit Hunderttausende Südafrikanische Pelzrobben.

Halbedelsteine werden gefunden. Sie sagen jedoch wenig über das Alter der Namibwüste aus, das noch immer heiß diskutiert wird. Es ist deshalb verfrüht, die Namib als die »älteste Wüste der Welt« zu feiern. Sicher ist nur, daß der 1600 km lange Küstenstreifen zwischen Oranje und Kunene schon seit über 80 Mio. Jahren wüstentrocken ist. Darüber täuschen auch die zahlreichen Flußbetten nicht hinweg, die zwischen Kuiseb und Kunene den Atlantik erreichen. Die Mehrzahl führt im Laufe eines Jahrhunderts nur ein paarmal Wasser bis zum Atlantik.

Nördlich von Swakopmund liegt das sogenannte Westküsten-Erholungsgebiet, das in den vergangenen Jahrzehnten stark ausgebaut wurde, aber immer noch eine interessante Vogelwelt besitzt. Es ist 7800 km² groß und erstreckt sich über 200 km bis an den Uchab River.

Pflanzen und Tiere

Die Welwitschia ist eine urtümliche Pflanze, lebendes Fossil genannt, die nur auf der Flächennamib vorkommt. Erstaunlich ist auch die in den Dünen wachsende Nara-Pflanze, deren stacheligen Früchte zwischen Januar und April im Kuiseb-Delta geerntet werden. Der Pflanzenwuchs der Flächennamib ist spärlich. Immerhin sind um 600 Pflanzenarten in diesem so trostlos anmutenden Gebiet festgestellt worden. Sie ernähren eine recht abwechslungsreiche Tierwelt. Spießbock (S. 47), Bergzebra (S. 66), Strauß und Springbock sind vertreten. Man muß jedoch auf den endlosen Wüstenflächen hart nach ihnen suchen. Zu den »Wüstenbäumen« zählen vor allem Kameldorn (S. 195) und mehrere andere Akazienarten. Auch Weißstamm und Moringa

(S. 181) dringen tief in die Namib vor, vor allem entlang der Trockenflüsse. Diese sind langgestreckte Oasen, in denen sogar die nahrungsreiche Sykomore wächst, die im subtropischen Natal weit verbreitet ist. Manche Trockenbetten beherbergen deshalb eine verhältnismäßig reiche Tier- und Pflanzenwelt.

Großwild kommt jedoch nur noch sporadisch in einigen Flußläufen des Skelettküstenparkes vor. Im 19. Jahrhundert soll es noch Elefanten und Nashörner an der Swakop-Mündung gegeben haben. Zu den stark bedrohten Tierarten zählte bis vor kurzem die Damaraseeschwalbe. 90 % dieser kleinsten Seeschwalbenart kommen im Küstenbereich der Flächennamib vor. Lange Zeit wurde der Gesamtbestand auf etwa 2000 geschätzt. Inzwischen haben Ornithologen festgestellt, daß es doch annähernd 10 000 Exemplare gibt. Ein viel erfreulicherer Ausblick auf die Zukunft einer bislang als bedroht geltenden Tierart. Nicht bedroht ist die südliche Bärenrobbe, auch Zwergseebär genannt, obwohl sie anhand festgelegter Quoten jährlich »geerntet« wird. Am Kreuzkap versammeln sich zur Paarungszeit im November und Dezember über 100 000 der ungeliebten Fischesser. Schabrackenschakale (S. 196) und die als Strandwolf bekannte Braune Hyäne (S. 43) leben hier wie Maden im Speck.

Das Trockenbett des Swakop River wirkt wie eine Mondlandschaft. Hier wird Landwirtschaft betrieben.

Das Gebiet der Salzpfannen und Lagunen von **Swakopmund** ① und **Walvis Bay** ② sowie der südlich der Walfischbucht gelegene **Sandwich Harbour** ③ bilden das wichtigste Feuchtgebiet des südlichen Afrikas. Hier kann man in der Saison über hunderttausend Watvögel in ihren Winterquartieren erleben. Zum großen Teil kommen sie aus arktischen Regionen. Regenpfeifer, Schnepfen, 9 Seeschwalbenarten, 8 Kiebitzarten, dazu Flamingos, Reiher, Rallen und Entenvögel.

Im Gebiet unterwegs

Am besten erschließt man sich die Region von Swakopmund aus. Auch von Windhuk sind manche Ziele leicht erreichbar. In jedem Falle muß man bereit sein, längere Fahrten auf sich zu nehmen. Eine Ausnahme ist die kurze Welwitschia-Route, die östlich von Swakopmund über die Welwitschia-Fläche führt. Man fährt ein kleines Stück in Richtung Windhuk und biegt hinter »Martin Luther« rechts ab. Die

Route ist gut beschildert, mit Hinweisen auf Flechtenfelder, interessante Wüstenpflanzen und geologische Besonderheiten. Nach gut 30 km hat man einen guten Blick auf die Mondlandschaft des Swakop-Tales. Nachdem man das Trockenbett durchquert hat, erreicht man auf der anderen Seite die Welwitschia-Fläche ④ in der Nähe des Zusammenflusses von Khan und Swakop River. Welwitschias wachsen überall in den zahlreichen Abflußrinnen. Folgt man dem Fahrweg weitere 12 km, erreicht man an seinem Ende (etwa 70 km von Swakopmund) eine sehr große Welwitschia, die über 1500 Jahre alt sein soll.
Die weitere Flächennamib mit ihren Inselbergen kann man auf einer Fahrt entlang der Schotterstraße C 28 kennenlernen, die Swakopmund und Windhuk über das Khomas-Hochland verbindet. Interessanter ist die etwas längere Route der C 14 von Walvis Bay, die am Kuiseb Canyon ⑤ vorbeiführt und als C 26 über den Gamsbergpaß bis Windhuk geht. Man kann beide Strecken auch zu einer Rundfahrt ver-

binden, die in Swakopmund beginnt und in Walvis Bay endet. Für die Durchreise benötigt man kein Permit. Eintritts- und Campinggebühren werden fällig, wenn man im Namib-Wildpark zwischen Kuiseb und Swakop River übernachten möchte oder für die Welwitschia-Fahrt. Alle Genehmigungen erhält man im Naturschutzbüro in Swakopmund.

Besonders reizvoll sind folgende Campingplätze und deren Umgebung: **Blutkuppe** ⑥, **Kuiseb-Brücke** ⑦ und **Homeb** ⑧. Die Blutkuppe liegt bei der Welwitschia-Fläche, hinter dem langgestreckten Bergrücken des Langen Heinrich. Von den glatten Granitfelsen des Inselberges rinnt Wasser in genügender Menge, um rundherum einen sehr guten Baum- und Busch-

Wundervolle Welwitschia

Der österreichische Mediziner und Botaniker Dr. Friedrich Welwitsch entdeckte sie 1859 in der Namibwüste des südlichen Angolas, der nördlichen Grenze ihres Vorkommens. Fassungslos kniete er vor ihr im heißen Sand und erstarrte in Ehrfurcht vor dem »Zwergbaum, den das harsche Klima unter die Erde getrieben hat«. Er fürchtete, einer Halluzination zum Opfer gefallen zu sein.

Heute ist die *Welwitschia mirabilis* immer noch die ungewöhnlichste und berühmteste Pflanze Afrikas. Man nennt sie ein Paradox des Pflanzenreiches und ein lebendes Fossil. Die zweihäusige Welwitschia ist eng mit den Nacktsamern verwandt. Neben primitiven

Eigenschaften von Moosfarnen besitzt sie deutliche Merkmale von höheren Blütenpflanzen. Botaniker meinen, daß die Pflanze aus tropischen Regenwäldern stammt und älter als die Namibwüste ist. Niemand weiß, wie sich der Wandel vollzog, der das Überleben in der Wüste bei jährlichem Niederschlag um 10 mm ermöglichte.

Die Blütenstände der weiblichen und männlichen Pflanze sind leicht zu unterscheiden. Aus ihrem kurzen, dicken Stamm treibt die Welwitschia nur zwei Blätter aus, die über die Jahre hinweg beträchtliche Längen erreichen, sich wie große Girlanden schlängeln und vom Wüstenwind zerfetzt werden. Nur in höchster Not essen Tiere von den ledrigen Blättern, die jährlich 10 – 20 cm nachwachsen.

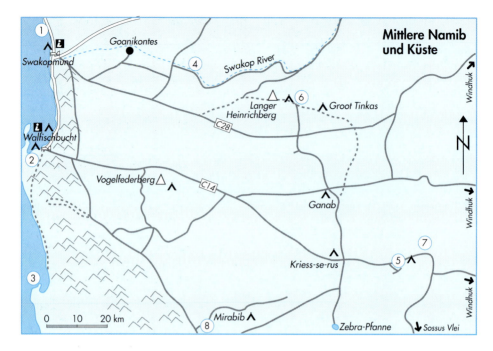

Mittlere Namib und Küste

bestand zu erhalten. Hier finden Vögel und andere Tiere Nahrung und Schutz. Die Felsentümpel auf der Kuppe halten oft längere Zeit Wasser, so daß Kaulquappen schlüpfen können. Sie ernähren sich von zahllosen Mikroorganismen und müssen schnell erwachsen werden, bevor die Tümpel austrocknen.

Bei **Homeb** ⑧, etwa 70 km von Walvis Bay am Kuiseb River, kurz hinter der Forschungsstation Gobabeb, liegen verschiedene Lebensräume der zentralen Namib in Gehweite voneinander. Auch die Welwitschia wächst hier in beachtlichen Beständen. Den Rand des großen Dünenmeeres erreicht man nach einem kurzen Gang durch das Kuiseb-Bett. Die Dünenvegetation ist abwechslungsreicher als an der Küste und bietet Kleintierarten Lebensraum. Man findet zumindest die Spuren des blinden Goldmulls, der durch den Sand »schwimmt«. Die Zwergpuffotter (»Sidewinder«) ist ebenso vertreten wie mehrere an das Leben im heißen Dünen-

sand angepaßte Eidechsen- und Käferarten. Ein Käfer aus der Familie der Schwarzkäfer zieht Gräben, in denen er den Nebeltau auffängt. Ein anderer steht morgens auf dem Dünenkamm Kopf und läßt sich das an den borstigen Beinen sammelnde Kondenswasser in den Mund tropfen.

Die Kopfform der Sandechse gleicht einem Entenschnabel und fördert das rasche Wegtauchen in den Sand. Organe und Skelett des bizarren Wüstengeckos (S.199) sind durch seine durchsichtige Haut sichtbar. Er besitzt »Schwimmhäute« zwischen den Zehen und kann sich damit rasch durch den Sand fortbewegen. Das Wüstenchamäleon hat keine besondere Anpassungsstrategien entwickelt. Es muß Schatten zur Kühlung aufsuchen. Am Koichab-Ufer wachsen neben den typischen Namib-Bäumen auch Sykomoren und der Ebenholzbaum, so daß fast immer ein verhältnismäßig reiches Nahrungsangebot vorhanden ist, das kleine und große Tiere in größerer Zahl anzieht.

Ohrengeier (S. 22), Rothalsfalke, Steppenfalke, Zwergadler, Kaffernadler (S. 86) und Schwarzbrust-Schlangenadler horsten in den hohen Bäumen. Auch andere Vögel sind bei Homeb zu finden. Schleiereule, Fleckenuhu, Kaptriel (S. 60), Wiedehopf, Rotstirn-Bartvogel, Maskenbülbül (S. 201) zeugen von der Anpassungsfähigkeit vieler Vogelarten, denn nur Strauß (S. 40) und Dünenlerche könnte man wirklich als Vögel der Wüste bezeichnen.

Beim Campingplatz **Kuiseb-Brücke** ⑦ liegt der Aussichtspunkt, von dem man einen atemberaubenden Blick auf den in das Schichtgestein einschneidenden Kuiseb Canyon hat. Spießbock (S. 47) und Hartmann-Bergzebra (s. S. 71) steigen zum Trinken hinunter. Das Kap-Erdhörnchen (S. 45) findet man überall, wo es etwas Gras und kleine Büsche gibt.

Die vogelreichen Lagunen von **Walvis Bay** ② erreicht man auf einer Teerstraße, die zwischen Dünen und Meer verläuft. Bald kann man die Guanoplattform riechen, die ein deutscher Unternehmer in das Gezeitengebiet bauen ließ. Auch nördlich von Swakopmund ① gibt es mehrere Guanoinseln. Die Plattform vor Walvis Bay liegt dicht am Ufer und hat die Größe von 3 Fußballfeldern. Zur Brutzeit wirken Hunderttausende von Kapkormoranen als Haupt-Guanoproduzenten. Weißbrustkormoran (S. 36), Küsten- und Riedscharbe (S. 117) kommen in kleiner Zahl vor. Der Rosapelikan (S. 109) hat auf den künstlichen Guanoinseln ebenfalls sichere Brutplätze gefunden. Flamingos benutzen sie zum Zwischenlanden. In den Lagunen am Ortsende von Walvis Bay kann man Flamingos und Zwergflamingos oft zu vielen Tausenden rosa schimmern sehen. Eine Genehmigung benötigt man zum Besuch von **Sandwich Harbour** ③, 40 km südlich von Walvis Bay gelegen. Die riedgesäumten Lagunen sind nur mit Fahrzeugen zu erreichen, die kräftigen Allradantrieb haben. Die Begleitung von Ortskundigen wird empfohlen. Wasser vom benachbarten Kuiseb River sickert durch die Dünen und hilft, den Salzgehalt dieser Küstenlagune zu verringern, in der sich ein reiches Vogelleben beobachten läßt. Übernachtung ist nicht gestattet.

In nördliche Richtung von Swakopmund fährt man auf einer gut befestigten Salzstraße bei der Pantherbakke an Salzpfannen und Guanoplattformen vorbei. Auch hier ist das Vogelleben abwechslungsreich. Im Küstenbereich brütet im Sommer die Damaraseeschwalbe auf unauffälligen Kiesflächen, um räuberischen Schakalen und Möwen zu entgehen. Als nächstes folgt die Feriensiedlung **Wlotskas Baken**, die scherzhaft auch Klein-Sibirien genannt wird. Ausgedehnte Algenfelder sind in der Nähe zu finden.

Nach 120 km biegt man links ab zur **Robbenkolonie** am **Kreuzkap**. Die Robben lagern bis dicht an die Schutzmauer, so daß man sie aus nächster Nähe fotografieren kann. Für die wellenreitenden Robben braucht man allerdings eine längere Brennweite. Meist liegt die Gegend bis gegen 11 Uhr im Nebel. Erstaunlich ist die vielseitige Vogelwelt in und um Swakopmund, Namibias einzigem Seebad. ACHTUNG: Das Erholungsgebiet nördlich von Swakopmund ist besonders in der Ferienzeit stark besucht, vor allem von Brandungsanglern.

Praktische Tips

Anreise
Teerstraße von Windhuk über Okahandja (70 km; links abbiegen), Karibib (180 km) und Usakos (210 km) nach Swakopmund (356 km). Eisenbahn Windhuk bis Swakopmund.

Klima/Reisezeit
Auf der Flächennamib im Sommer heiß und trocken, im Winter gemäßigt mit kühlen bis kalten Nächten. Näher zur Küste hin, im Einflußbereich des Nebelgürtels, der sich meist erst gegen Mittag hebt,

Das Namaqua-Chamäleon in der Nebelzone beim Kreuz-kap wirkt wie ein winziger Dinosaurier.

ist das Klima das ganze Jahr hindurch ge-mäßigt, mit geringem Temperaturunter-schied zwischen Tag und Nacht.

Unterkunft/Verpflegung

Swakopmund und Walvis Bay besitzen eine Reihe guter Hotels, Privatunterkünfte und Pensionen. Sehr gute Einkaufsmög-lichkeiten in beiden Orten.

Camping

In Walvis Bay und Swakopmund gibt es mehrere moderne Campingplätze mit Stromversorgung. Für einfache Camping-möglichkeiten sind zwischen Swakop-mund und Kreuzkap keine Buchungen er-forderlich. Im Gebiet der Flächennamib liegen 8 einfache Campingplätze: Kuiseb-Brücke, Mirabib, Homeb, Kriessruhe, Vo-gelfederberg, Blutkuppe, Tinkasfläche, Ganab. Sie sind mit den notwendigsten Einrichtungen versehen. Wasser, Feuer-holz und alle Vorräte sind mitzubringen. Genehmigungen und Karten sind beim staatlichen Touristenbüro in Swakopmund und Windhuk erhältlich.

Wandern/Ausflüge/Exkursionen

Man darf überall gehen und wandern, aber nicht querfeldein fahren. Dreitägige Wanderung mit Führer entlang des Ugab River. Rechtzeitig über Touristenbüro in

Windhuk buchen. Gesundheitszeugnis, nicht älter als 40 Tage, muß vorgelegt wer-den. Alle Ausrüstung und Verpflegung ist mitzubringen und selbst zu tragen.

Ausstellung

Naturkundliches und historisches Muse-um in Swakopmund. Bibliothek mit um-fangreicher Sammlung von Africana (Kolonial-Kochbuch: Man nehme Fluß-pferdspeck, Affenrücken oder Krokodil-schwänze ...).

Buchungen

➯ Restcamp Swakopmund (Hütten, Woh-nungen, Bungalows): Stadtverwaltung, Private Bag 5017, Swakopmund, Nami-bia, Tel. (0641) 2807/8, Fax 2249.
➯ Campingplatz: The Caretaker, P.O. Box 3452, Swakopmund-Vineta, Tel. (0641) 61781.
➯ Staatliches Touristenbüro Windhuk, Di-rector of Tourism, Private Bag 13267, Windhuk, Namibia, Tel. (061) 36975, Fax 224900.

Information

➯ Staatliches Touristenbüro, Haus Ritter-burg, Bismarckstraße, Swakopmund, Namibia, Tel. (0641) 2172.
➯ Tourist Information (Verkehrsverein), Woermann Haus, Swakopmund, Nami-bia, Tel. (0641) 2224.
➯ Staatliches Touristenbüro Windhuk, (Di-rector of Tourism), Tel. (061) 33875.

Blick in die Umgebung

Die **Erongo-Berge** (2300 m) nördlich von Usakos sind für ihre Felsenbilder und bizarren Felsenformationen bekannt. Die Forschungsstation **Gobabeb** am Kuiseb River, in der Nähe von Homeb, konzen-triert sich vor allem auf die Erforschung des Dünenlebens in der mittleren Namib. Sie kann nach vorheriger Anmeldung besucht werden. Man kann den Besuch mit einer Namibfahrt verbinden.

25 Sossus Vlei, Namib-Naukluft-Nationalpark

Größtes Natur- und Wildschutzgebiet Afrikas; grüne Oase umgeben von höchsten Sterndünen der Welt; Flußmündung im Dünenmeer; an Sanddünen angepaßte Lebensformen; Wüsten- und Bergwandern; grüne Schluchten, kühle Quellen.

Wer nach dem Herzen der Wüste sucht, findet es im Sossus Vlei, das umgeben ist von über 300 m hohen Sterndünen. Sie sollen die höchsten der Welt sein. Sossus gehört zur zentralen Sektion des Namib-Naukluft-Nationalparkes; mit 49 768 km² zählt er zu den größten, eindrucksvollsten und unzugänglichsten Schutzgebieten der Erde. Bei einem Besuch von Sossus Vlei bekommt man den besten Eindruck von der überwältigenden Weite und Vielfalt der Wüstenlandschaft und ihrer kargen Tier- und Pflanzenwelt. Dies ist die einzige Stelle, wo man unbedenklich mit einem gewöhnlichen PKW tief in das Dünenmeer der Namib vordringen kann. Der **Tsauchab River**, der bei Sesriem einen Canyon bildet, führt nach größeren Regenfällen Wasser aus den Randbergen, vorwiegend zwischen Dezember und April. Nur in ganz außergewöhnlichen Regenjahren durchbricht der Fluß die Sandbarrieren, die kurz hinter dem Canyon beginnen und füllt das Sossus Vlei bis zum Rande mit Wasser. Große Kameldornbäume und andere Vegetation am Rande der

Mächtiger Kameldornbaum nach jahrelanger Dürre. Baumruinen überdauern hier mehrere hundert Jahre.

Sossus Vlei

5
Sesriem
Tsauchab River
7
8
4
6
1
2
Sossus Vlei
3

zeitweise
überflutet

Dead
Pan

0   10   20 km

N

sich am Südatlantik entlang bis nach Lüderitz hinzieht, besteht dagegen aus Längsdünen, die von der vorherrschenden Windrichtung geformt sind. Sie können über 50 km lang sein. Barchan- oder Sicheldünen sind im Gebiet von Lüderitz häufig. Sie sind die mobilsten Dünen und transportieren den Sand nordwärts, der ursprünglich aus dem Unterlauf des Oranje River geblasen oder durch die Brandung zurück auf den Strand geworfen wurde.

flachen Kalkpfanne bekommen neuen Auftrieb. Die öde Dünenlandschaft kann sich für mehrere Jahre in eine Oase verwandeln, bis das Wasser wieder verdunstet und unter den Dünen versickert ist, die seit mehr als 60 000 Jahren den Weg des Tsauchab River zum Atlantischen Ozean blockieren.

Das Sossus Vlei liegt etwa in der Mitte des großen, südlichen Dünenmeeres, dessen Nordgrenze der Kuiseb River bildet. An seinem Mündungsdelta liegt die von der Sandwüste eingeschlossene Fischereistadt Walvis Bay. Bei der Walfischbucht, wie auch im übrigen Küstengebiet der südlichen Namib, herrschen Querdünen vor. Der größte Teil des Dünenmeeres, das

Der Schabrackenschakal dringt auf der Suche nach Beute weit zwischen den Dünen vor.

Pflanzen und Tiere

Der Spießbock (S. 11, 47), ist das größte Säugetier der Sandwüste. Durch seine Anpassung an das Wüstenklima (Thermo-Regulation) kann die Antilope tief in die Dünentäler eindringen, in denen nach sporadischen Niederschlägen das nahrhafte Federgras *Stipagrostis gonatostachys* wächst. Das auf den Dünen wachsende, sehr harte Dünenfedergras *Stipagrostis sabulicola* besitzt dagegen kaum Nährwert, schafft aber Lebensraum für die Kleinlebewesen der Dünenwelt (s. S. 192). Man bekommt sie bei flüchtigen Besuchen nur selten zu sehen. Kudu, Löffelhund (S. 42), Tüpfelhyäne (S. 139) und Schabrackenschakal sind recht häufig, aber ebenfalls schwer zu beobachten, während der Kapfuchs (S. 49) am Abend oft um die Grillfeuer schleicht.

Bemerkenswerte Bäume zwischen Sesriem und Sossus sind Hakendornakazie, Köcherbaum, der eigenartige Moringa (S. 181) und der unvergleichliche Kameldornbaum. **Nara-Pflanzen** 6 wachsen in den Dünen um das Sossus Vlei und bieten mit stacheligen Früchten nicht nur den Pflanzenessern, sondern auch den Schakalen zusätzliche Nahrung. Auf dem Zeltplatz von Sesriem sind Maskenbülbül, Rotstirn-Bartvogel, Rußnektarvogel und Bergstar (S. 67) häufig. Der Geierrabe ist selten. Dagegen ist der Schildrabe zur Plage geworden und sollte nicht gefüttert werden. Auf den Sand- und Kiesebenen bis zu den Naukluft-Bergen werden Strauß, Sekretär (S. 169), Kuhreiher (S. 58), Ohrengeier (S. 22), Namaflughuhn (S.41), Ludwigs- und Rüppelltrappe verhältnismäßig häufig gesichtet.

Im Gebiet unterwegs

Das **Sossus Vlei** mit seinen eindrucksvollen Sterndünen liegt 65 km vom Touristenpark **Sesriem** entfernt. 60 km können mit normalen PKW auf leidlicher Schotterstraße bis zum Parkplatz ① gefahren werden. Die letzten 4 km bis zum Picknickplatz am Vlei ② sind nur mit Allradantrieb oder durch einen strammen Fußmarsch zu bewältigen. Am frühen Morgen und gegen Abend sind die Dünen am fotogensten. Dann leuchten sie in freundlichem Terrakotta. Im harschen Mittagslicht blenden sie in heller Sahara-Sandfarbe. Im Sossus Vlei, wie im übrigen Reservat, darf man überall umhergehen und wandern und die Dünen besteigen.

Das »Tote Vlei« ③ liegt südlich vom Picknickplatz. Hier recken vor 500 Jahren abgestorbene Kameldornbäume kahle Äste in den azurblauen Himmel. Spießböcke sind oft beim Äsen zu sehen. Vorsicht bei der Annäherung. Sie können sehr gefährlich werden.

Der **Sesriem Canyon** ④ liegt hinter einer Erhöhung 4 km südlich vom Campingplatz, inmitten einer Schotterebene, die mit spärlichen Büschen bestanden ist. Der enge Canyon ist etwa 3 km lang und 50 m tief. Man kann hinuntersteigen und die verschiedenen Ablagerungsschichten sehen, durch die der **Tsauchab River** seinen Weg gegraben hat. In Richtung Sossus Vlei wird das Flußbett ⑦ immer breiter und ist relativ dicht mit Bäumen und Sträuchern bestanden ⑧. Auch hier sind Spieß- und Springbock oft zu sehen sowie Schakal und Löffelhund (S. 42).

Die **Elim-Düne** ⑤ liegt 5 km vom Zeltplatz

Hartes Strauchgras trägt zur Stabilisierung der Dünen bei und bietet Kleinlebewesen Schutz.

Sesriem entfernt. Zu dieser eindrucksvollen Sterndüne an der Nahtstelle von Flächen- und Dünennamib fährt man etwa 1 km in Richtung Sossus Vlei und biegt dann rechts ab. Man kann auch leicht dorthin gehen. Morgens sieht man oft Löffelhunde, Springböcke, Trappen und Spießböcke auf den Flächen und in den Dünen, wo man

Der blinde Goldmull »schwimmt« auf der Suche nach Beute buchstäblich durch den Dünensand.

die Dünenvegetation und ihre Kleinlebewesen beobachten und fotografieren
kann. Vorsicht bei Wind! Zu den Lebewesen der Dünenwelt gehört auch die sich
seitwärts windende Sandviper oder
Zwergpuffotter.
ACHTUNG: Die Fahrt zum Sossus Vlei ist
in den letzten Jahren beinahe zu einem
Kultziel von Allrad-Enthusiasten aus aller
Welt geworden, wodurch dieses fragile
Ökosystem anscheinend mehr und mehr
unter Druck gerät. Das namibianische Mi-
nisterium für »Wildlife, Conservation and
Tourism« wäre gut beraten, Maßnahmen
einzuleiten, um der drohenden Verände-
rung und Zerstörung dieses einmaligen
Lebensraumes vorzubeugen. Es ist nicht
gestattet, die Pisten mit dem Fahrzeug zu
verlassen.

Praktische Tips

Anreise
Von Windhuk (300–350 km) gibt es mehrere Routen über verschiedene zum Teil
sehr steile Bergpässe. Die jeweils beste
Route kann man in Windhuk im Touristenbüro erfragen. Meist zu empfehlende Anfahrt: Bei Mariental von der B 1 nach Maltahöhe abbiegen (120 km), weiter auf der
MR 36 und nach etwa140 km nach links
abbiegen. Nach 12 km erreicht man den
Eingang zum Touristenzentrum Sesriem.
Genau auf die Wegweiser achten! Vom
Süden aus Richtung Lüderitz (500 km)

Der durchsichtige Wüstengecko besitzt »Schwimm«häute.

◁ Die Dünen des Sossus Vlei gehören zu den höchsten
der Welt. Am besten fotografiert man am späten Nachmittag. Rechts vorn Nara-Büsche.

Die Gehörnte Puffotter kann dem Menschen wegen ihrer ▷
geringen Größe von 30–40 cm kaum gefährlich werden.

Thermo-Regulation

Ohne Schatten und Wasser kann der Mensch die Wüstenhitze nicht lange überstehen. Innerhalb kurzer Zeit erleidet er ungeschützt einen tödlichen Hitzschlag. Zahlreiche Säugetiere besitzen deshalb spezialisierte Kühlsysteme zur Regulierung ihrer Körpertemperatur. Bei Streifengnus (S. 135) sind es die Hörner, beim Elefanten die Riesenohren, die mit einem weitverzweigten System von Blutgefäßen ausgestattet sind, die im Gegenstromprinzip wirken. Die Elefanten müssen ihre Körpertemperaturen in der für Säuger normalen Spanne zwischen 37 °C und 40 °C halten, sonst droht auch ihnen der Hitzetod.
Von den größeren Säugerarten kann nur der Spießbock (S. 11, 47) höhere Temperaturen tolerieren und mit einer Körpertemperatur von über 45 °C heißen Wüstentagen trotzen. So wie der Elefant besitzt der Spießbock ein Kühlsystem im Gegenstromprinzip. Nähert sich die Temperatur der gefährlichen Höhe, setzt das Tier zunächst seine Atmung herab, um den Feuchtigkeitsverlust über die Atemwege zu senken. Steigt die Körpertemperatur dennoch weiter an, schwitzt der Spießbock nicht mehr. Er kann jetzt Körperwärme über einen anderen Mechanismus an die Umgebung abgeben. Sein Atem verschnellt sich, bis er fast wie ein Hund hechelt. Dadurch preßt er einen starken Luftstrom über venöse Blutgefäße, die im Nasenraum ein feines Netz bilden. Das im Gegenstrom zum Gehirn fließende arterielle Blut wird dadurch bis zu 3 °C heruntergekühlt, und der Spießbock überlebt den Hitzestreß. In der folgenden Wüstennacht sinkt seine Körpertemperatur unbeschadet bis auf 30 °C ab.

---

durchfährt man auf dem »Dünenpfad« über Aus – Helmeringhausen – Duwisib Halbwüste und Sukkulentensavanne. Von Walvis Bay (310 km) über Solitaire. ACHTUNG: Manche Schotterstraßen können in schlechtem Zustand sein. Reifen werden in Sesriem geflickt. Autowerkstätten in Walvis Bay, Maltahöhe oder Mariental.

Klima/Reisezeit
Alle Teile des Namib-Naukluft-Parkes sind das Jahr hindurch geöffnet. Temperaturen können im Sommer sehr hoch steigen. Im Februar wurden 46,5 °C im Schatten gemessen. Dagegen ist der Winter mild, die Nächte kühl bis kalt (bis −4,5 °C).

Camping/Verpflegung
Bei Sesriem gibt es unter Kameldornbäumen schattige Zeltplätze, heiße und kalte Duschen. Eine Tankstelle und einfache Einkaufsmöglichkeiten sind vorhanden, einschließlich kalter Getränke. Hartes Kameldornholz fürs Feuer erhältlich.
TIP: Ein Zeltplatz muß unbedingt im voraus gebucht werden. In der Hochsaison, von Juni bis Ende September, werden Besucher von Sesriem und Sossus Vlei, die ohne Reservierung ankommen, oft abgewiesen.

Adressen/Information
▷ Buchungen: Director of Tourism, Reservations, Private Bag 13267, Windhuk, Namibia, Tel. (061) 36975.
▷ Information: Director of Tourism, Oude Voorpost Gebäude, Ecke John-Meinert- und Moltke-Straße (gegenüber der Kudu-Skulptur), Tel. (061) 33875, Fax 224900.
▷ Camp-Manager Sossusvlei, direkt Tel. und Fax 06632 oder 4311 über Zentrale Maltahöhe anmelden.

Blick in die Umgebung

Die Region der Vor-Namib mit den zer-
klüfteten Naukluft-Bergen (S. 11) schließt
sich nach Osten unmittelbar an die Sand-
dünenwelt an. Die **Naukluft-Berge**, etwa
1000 m aus der davorliegenden sandigen
Wüstenebene aufsteigend, gehören zu
den Randbergen, die die westliche Seite
des Binnenlandes von Namibia begren-
zen. Sie enden meist nicht in Spitzen, sondern plateauähnlich, bedeckt mit verkar-
stetem Dolomit und Kalkstein, mit einem
weitverzweigten Entwässerungssystem im
Untergrund. Klare Quellen und Gebirgs-
bäche entspringen in den zahlreichen
Schluchten, wo sich große Bäume in tiefen, kühlen Kolken spiegeln.
Landschaft und Pflanzenwuchs dieser
Übergangsregion bilden einen scharfen
Kontrast zur Sandlandschaft der Namib,
die zu Füßen dieser Berge beginnt. Rundfahrten sind wegen des felsigen Terrains
unmöglich. Deshalb muß man zu Fuß die
Umgebung erkunden. Tages- und mehrtägige Wanderungen sind möglich. Eine der
härtesten Wanderungen des südlichen
Afrikas führt 8 Tage lang durch die unter-
schiedlichen Lebensräume der Naukluft-
Berge. Das Reservat, 1964 zum Schutze
der vom Aussterben bedrohten Hartmann-
Bergzebras gegründet, besitzt abwechslungsreiche Pflanzengemeinschaften, so
daß neben vielen Kleintieren auch Kudu
und Springbock leben können. Es gibt seltene *Lithops-*, *Aloë-* und *Trichocaulon-*
Arten. Charakteristischer Baum ist die
»Common Cluster Fig«, die zur Reifezeit
fruchtessende Vögel anzieht.
Über 200 Vogelarten sind bisher in dieser
Übergangszone zwischen Namib und Bin-
nenhochland festgestellt worden. Einige
erreichen hier die südliche Grenze ihres
Verbreitungsgebietes, darunter Drossel-
würger, Namibschnäpper, Rüppelltrappe
und Monteirotoko. Für Zimtbrustsänger
und Karruheckensänger ist das Gebiet
Nordgrenze. Die Felsenschluchten sind

Der singfreudige Maskenbülbül hält sich in den Kameldorn-
bäumen des Campingplatzes auf.

ideale Standorte für Greifvögel wie
Kaffernadler (S. 86), Felsen- (S. 86) und
Augurbussard, Wanderfalke, Turmfalke
und Kapuhu (S. 49). Auch das Rosenköpfchen kommt vor.
Die Zahl der Zeltplätze ist beschränkt.
Man muß sie sich so lange wie möglich
im voraus reservieren lassen. Das gilt
auch für die mehrtägige Wanderung.

Den stattlichen Geierraben (Foto) sieht man selten. Der
aufdringliche Schildrabe ist dagegen zur Plage geworden.

26 Fischfluß-Canyon, südliche Namib

Zweitgrößter Canyon der Welt; weite Wüstenlandschaften; mehrtägiger harter Wanderweg durch Canyon; wüstenangepaßte Tiere und Pflanzen; Diamantenwüste mit wildlebenden Pferden; Sukkulentensteppe; Wanderdünen; stürmische Felsenküste; Meeresvögel am wilden Atlantik; malerisches Städtchen mit kolonialer Vergangenheit.

Noch führt das südwestliche Namibia durch seine Randlage und Ausdehnung ein touristisches Schattendasein. Dabei muß man durchaus nicht vierradangetrieben endlose Strecken durchfahren, wenn man diese außergewöhnliche Region kennenlernen will, die zwischen Kuiseb und dem Oranje-Fluß den trockensten und heißesten Teil des Landes bildet. Im Osten wird das Gebiet von einem langgestreckten Hochplateau begrenzt, dessen Steilrand sich mit breiten Tälern zur Namib öffnet. Die Schuttdecke des Berg- und Tafellandes ist mit Kurzstrauchsteppe bedeckt, an die sich Fels- und Schuttflächen sowie die Sukkulentensteppe der südlichen Namib anschließen.

Bei Lüderitz beginnt die **Große Gobaba**, ein Meer hoher, vegetationsloser Dünen, die bis hinauf zum Wendekreis des Steinbocks reichen. Weite Teile der heutigen Namib sind wahrscheinlich erst im Pleistozän entstanden, als Passatwinde begannen, feuchte Luftmassen heranzubringen, die auch der Westseite des südlichen Afrikas bescheidene Winterregen brachten. Um diese Zeit verstärkte sich auch der

Vom Aussichtspunkt »Main Viewpoint« sieht man die Windungen des Canyon. Früh- oder Spätlicht ist am günstigsten.

Anuelle Pflanzen wie die Schakalblume (»Namaqualand Daisy«) sind tief in die Namibwüste vorgedrungen. Am Horizont der Inselberg »Dicker Wilhelm«.

Benguelastrom, der noch heute vom Kap der Guten Hoffnung her am Festlandsockel entlangstreicht. Durch die Erddrehung wird er nach Westen abgelenkt, wodurch kaltes Tiefenwasser aufgewellt wird, was zu der starken Abkühlung des südlichen Atlantiks führt. Dichte Nebelbänke liegen ständig über der ungastlichen Küste. Aber die Luftfeuchtigkeit erreicht nur selten den Taupunkt, und richtiger Regen bleibt aus über einer etwa 100 km breiten Ebene, die langsam zum Steilrand ansteigt. Allerdings reicht die subtropische Winterregenzone des Kaplandes in manchen Jahren tief in den Süden Namibias hinein und bringt dann auch die nahezu vegetationslose Wüste zu kurzem heftigen Blühen.

Glanzstück der Region ist zweifellos der **Fish-River-Canyon-Nationalpark**, der zur Bewahrung der atemberaubenden Landschaft gegründet wurde. Größe und landschaftlicher Zauber werden nur vom Grand Canyon des Colorado (USA) übertroffen. Auf einer Strecke von 160 km hat sich der einst mit mächtiger Erosionskraft ausgestattete Fischfluß in Millionen Jahren bis zu 550 m tief in das Felsplateau gegraben. Er ist heute Namibias größter Binnenfluß und entspringt östlich der Naukluft-Berge, entwässert die ganze südliche Landesmitte und mündet 700 km später in den unteren Oranje River, der hier bereits seinen Namen als »River of Diamonds« verdient.

Pflanzen und Tiere

Als Wahrzeichen der Region steht der **Ko-ker-** oder **Köcherbaum** einsam und in dichten Beständen auf Steinhängen und ebenen Flächen, gepriesen als einziger Baum der Namib. In Wirklichkeit ist er eine massige, bis 7 m Höhe erreichende Aloe, die das Landschaftsbild der äußeren Namib prägt. Ihre gelben Blüten ziehen zwischen Juni und August Vögel, Heuschrecken und Paviane an. Die dicken, hohlen Äste wurden von den San als Köcher benutzt. Das Gebiet der südlichen Namib gilt auch als die Heimat der großen Mutterherden der wehrhaften Spießböcke (S. 11, 47), die in der Vergangenheit stark bejagt wurden und deshalb erheblich geschrumpft sind. Seitdem der Fischfluß-Canyon-Nationalpark 1986 durch Zufügung der Hunsberge auf 3460 km^2 erweitert wurde, sieht man die seltenen Hartmann-Bergzebras (s.S.71) wieder häufiger. Auch andere Tiere, wie Spießbock, Kudu (S. 125), Strauß (S. 40) und Pavian (S. 33, 157) scheinen in dem von Karakulfarmen umgebenen Schutzgebiet wieder heimischer zu werden.

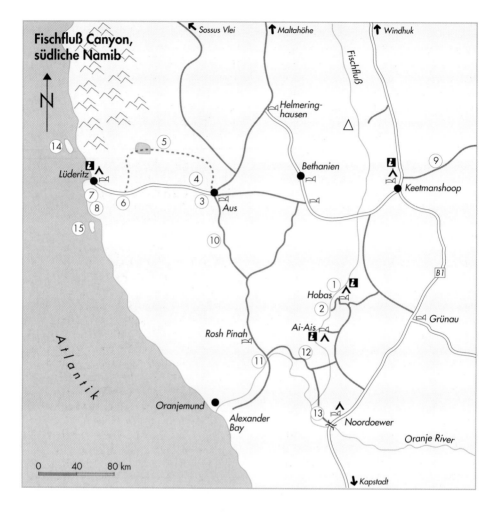

Fischfluß Canyon, südliche Namib

N

14
5
Lüderitz
4
7
8
6
3
Aus
15
10

Sossus Vlei
Maltahöhe
Windhuk

Helmering-
hausen

Bethanien

Keetmanshoop
9

1
Hobas
2
Ai-Ais
12
Grünau

Rosh Pinah
11

Atlantik

Oranjemund
Alexander
Bay
13
Noordoewer

Oranje River

0   40   80 km

Kapstadt

B1

Einige Felseninseln sind dem Festland nördlich und südlich von Lüderitz in Sichtweite vorgelagert, auf denen es zum Teil noch große Kolonien von Kaptölpeln (S. 39) und Kapkormoranen (S. 189) gibt. Die felsige Küste ist auch Lebensraum der Kaplanguste, die von Lüderitz aus kommerziell gefangen wird. Die Zahl der Brillenpinguine (s. S. 38) ist seit der Ankunft der ersten Guanoschiffe im vergangenen Jahrhundert ständig geschrumpft. Braune Hyänen (S. 43) durchsuchen in der Nacht oft die Mülltonnen in Lüderitz.

Im Gebiet unterwegs

Vom Campingplatz **Hobas** am Fischfluß-Canyon führt eine 10 km lange, staubige Piste durch graubraunes Geröllfeld zum »Main Viewpoint«①, von dem man morgens am besten in den Canyon fotografieren kann, der hier einen starken Bogen macht. Ein paar Kilometer weiter in nordwestlicher Richtung kommt man zum »Hiking Point«, der seine bildwirksamste Seite am späten Nachmittag zeigt. Hier beginnt auch der Abstieg zur Wanderung durch den Canyon ②. In etwa 45 Minuten erreicht man die Talsohle und benötigt etwa die doppelte Zeit zum Zurückklettern. Für die 85 km lange, 3- bis 5-tägige Wanderung bis zu den heißen Quellen von Ai-Ais benötigt man eine Genehmigung. Links von der Hauptaussicht führt eine gut befahrbare Piste für etwa 60 km dicht am Canyonrand entlang. Gute Aussichtspunkte sind markiert. Am frühen Morgen kann man hier manchmal Klippspringer, Steinböckchen und Springböcke sehen.

Das alte Wasserbecken von **Hobas**, das auch das Schwimmbad speist, ist rundherum für die Beobachtung von Vogelarten geeignet, die in diesem Trockengebiet leben können. Manche Arten sind leicht zu fotografieren, wenn man sich im Schatten am Bassin niederläßt und die Kamera mit mittlerer Brennweite an der Mauer auflegt. Nach kurzer Zeit finden sich bestimmt ein: Kapglanzstar und Bergstar (S. 67), Rußnektarvogel, Maskenbülbül (S. 201), Siedelweber und andere.

Lohnen kann auch ein kleiner Streifzug durch das Camp, das in einem Stück Galeriewald an einem Trockenflußbett liegt. Weißdorn- und Ebenholzbäume geben herrlichen Schatten. Ein großes, doppeltes Gemeinschaftsnest der Siedelweber (S. 43) findet man in einem stattlichen Kameldornbaum an einem Nebenweg, der kurz vor der Hauptaussicht am Canyon links von der Fahrbahn abzweigt.

Ai-Ais liegt etwa 80 km südlich von Hobas und ist durch seine Thermalquelle bekannt geworden, die schon von Steinzeitmenschen besucht wurde.

Bei einer Wanderung am Fischfluß entlang kann man gut Vögel und Kleintiere beobachten. In den Riedbeständen findet man vor allem Nilgans, Purpurhuhn und Teichhuhn. Achten Sie in den Ufergebüschen auf Rußnektarvogel, Gabelschwanzspint, Brustbandprinie und seltenere Arten wie Brubru und Sichelhopf. Das Ufergehölz besteht hauptsächlich aus Tamaris-

Sperrgebiete

Große Teile der Namibwüste waren bereits 1908 durch die deutsche Reichsregierung zu verbotenen Gebieten erklärt worden, »Zur Aufsuchung und Gewinnung von Mineralien« durch die Deutsche Kolonialgesellschaft. Die Sperrgebiete reichten von der Küste in einer Breite von teilweise über 100 km vom Oranje bis zum Wendekreis des Steinbockes unterhalb der Walfischbucht. Seit wenigen Jahren gehören sie teilweise zum riesigen Namib-Naukluft-Nationalpark.

Noch heute darf kein gewöhnlicher Sterblicher das verbliebene Sperrgebiet betreten, das die gesamte südliche Namib in einer Länge von 220 km einschließt und bei Lüderitz immer noch ein gutes Stück nach Norden reicht. Durch die seit deutscher Kolonialzeit fortgesetzte Diamantenpolitik ist die Namib heute wahrscheinlich das am besten bewahrte Naturreservat der Welt, mit Ausnahme der küstennahen Kiesflächen mit ihren Wanderdünen, wo ehemals marine Terrassen mit modernsten Erdbewegungsmaschinen nach Diamanten durchsucht werden. Auch die Wüstenpferde verdanken ihre Existenz der Tatsache, daß ihr Verbreitungsgebiet jahrzehntelang in dem unzugänglichen Sperrgebiet Nr. 1 lag. Großartige Naturdenkmäler wie der Bogenfels und der Rote Kamm, ein 2,5 km breiter Meteoritenkrater südlich der Aurusberge, sowie mehrere große Robbenkolonien im Sperrgebiet südlich von Lüderitz dürfen bis heute nicht besucht werden.

ken, die brackiges und salzhaltiges Grundwasser aushalten können. Außerdem gibt es Kameldorn- und Ebenholzbäume.

Ein wachsartiger Überzug schützt die Buschmannkerze vor schnellem Austrocknen.

Auf der Weiterfahrt nach Lüderitz erreicht man bei **Aus** ③ den Steilabfall zur Namib. Es ist Namibias kältester Ort, mit Schneefall im Winter. Eine gute Teerstraße führt von Aus hinunter in die Flächennamib. Kurz hinter dem Ortsausgang gewahrt man schon den mächtigen Block des Dicken Wilhelms. Vor diesem Inselberg liegt das Gebiet der wilden **Wüstenpferde** ④, die man an der Wasserstelle (rechts von der Straße) aus größter Nähe in Muße beobachten kann, nachdem hier eine Zufahrt und ein überdachter Beobachtungsstand gebaut wurden. Die wahrscheinlich aus früher deutscher Zucht abstammenden Pferde waren während einer langanhaltenden Dürreperiode von endgültiger Vernichtung bedroht, sind aber mit Hilfe von Spenden deutscher, österreichischer und schweizer Tierfreunde gerettet worden. Löffelhund (S. 42) und der wüstenangepaßte Kaphase leben ebenfalls im Streifgebiet der Wüstenpferde, das von der **Koichab-Pfanne** und dem südlichen Ende des Dünenmeeres ⑤ begrenzt wird. Spieß- und Springböcke, Schabrackenschakale sowie mehrere Vogelarten besuchen die Pferdetränke, einzige Wasserstelle im Gebiet von Garub.

Die Teerstraße führt etwa 100 km durch Diamanten-Sperrgebiet bis Lüderitz. Die letzten 20 km sollte man bei starkem Wind besonders vorsichtig fahren, da hohe Sandwehen quer über der Fahrbahn liegen können. Wandernde **Barchandünen** sieht man nun zu beiden Seiten der Fahrbahn ⑥.

Ein paar Kilometer vor dem Ziel bekommt man einen guten Blick auf die Lüderitz-Bucht. Die Atlantikküste ist hier stärker gegliedert als an der übrigen namibiani-

Der brennbare Wachsmantel der Buschmannkerze bleibt nach dem Absterben der Pflanze erhalten.

Königin der Namib heißt eine der auffälligeren Sukkulentenarten der südlichen Wüstenzone.

Der Köcherbaum ist nicht der »Baum der Namib«, sondern eine riesige *Aloë*-Art, die im Juli blüht (kleines Foto).

schen Küste und als stürmisch bekannt. Auf dem Weg hinaus zu dieser rauhen Felsenküste mit ihren dunklen Riffen ⑦ fährt man an Lagunen vorbei, in denen man in der Saison vor allem Flamingos in größerer Zahl sehen kann. Nachts werden sie zuweilen von Schakalen und Braunen Hyänen gegriffen.

Bei der Großen Bucht und der Sturmvogelbucht kann man die an der Küste des südlichen Afrikas verbreitete Eilseeschwalbe bei ihrem Beutefang- und Brutverhalten beobachten. Schwarzer Austernfischer (S. 39), Dominikaner- (S. 37) und Hartlaubsmöwe sind ebenfalls gut vertreten. Restbestände der in alten Gebäuden auf der Halifax-Insel nistenden Brillenpinguine (s. S. 38) kann man durch ein gutes Fernglas beobachten. Die Insel liegt neben der Diaz-Spitze ⑧, ein Felsriff, das durch ein Marmorkreuz gekrönt ist, das

dem steinernen »padrao« nachgebildet ist, das von Bartolomeu Diaz aufgerichtet worden war, der 1487 als erster europäischer Seefahrer das Kap der Guten Hoffnung erreichte.

Auf dem Weg zur **Großen Bucht** kann man sein Auto abstellen, nach Herzenslust herumstreifen und das sehr ungewöhnliche Pflanzenleben entdecken. Sukkulenten überwiegen. Die meisten sind sehr klein, aber langlebig. Die zu der artenreichen

Die halbkugeligen Enden der keulenförmigen Blätter der Fensterpflanze dienen der Photosynthese.

26 Fischfluß-Canyon, südliche Namib ———————— 207

Gattung der Eiskrautgewächse (S. 16) gehörenden Mittagsblumen mit fleischigen Blättern sind reichlich vertreten. Lebende Steine (*Lithops*), normalerweise in unauffälliger Schutztracht, sind zur Blütezeit (vorwiegend Dezember bis Mai) durch ihre strahlenförmigen Blüten leichter aufzuspüren.

Mit Glück findet man die Fensterpflanze *Fenestraria rhopalophylla* in einer der sandigen Ablaufrinnen. Sie schiebt zur Photosynthese nur glasklare, aus Wassergewebe bestehende Blattkuppen durch den Sand und schützt sich so vor Verdunstung, da ihre kärgliche Wasserzufuhr hauptsächlich vom Küstennebel abhängt.

Die **Buschmannkerze** hat eine andere Strategie entwickelt, in der wasserlosen Wüste zu überleben. Ihr Stamm ist durch einen wachsartigen Überzug geschützt, der nach dem Absterben der Pflanze leicht brennt.

Bootsfahrten entlang der Küste werden organisiert, nach Norden in Richtung der Vogelinsel **Ichabo** ⑭, nach Süden etwa bis **Possession Island** ⑮.

TIP: Kaum erschlossen ist die interessante **Sukkulentensteppe**, die sich am Diamanten-Sperrgebiet Nr. 1 entlangzieht, das sich etwa 100 km breit von der Küste südlich der Straße Lüderitz – Keetmanshoop bis hinunter zum Oranje erstreckt. Die überwältigenden Großlandschaften sind ein Erlebnis. Der Pflanzenwuchs ist noch vielseitiger als in dem verbotenen Gebiet gegenüber. Er umfaßt eine Vielzahl von Sukkulentenarten, darunter der auffällige »Halbmensch« *Pachypodium namaquanum* (S. 211), die »Königin der Namib« *Hoodia gordonii*, eine große Zahl von *Aloë*-Arten, darunter der über 10 m hoch wachsende »Bastard Quiver Tree«, der dem Köcherbaum sehr ähnlich ist.

Nach gutem Winterregen sind die Hänge der äußeren Namib bedeckt mit Teppichen aus Bärenohr und anderen kurzlebigen Blütenpflanzen. Eine Erkundungsfahrt entlang des Sperrgebietes ⑩ kann für et-

was Wagemutigere deshalb sehr lohnend sein. Am besten biegt man bei **Aus** nach Süden in die C 13 und fährt in Richtung **Rosh Pinah** (165 km), ein kleiner Bergwerksort (Blei und Zink) mit einer Allee aus Köcherbäumen. Von hier aus erreicht man nach etwa 30 km Fahrt den **Oranje River** bei den **Lorelei-Felsen**. Mehrere Schreiseeadler (S. 165) horsten in der Nähe.

Bei **Sendelingsdrift** ⑪ kann man eventuell mit der Motorfähre über den Oranje setzen (in Rosh Pinah nachfragen) und ist auf südafrikanischer Seite im neugeschaffenen **Richtersveld-Nationalpark**. Will man nicht nach Aus zurückkehren, kann man auch eine gut befahrbare Piste am Nordufer benutzen, die aber auf den meisten Karten nicht eingezeichnet ist. Sie führt am Oranje stromaufwärts ⑫ zur Mündung des Fischflusses, der zur Winterzeit leicht zu durchfurten ist.

Am Zusammenfluß ⑬ kann man wild zelten und am folgenden Tag die mehrstündige Fahrt am Oranje entlang fortsetzen. An der 100 000 ha Farm Aussenkehr vorbei, wo man eine kleine Herde der Wüstenpferde von Garub angesiedelt hat, erreicht man bei **Nordoewer** die B 1. Für diese Fahrt wird Vierradantrieb und Reise mit zwei Fahrzeugen empfohlen. Alle Vorräte sind mitzuführen. Tanken kann man in Aus, Rosh Pinah und Nordoewer.

Anreise
Keetmanshoop liegt 480 km südlich von Windhuk an der B 1, die weiter nach Kapstadt führt. Von hier aus erreicht man den Fischfluß-Canyon beim Touristenpark Hobas am besten, wenn man die geteerte Hauptstraße nach Lüderitz bis Seeheim fährt (45 km). Hier biegt man nach links ab und fährt auf einer Schotterstraße etwa 70 km weiter bis Holoog. Von hier geht es nach rechts weiter bis **Hobas** (30 km). Kommt man vom Süden her auf der B1, so hat man nach dem Grenzübergang bei

Lithops oder »Lebende Steine« sind außerhalb der Blütezeit ihrer Umgebung täuschend angepaßt.

Nordoewer mehrere Möglichkeiten, links nach Ai-Ais oder Hobas abzubiegen. Die Straße von Keetmanshoop nach Lüderitz (330 km) ist auf einer Länge von etwa 100 km zwischen Goageb und Aus nicht geteert. Keetmanshoop und Lüderitz sind auch mit Linienflügen erreichbar.

Klima/Reisezeit
Die Region liegt im Übergangsgebiet zwischen Sommer- und Winterregen. Die Niederschläge sind besonders niedrig und unregelmäßig. Die beste Reisezeit liegt im Winter, mit sonnigen Tagen und kalten Nächten. Temperaturen können im Sommer über 45 °C erreichen.

Parkeinrichtungen
Tankstelle, Laden, Schwimmbad in Hobas und Ai-Ais. Mineralbäder und Landestreifen in Ai-Ais. Das Schwimmbad von Ai-Ais wird nicht aus der Thermalquelle gespeist, sondern ist nur mit vorgewärmtem Flußwasser gefüllt.

Unterkunft/Verpflegung
Ai-Ais: Zimmer und Hütten in verschiedenen Preislagen und allen Einrichtungen. Restaurant vorhanden. Vom zweiten Freitag im März bis zum 31. Oktober geöffnet. Lüderitz besitzt gute Einkaufsmöglichkeiten, mehrere Hotels, Privathütten (2–4 Betten) mit Blick aufs Meer (Frühstück eingeschlossen).

Camping
Ai-Ais, Hobas und Lüderitz besitzen moderne Zelt- und Wohnwagenplätze, meist mit elektrischen Einzelanschlüssen. ACHTUNG: Manche Zufahrten sind in schlechtem Zustand.

Wandern/Ausflüge/Exkursionen
Mehrtägige Wanderung durch den Fischfluß-Canyon zwischen Mai und August. Nur Gruppen von 3–40 Personen zugelassen. Ein Gesundheitsattest (nicht älter als 40 Tage) muß vor Beginn der Wanderung in Hobas vorgelegt werden. Alle Ausrüstung muß selbst getragen werden. Übernachtung im Freien auf dem Canyon-Boden. Einstündiger Besuch mit Führung der »Geisterstadt« **Kolmanskop** bei Lüderitz.

Ausstellung
Kleines Kulturhistorisches und Naturkundliches Museum in Lüderitz und Keetmanshoop.

Adressen/Information/Buchungen
↪ Director of Tourism, Reservations, Private Bag 13267, Windhuk, Namibia, Tel. (061) 36975, Fax 224900.
Buchungen für Kolmanskop:
↪ Lüderitzstiftung, Bismarckstraße, Postfach 233, Lüderitz, Tel. (06331) 2532.

Blick in die Umgebung

Auf der Farm **Gariganus** ⑨ bei Ketmanshoop gibt es einen dichten Bestand von über 300 Köcherbäumen, die als »Kokerbaumwald« zum nationalen Monument erklärt wurden. Im Juni und Juli stehen die Bäume meistens in Blüte. Fotos gegen den roten Abendhimmel ergeben besondere Effekte.
Man fährt auf der B 1 von Keetmanshoop ein kurzes Stück nordwärts und biegt nach rechts in die Schotterstraße nach Koes. Nach 14 km erreicht man das Naturreservat.

Nebenreiseziele

N 1 Walfischküste

Der Küstenstreifen zwischen dem Kap der Guten Hoffnung und Kap Agulhas wird für die Beobachtung des Südlichen Glattwales jedes Jahr beliebter. Die **Glattwale** nehmen in den Gewässern des südlichen Afrikas jährlich mit etwa 7 % zu. Über 1500 Wale gleiten jedes Jahr zwischen August und Dezember zum Kalben und zur Paarung in die stillen Buchten.
Die besten Beobachtungsstellen liegen an der Küstenstraße zwischen Cape Point und Cape Hangklip, bei dem Ferienort Hermanus und im De-Hoop-Naturreservat.

N 2 De-Hoop-Naturreservat

Ein knapp 600 km² großes Schutzgebiet im Bereich der südwestlichen Kapküste mit ausgezeichneten Zukunftsaussichten.

Ausgedehnte Sand- und Kalksteinebenen und Karsthügel wechseln mit Vleis, 100 m hohen Sanddünen sowie mit ausgedehnten Sand- und Felsenküsten, wo Wind und Wellen phantastische Kliffs aus Kalk- und Sandstein geformt haben.
Eines der letzten noch unberührten Areale von **Küstenfynbos** mit über 1500 Pflanzenarten wird geschützt. Darunter sind 70 seltene und gefährdete und 50 Arten, die nur in diesem Reservat vorkommen.
Die Tierwelt reicht vom 50 Tonnen wiegenden Südlichen Glattwal bis zum winzigen Sandfloh. Es gibt Elenantilopen, wachsende Bestände von Kap-Bergzebras (S. 66) und den größten und noch anwachsenden Buntbockbesatz (S. 31). Dazu weitere 80 Säugetierarten.
Die Vogelwelt ist mit 230 Arten besonders wichtig. Darunter ist die letzte Kap-Kolonie des Kapgeiers, der in den Kapsandsteinfelsen des Potberges horstet. In guten Jahren leben Tausende von wasserliebenden Vögeln im ausgedehnten De-Hoop-Vlei. Dann gehen die Schreiseeadler (S. 165) zur Vogeljagd über.
Das Reservat ist 260 km von Kapstadt entfernt und über Bredasdorp oder Swellendam zu erreichen. Es gibt Cottages im Kapstil zu mieten und einen Campingplatz.

N 3 Cedarberg-Wildnisgebiet

Eine malerische wilde Bergwelt mit zerfurchten Hängen, tiefen Tälern, 2000 m hohen Bergspitzen und verwitterten Sandsteinformationen wie Malteserkreuz, Wolfbergbogen und andere. Die natürlichen Steinskulpturen sind durch ein Netz

Felsenformation bei den »Cathedral Rocks«. Das Cedarberg-Wildnisgebiet bietet dem Natur- und Landschaftsfotografen abwechslungsreiche Motivwahl.

Nach guten Winterregen verwandelt sich die nackte Öde des Namaqualandes in ein farbenfrohes Blütenmeer (N 4).

von Wanderwegen leicht zugänglich und fotografisch besonders ergiebig.
Mehrtägige Wanderungen mit Übernachtungen in einfachen Berghütten und restaurierten Farmgebäuden sind möglich. Es gibt zwei Camping- und Wohnwagenplätze mit allen Einrichtungen.
Die Vegetation besteht überwiegend aus Fynbos mit topographisch bedingten Variationen. Die Clanwilliam-Zeder, Charakterart der Region, ist durch Raubbau selten geworden. Alte, knorrige Stämme mit dem fast weißen, hellgelben Holz sind kaum noch zu sehen. Die Zedern sind sehr harzreich und feuerempfindlich. Umfangreiche Aufforstungsprogramme sind im Gange.
Die Vogelwelt der harschen Bergregion ist überraschend vielseitig. Mehrere kleinere Antilopen sind öfter zu sehen. Für Falbkatze, Erdwolf, Kapfuchs (S. 49) und Löffelhund (S. 42) benötigt man dagegen Glück und noch mehr Geduld. Die Cedarberge liegen 220 km nördlich von Kapstadt und sind über die N 7 zu erreichen.

Halbmensch heißt die bis zur Größe eines kleinen Baumes wachsende Sukkulente der Felsenwüste. Hier im Goegab-Naturreservat bei Springbok (N 4).

N 4 Namaqualand

»Garten der Götter« ist ein seltsamer Name für die Region am unteren Ende der Namibwüste, die unter der versengenden Sommerhitze kahl daliegt und sich erst nach gutem Winterregen verwandelt. Dann entwickelt sich über Nacht eine Vielfalt kurzlebiger Blütenpflanzen, deren endlose Teppiche in allen Farben des Regenbogens leuchten. Die Massenblüte wird außer durch die artenreiche Familie der Mittagsblumen vor allem durch Pflanzen der Familie der Korbblütengewächse verursacht. In Südafrika ist diese große Familie mit über 2000 Arten stark vertreten. Sie sind hier zum Teil als »Daisy«-Arten bekannt.
Die spektakuläre Blütenpracht, in ihrer Art einmalig, kann in der Regel zwischen August und Oktober bewundert werden. Das Blumengebiet liegt etwa 550 km nördlich Kapstadts zu beiden Seiten der geteerten Fernstraße (N7) nach Windhuk. Zentrum ist der Ort Springbok. Über die Qualität der Blumensaison erkundigt man sich kurzfristig über die Kapstädter »Flower Hotline«, Tel. (021) 4183705.

N 5 Augrabies-Falls-Nationalpark

Die Augrabies-Wasserfälle gelten als ein Naturwunder des südlichen Afrikas. Das Reservat zu ihrem Schutz liegt im ariden südwestlichen Afrika, 120 km westlich von Upington am Ufer des Oranje River. Das auf 820 km² erweiterte Schutzgebiet trägt heute eine lebensfähige Population des Kap-Spitzmaulnashorns aus Namibia (s. S. 106). 1985 wurde diese seltene Unterart hier eingebürgert und der Bestand mehrmals aufgestockt. Eine Reihe von Antilopen und Raubtieren ergänzen die Tierwelt. In dem extrem trockenen Gebiet gedeihen besonders Köcherbaum (S. 207) und Euphorbien. Nur dicht am Flußufer gibt es üppigeren Baumbestand.

Die Vogelbeobachtung ist am frühen Morgen und späten Nachmittag sehr gut. Man sieht dann Ludwigs- und Riesentrappe (S. 186). Kaffernadler (S. 86) kann man am späten Nachmittag oft beim Wasserfall vom Aussichtspunkt »Echo Corner« beobachten. Der Schwarzstorch brütet in den Schluchten. Übernachten in Chalets oder auf schattigem Campingplatz.

N 6 Wilderness-Nationalpark

Das Seengebiet der Gardenroute um Knysna beginnt hinter der Stadt George. Bis Kapstadt 440 km auf der N 2. Wer die Kombination von Naturschutz und Wassersport liebt, kommt auf seine Kosten. Das Gebiet ist kommerzialisiert. Nicht überall sind Motorboote und Wellenreiter zugelassen; man kann auch mit Ruder- oder Paddelbooten die Natur erkunden. Es gibt interessante Wanderwege, auf denen man z. B. mehrere Eisvogel-Arten beobachten kann. Das Seengebiet bietet Lebensraum für über 80 Wasservogelarten, von denen viele hier brüten. Zwei gute Beobachtungsstände. Die Pflanzenwelt ist an vielen Stellen von Exoten geprägt. Zahlreiche Übernachtungsmöglichkeiten, von Campingplätzen bis zu Hotels für gehobene Ansprüche.

N 7 Bontebok-Nationalpark

Das 3230 ha große Reservat liegt am Breede River inmitten von Weizenfeldern und Weiden, auf denen im Herbst das Rotgras silberweiß wogt. 1931 wurde es zum Schutz der letzten Buntböcke (S. 31) gegründet. Inzwischen haben sich die damals letzten 22 Tiere der nur im Kap-Gebiet beheimateten Antilopenart gut vermehrt, so daß Zuchtherden in anderen Reservaten angesiedelt werden konnten. Kap-Greisbock, Kuhantilope (S. 67), Steinböckchen und Kap-Bergzebra (s. S. 71) sind ebenfalls zu sehen. Die Vogelwelt ist mit über 200 Arten vielfältig. Die heimliche Stanleytrappe kann beobachtet werden. Die Mohrenweihe ist das ganze Jahr über beim Rastpark zu sehen. Das Schutzgebiet bildet die Ostgrenze des Fynbos-Gebietes (s. S. 29). Die reiche Flora ist zwischen September und November am eindrucksvollsten. Um diese Zeit werfen die Buntböcke ihre Jungen.

Das Reservat liegt bei dem historischen Ort **Swellendam**, etwa 6 km von der N 2 entfernt. Es gibt einen Campingplatz. Man kann Wohnwagen für Übernachtungen mieten. Der Bau fester Unterkünfte ist geplant. In Swellendam gibt es einen gepflegten Camping- und Wohnwagenplatz mit Chalets im Cape-Dutch-Stil.

N 8 Golden-Gate-Highlands-Nationalpark

Massive, farbenprächtige Sandsteinkliffs sind die Hauptattraktion und das wichtigste Bewahrungsziel dieses 1800–2800 m hoch gelegenen Reservates am Rande der Maluti-Berge von Lesotho. Die Vegetation des 11 630 ha großen Schutzgebietes besteht hauptsächlich aus montanem Grasland mit wenigen bewaldeten Schluchten. Unter den größeren Säugetieren befinden sich Elenantilope, Moschusböckchen und das selten gewordene Weißschwanzgnu. Bartgeier, Kaffernadler, Felsenbussard und Glattnackenrapp brüten im Reservat. Touren zu den Nistplätzen des Glattnackenrapps und zu Höhlen mit **San-Felsenzeichnungen** können arrangiert werden. Wanderungen, auch mehrtägig, sind möglich. Übernachtungen in Chalets und einfachen Hütten. Ein Wohnheim steht für Jugendgruppen zur Verfügung. Es gibt einen Campingplatz mit allen Einrichtungen. Das Reservat liegt etwa 360 km südlich von Johannesburg und kann am besten über Harrismith erreicht werden. Die Winter sind sehr kalt und rauh.

N 9 Witwatersrand und Umgebung

Bewahrungsgebiete in Großstadtnähe sind meist klein und stehen unter Druck. Die Region um Johannesburg und Pretoria mit der größten Bevölkerungsdichte des südlichen Afrikas ist keine Ausnahme. Neben einer Reihe von kleinen Vogelschutzgebieten sind es vor allem die **Magalies-Bergkette** nordwestlich von Johannesburg und das südlich gelegene **Suikerbosrand-Naturreservat**, wo Reste ursprünglicher Natur bewahrt werden.

In den Felswänden der Magalies-Berge gibt es noch 3 Kolonien des Kapgeiers, die man durch strengen Schutz, aktive Hilfe durch sogenannte Geierrestaurants und Aufklärung zu erhalten versucht. Interessante Vogelschutzgebiete in den größeren Städten oder in Stadtnähe: **Bleßbokspruit Bird Sanctuary**, mitten zwischen den Goldbergwerken des östlichen Witwatersrand (East Rand). **Austin Roberts Bird Sanctuary**, Pretoria. **Rolfe's Pan Nature Reserve**, Boksburg, Südtransvaal. **Rondebult Bird Sanctuary**, Germiston, Südtransvaal.

Im **Witwatersrand National Botanic Garden** bei Johannesburg werden Reste der ursprünglichen Vegetation der Region geschützt. Es umfaßt eine Sammlung von über 2500 Sukkulentenarten vom südlichen Afrika bis zum Mittleren Osten und eine umfangreiche Sammlung der Palmfarne des südlichen Afrikas.

Die private Zuchtstation De Wildt bei Pretoria betreibt in Zusammenarbeit mit dem Nationalen Zoologischen Garten in Pretoria erfolgreiche Nachzucht von Geparden, Hyänenhunden, Braunen Hyänen und anderen bedrohten Tierarten.

N 10 Pilanesberg-Nationalpark

Der 500 km² große, überorganisierte und pseudo-luxuriöse »Westentaschen-Krügerpark« ist 180 km von Johannesburg entfernt und wurde als Anhängsel des

Nach guten Sommerregen wirken die Augrabies-Fälle am Unterlauf des Oranje River gewaltig (N 5).

Spielcasinos Sun City geplant. Das Reservat liegt in der Übergangszone zwischen trockener Kalahari und feuchtem Transvaaler Lowveld. Durch einen prähistorischen vulkanischen Krater ist es landschaftlich interessant. Alle großen Säugerarten sind angesiedelt worden. Die Vogelwelt ist artenreich.

N 11 Barberspan-Naturreservat

Wegen seiner Abgelegenheit im Maisgürtel des südwestlichen Transvaal ist das Reservat nur wenig bekannt, obwohl es zum internationalen Feuchtgebiet erklärt worden ist. Es ist eines der bedeutendsten Schutzgebiete für Wasservögel im südlichen Afrika und wichtige Forschungs- und Beringungsstation. Die meisten der über 350 Vogelarten sind ans Wasser gebunden. Das Reservat ist etwa 3000 ha groß und besteht aus einer seichten, vom Regen abhängigen Pfanne, umgeben von Grasland.

Nach gutem Regen zwischen September und Oktober kann sich der seichte See auf etwa 2000 ha ausdehnen. Dann bietet er dem Vogelfreund ein unvergeßliches Erlebnis als Lebens- und Brutgebiet von Zehntausenden Bleßhühnern, Gelbschnabel- und Rotschnabelenten, Sporengänsen, Nilgänsen und Graukopfkasarkas. Man kann 200 und mehr Schwarzhalstaucher beim gemeinsamen Fischen beobachten. Der Haubentaucher brütet in großer Zahl im Uferried, die Kapohreule jagt oft schon am Nachmittag, und Raubseeschwalben finden sich zu Dutzenden ein. Tausende Flamingos besuchen die Pfanne bei niedrigem Wasserstand, wenn der Salzgehalt hoch ist. Zur Abwechslung können Weißschwanzgnu, Kuhantilope, Springbock, Steppenzebra und Strauß im anschließenden Grasland beobachtet werden.
Das Reservat liegt etwa 330 km westlich von Johannesburg an der R 47 zwischen Lichtenburg und Vryburg am Kalahari-Rand. Ein einfacher Campingplatz steht zur Verfügung. Landhotels in der Umgebung.

N 12 Nylsvley-Naturreservat

In guten Regenjahren überschwemmt der Nyl River über 150 km² tiefliegendes Grasland und die anschließende Baumsavanne, in der die Schirmakazie die auffälligste Art ist. Das Gebiet verwandelt sich dann in das größte Vogelparadies der Region mit über 400 Vogelarten. Frösche und Fische bieten reiche Nahrung für Zehntausende Reiher (17 Arten), Entenvögel und Rallen. Purpurhuhn, Purpur-, Glocken- und Nachtreiher können leicht beobachtet und fotografiert werden. Zum guten Antilopenbestand gehört die seltene Leierantilope. Schutzgebiet und das anschließende private **Mosdene-Naturreservat** liegen etwa zwei Autostunden nördlich von Johannesburg (200 km) an der N 1 Richtung Pietersburg. Es gibt einen

Spätes Licht bringt die Sandsteinformationen des Golden-Gate-Highlands-Nationalpark zum Leuchten (N 8).

Der romantische Badestrand von Port St. John an der Wilden Küste der Transkei ist Teil eines noch wenig berührten Gebietes an der Südostküste (N 14).

einfachen Campingplatz. Unterbringung auch auf nahgelegenen Farmen möglich. Hotels in Naboomspruit und Nylstroom. Überschwemmungen höchstens alle 2 Jahre. Deshalb Zustand kurz vor dem geplanten Besuch erfragen.
⇨ Conservation Officer, Nylsvley Nature Reserve, P.O. Box 508, Naboomspruit 0560, RSA, Tel. (01534) 31074.

N 13 Osttransvaal

Das nordöstliche Transvaal, an das der Krüger-Nationalpark anschließt, gehört zu den landschaftlich reizvollsten Regionen des südlichen Afrikas. Den Mittelpunkt bildet das **Blyde-River-Naturreservat** mit dem Plateaurand der Osttransvaaler Drakensberge (S.14). Der Blyde River Canyon bildet eine Schlucht mit bizarren Steilabfällen von 600 – 900 m Tiefe, die der Fluß durch verwitterte Dolomitschichten gegraben hat. Klima und Höhenunterschiede schufen die Voraussetzungen für eine abwechslungsreiche Vegetation, die von trockenem bergigen Grasland (S.18) bis zu dichtem immergrünen tropischen Regenwald reicht. Ein Teil des Gebietes ist mit ausgedehnten, artenarmen exotischen Forstplantagen bedeckt. Es ist touristisch stark erschlossen, da hier Anreiserouten zum Krüger-Nationalpark verlaufen. Kennenlernen kann man es auf Rundfahrten und auf gut markierten, auch mehrtägigen Wanderwegen. Der Sommer auf dem Hochplateau ist wesentlich angenehmer als in den tiefen Lagen des anschließenden schwül-feuchten »Lowveld«.

N 14 Wilde Küste

Die zerklüftete »Wilde Küste« zwischen dem Ostkap und der Provinz Natal gehört zur Transkei, dem Heimatgebiet der Xhosa-sprechenden Bevölkerung Südafrikas. Sie beginnt am **River Kei** und erstreckt sich in nordöstlicher Richtung bis zum **Umtamvuna River** bei Port Edward. Die Region ist verhältnismäßig dicht bevölkert, aber das 250 km lange Küstengebiet ist zum Teil noch unberührt.
Seine Landschaften gehören zu den schönsten im südlichen Afrika. Es ist eine bezaubernde Mischung von dichtem, immergrünem Regenwald, Mangrovensümpfen, geschützten Flußmündungen, Lagunen, steil ins Meer abfallenden Felsen, hervorragenden Badestränden und hügeligem Grasland, das übersät ist mit strohgedeckten Rundhütten der Xhosa. Diese Schönheiten können auch auf mehrtägigen Wanderungen erschlossen werden.
Fünf kleinere Naturreservate liegen im Küstenbereich. In den meisten sind größere Säugetiere wieder eingeführt worden. Die hauptsächliche Anziehungskraft liegt aber auch hier in der schönen Landschaft und dem milden bis subtropischen Klima mit guten Sommerregen. Die reiche Vogelwelt wartet auf Entdecker.
Übernachtung in Hotels, Chalets, Hütten und auf einfachen Zeltplätzen. Alle Zufahrten sind ungeteert und oft in schlechtem Zustand.
ACHTUNG: Obwohl die Wilde Küste zweifellos ein Reiseland mit großer Zukunft ist, sollte man vor einem Besuch unbedingt genaue Erkundigungen einziehen, vor allen Dingen im Hinblick auf persönliche Sicherheit und beste Reiserouten.

N 15 Südküste Natal

Das schöne **Vernon-Crookes-Naturreservat** (2189 ha) ist etwa 100 km von Durban entfernt. Steile und sanfte Hügellandschaft, durchschnitten von tiefen Ablaufrinnen, Grasland, unterbrochen von Küstenwald und der Ausblick auf den Indischen Ozean im Hintergrund, geben einen Eindruck, wie sehr sich der durch die Zuckerrohr-Monokultur zur grunen Wuste gewordene Küstenstreifen verändert hat.

Mehrere Duckerarten, Buschbock, Impala, Steppenzebra und Streifengnu sind hier heimisch. Ideal für Nahaufnahmen von Zebras mit Fohlen von Oktober bis Weihnachten. Die Vogelwelt ist recht vielfältig. Wandern und Spaziergänge erlaubt. Übernachtungsmöglichkeiten in 5 rustikalen Hütten.

Oribi-Gorge-Naturreservat (1917 ha). Bei Port Shepstone rechts abbiegen und weiter durch Zuckerrohrplantagen und Bananenhaine. Der Umzimkulwana hat sich seinen Weg durch die Sandsteinschichten gebahnt. Das Ergebnis ist eine der eindrucksvollsten Landschaften Natals, mit atemberaubenden Ausblicken in die Oribi Gorge, die Bleichböckchenschlucht. Bester Platz für Vogelbeobachtungen an der Südküste Natals (270 Arten). Im Rastpark wachsen interessante Aloen und andere Pflanzenarten, die im Winter Vögel anlocken. Markierte Wanderwege. Das Bleichböckchen (Oribi) kommt allerdings nicht mehr vor. Übernachtung in Cottages und Hütten.

Das **Umtamvuna-Naturreservat** (3257 ha) liegt am Grenzfluß zwischen Natal und der Transkei. Bewaldete Schluchten, reicher Baumbestand; insgesamt 1300 Pflanzenarten, darunter 25 Orchideen; Kolonie von Kapgeiern in steilen Felswänden. Wundervolle Naturpfade mit herrlichen Ausblicken. Wanderfalke, Kronenadler, Gurneys Honigesser, Ducker und Buschbock können beobachtet werden.

N 16 Ndumo-Wildreservat

Ndumo ist ein 10 000 ha großes Wild- und Naturreservat in einem wichtigen Feuchtgebiet in der nordöstlichsten Ecke des Zululandes, an der Grenze nach Mosambik. Tropische und subtropische Lebensräume überschneiden sich und beherbergen eine überaus reiche Vogelwelt. Das Reservat liegt im Überschwemmungsgebiet des **Pongola River**. Gehölze mit großen Feigen-

und Fieberbäumen (S. 117) säumen die Pfannen, die einen guten Bestand an Flußpferden und Nilkrokodilen tragen. Nyala (S. 104, 117), Buschbock (S. 148) und beide Nashornarten sind gut vertreten.

Man kann selbst fahren oder in Begleitung eines Wildhüters wandern. Touren durch das Feuchtgebiet unter kundiger Führung werden angeboten. Unterkunft in riedgedeckten Cottages, die lange im voraus gebucht werden müssen. Neuerdings wird ein Camping- und Wohnwagenpark von den anrainenden Einwohnern unterhalten. Sehr heiß und feucht im Sommer.

N 17 Eastern Highlands

Das östliche Hochland Simbabwes ist ein schmaler, etwa 250 km langer Berggürtel mit spektakulären, bis zu 1000 m fallenden Steilabbrüchen entlang der Grenze nach Mosambik. Geschätzt wird es wegen seiner landschaftlichen Schönheit und seinem angenehmen Klima. Wenn die Sommerhitze über dem Land lastet, sind die Temperaturen hier 5 bis 10 °C niedriger. Große Teile sind kultiviert, aber es gibt zahlreiche Naturreservate, in denen vor allem Landschaft und Flora der Bergwelt mit mehreren endemischen Arten geschützt werden. Zahlreiche archäologische Fundstätten aus der Stein- und Eisenzeit.

Die Granitkuppe des Inyangani ist mit 2600 m Simbabwes höchster Berg. Er liegt im **Nyanga-Nationalpark**, bei dem auch der **M'tarazi-Wasserfall** liegt, der in zwei Stufen 762 m hinunterstürzt.

Der **Chirinda Forest** ist ein Reservat von 950 ha Größe, in dem ein Restbestand von immergrünem Regenwald geschützt wird, der einst das äquatoriale Afrika in einem dichten Gürtel bis nach Westafrika durchzog. Im Wald von Chirinda steht Simbabwes größter Baum, ein 66 m hoher »Red Mahogany«. Das Gebiet ist von einem Netz von Wanderwegen durchzogen.

Außer den Lisbon Falls gibt es im östlichen Transvaal noch mehr glitzernde Wasserfälle (N 13).

Übernachtungsmöglichkeiten vom luxuriösen Hotel bis zum einfachen Campingplatz werden überall angeboten.

N 18 Matobo-Nationalpark

Granitfelsen, zu wilden, bizarren Formen verwittert, bilden den Lebensraum von Pavian, Klippschliefer (S. 57), Leopard (S. 183) und Greifvogelarten in diesem fotogenen Naturreservat im westlichen Simbabwe. Über 100 Horste von Kaffernadlern (S. 86) wurden gezählt. Auch die Dichte des Leopardenbestandes wird nirgends übertroffen, obwohl man die Großkatze auch hier nur selten sieht.
Höhlen und Überhänge schützen bezaubernde Felszeichnungen der San, darunter auch Bilder von Nashörnern, die in diesem seit 40 000 Jahren besiedelten Raum vorkamen. Breitmaulnashörner wurden deshalb wieder eingeführt, auch Giraffe, Steppenzebra und Rappenantilope (S.151). Das Naturreservat liegt etwa 50 km westlich von Bulawayo.

N 19 Lake Kariba

Der 2800 km² große »Kariba Recreational Park« beginnt beim Staudamm von Lake Kariba an der Grenze zwischen Sambia und Simbabwe und schließt den Ort Kariba ein. Wildbeobachtung ist von Motor- und Hausbooten am Südufer des 250 km langen Stausees möglich. Auf Krokodilfarmen können große Exemplare des früher am Sambesi weit verbreiteten Nilkrokodils besichtigt werden. Unterkünfte vom luxuriösen Hotel bis zu Campingplätzen unterschiedlicher Güte.

N 20 Matusadona-Nationalpark

Das Reservat grenzt ans Südufer von Lake Kariba. Es besteht aus 1370 km² unberührter Wildnis, vorwiegend Busch- und Waldland, das sehr unter Elefanten-Übervölkerung leidet. Das Ufer befindet sich durch den fluktuierenden Wasserspiegel in einem Zustand schneller ökologischer Veränderungen.

Kahle Bäume der während des Aufstaus ertrunkenen Gehölze stehen kilometerweit und bieten einem großen Bestand von Schreiseeadlern (S. 165) und anderen wasserabhängigen Arten gute Horstplätze. Das Vogelleben ist mit über 240 Arten hervorragend. Sattelstörche (S. 125) und Reiher können am Ufer mühelos beobachtet werden. Herden von 1000 Büffeln machen von den wuchernden Beständen von »Torpedogras« am Ufer Gebrauch.

Das Reservat besitzt eine repräsentative Auswahl von Säugetieren der Sambesi-Region, einschließlich Löwe, Leopard und Hyäne. Flußpferd und Nilkrokodil haben wieder gute Zuwachsraten. Der Zugang ist am leichtesten mit dem Boot vom Ort Kariba. Von der Landseite her ist Allradantrieb unbedingt erforderlich. Die Parkverwaltung unterhält mehrere Lodges und Campingplätze im Reservat. Vorräte sind mitzubringen.

N 21 Chizarira-Nationalpark

2000 km² wenig bekannte Wildnis auf dem Sambesi-Eskarpment zwischen Viktoriafällen und Lake Kariba. Schwieriger Zugang, einfache Zeltplätze, gute Wildbestände und eindrucksvolle Berglandschaften machen das Reservat zu einem Ziel für mehr abenteuerlustige Reisende.

Im Winter ist die Zahl der Elefanten in dem wasserreichen Gebiet sehr hoch. Es gibt einen der größten Bestände der Leierantilope und zahlreiche Rappen- und Pferdeantilopen. Alle Großraubtiere sind vorhanden. Wegen seiner Abgelegenheit sind viele Vogelarten des Gebiets sicher nie gemeldet worden.

Eine Genehmigung zum Betreten und genaue Beschreibung der Zufahrtswege erhält man beim Chefwildhüter in Victoria Falls oder im zentralen Buchungsbüro in Harare.

Die Spitzkoppe wird als »Namibias Matterhorn« bezeichnet. Ihre Besteigung ist wesentlich leichter (N 25).

N 22 Kavango und Caprivi

Das Potential dieser Region für den Öko-Tourismus ist enorm, aber noch lange nicht voll erkannt. Mehr als 11 000 km² sind in 5 Wildreservaten unter Schutz gestellt: Kaudom, Mahango, Caprivi, Mudumu und Mamili besitzen Einrichtungen für Besucher. Ihre Vegetationszonen reichen von der Kalahari-Trockensavanne bis zu dichtem Waldland, Feuchtgebieten und Uferzonen von Flüssen, die das ganze Jahr hindurch fließen und zur Regenzeit große Areale überfluten. Großwild und Raubtiere sind zum Teil reichlich vorhanden. Darunter seltenere Arten wie Sumpf-, Moor- und Grasantilope (S. 169), Leier- und Rappenantilope, Hyänenhund (S. 139), Streifenschakal und Fingerotter.

Die Vogelwelt ist mit etwa 450 Arten großartig. Beste Zeit für ihre Beobachtung sind Frühling und Sommer. Dann wird es allerdings sehr heiß, mit hohem Regenfall. Fahrwege, oft allgemein in schlechtem Zustand, können überschwemmt und unpassierbar werden. Der Nachteil der Unzugänglichkeit wurde durch den Bau einer geteerten Verbindung zwischen Rundu und Katima Mulilo in Ostcaprivi zum Teil ausgeglichen.

Auch der Traum, Südwest- und Ostafrika miteinander zu verbinden, ist endlich verwirklicht, da man ohne große Mühe mit normalem PKW von Namibia bis zu den Viktoriafällen in Simbabwe fahren kann. Für Fahrten in die Wildreservate der Region wird Allradantrieb empfohlen; für manche Gebiete ist er unerläßlich. Buschcamps und Zeltplätze werden immer weiter ausgebaut.

Malaria ist endemisch, und die gesundheitliche Bedrohung darf nicht unterschätzt werden. Die Einwohner des Gebietes sind als geschickte Holzschnitzer bekannt. Nähere Einzelheiten erfährt man am besten vom Ministry of Wildlife, Conservation and Tourism in Windhuk, Namibia.

N 23 Kaokoveld

Die am wenigsten erschlossene und am schwersten zugängliche Region Namibias, begrenzt von der Skelettküste im Westen und vom Kunene River im Norden. Das Kaokoveld reicht tief in die Namib hinein und wird von Trockenflüssen durchzogen, die nur selten Wasser führen, aber Grundwasser bewahren, so daß sie als langgestreckte Oasen wirken. Die Vegetation ist spärlich, Großtiere sind weit verstreut. Um den Hoanib River und andere Trockenbetten leben isolierte Bestände von Elefanten und Nashörnern, die durch Wilderer und lange Trockenperioden stark dezimiert wurden, sich anscheinend aber wieder erholen. Sie werden gern Wüstenelefanten und Wüstennashörner genannt, weil sie sich den harten Bedingungen gut angepaßt haben, seitdem die ausgedehnten Wanderwege des Großwildes willkürlich unterbrochen wurden. Den meisten Nashörnern wurden die Hörner abgesägt. Das Gebiet sollte nur mit mindestens 2 Geländewagen und kundigem Führer besucht werden.

N 24 Skelettküstenpark

Das 16 000 km² große Schutzgebiet beginnt am Ugabtal, etwa 200 km nördlich von Swakopmund. Es zieht sich als 40 km breiter Streifen zwischen nördlicher Namib und Atlantik bis zur Nordgrenze am Kunene hin. Nur die südliche Hälfte bis zum Huniab River bei Möwebucht ist für Besucher leicht zugänglich.

Das Touristencamp Terrace Bay wird vorwiegend von Anglern besucht. Nördlich des Huanib River ist der Skelettküstenpark nur mit einer teuren »Fly-in-Safari« zugänglich. Die Umgebung unterscheidet sich nicht wesentlich von dem Gebiet um die Robbenkolonie (S. 188) am Kreuzkap. Der grausame Name ist eindrucksvoller als die Wirklichkeit.

N 25 Brandberg

Das Brandberg-Massiv in der nördlichen Vornamib wurde zum Nationaldenkmal erklärt. Höchster Berg ist der 2580 m hohe Königstein. Unter den zahlreichen Felsenzeichnungen ist die Weiße Dame vom Brandberg weltberühmt. Obwohl man das Alter der Zeichnungen auf 15 000 bis 16 000 Jahre bestimmen konnte, hat man sich über die Urheber noch nicht einigen können.

Der Pflanzenwuchs ist spärlich und besteht hauptsächlich aus dickstämmigen Sukkulenten und Zwergsträuchern. Auf der Ebene, die der Brandberg um 2000 m überragt, kann man der seltenen Rüppelltrappe und anderen an die aride Umwelt angepaßte Vogelarten begegnen.

Das Massiv ist ein beliebtes Ziel von Bergsteigern und Extrem-Wanderern. Man zeltet »wild« am Fuße des Berges. Alle Vorräte, vor allem genügend Wasser, sind mitzubringen. Der Brandberg kann mit normalem Fahrzeug aus drei Richtungen erreicht werden. Vom Süden her über Omaruru oder Swakopmund, vom Norden über Outjo–Xhorixas. Erbarmungslos heiß ist es im Sommer.

In der Nähe liegt die Spitzkoppe – schwärmerisch »Namibias Matterhorn« genannt. Sie gehört zu einer Gruppe vulkanischer Berge und steigt 1800 m aus der Wüstenebene auf (S. 219). Abfahrt nach rechts zwischen Usakos und Swakopmund. Es gibt einfachste Campinggelegenheit.

N 26 Waterberg-Plateau

Das 1500 m hohe Plateau mit steilen Sandsteinabbrüchen ist Mittelpunkt des 400 km² großen Reservates, das ursprünglich zum Schutze der Elenantilope gegründet wurde. Heute werden auch Büffel, Nashörner, Pferde-, Rappen- und Leierantilopen geschützt. Besonders beeindruckend sind die spektakulären Formen der Sandsteinkliffs, die das von Baum-, Busch- und Grassavanne beherrschte Hochplateau umkränzen. Am Fuße sprudeln das Jahr hindurch klare Quellen. Hier stehen große Sykomoren und immergrüne Bäume mit dichtem Unterholz.

Das Angebot so verschiedener Lebensräume in der semi-ariden Region begünstigt eine reiche Vogelwelt. Die letzte Kapgeier-Kolonie in Namibia wird durch ein »Geierrestaurant« unterstützt. Drei andere Geierarten sind ebenfalls zu beobachten. Auch der Zwergadler horstet in Namibia nur in den Waterberg-Steilwänden. Ein großer Bestand von Wanderfalken macht Jagd auf Alpensegler und andere Seglerarten. Schwärme von Rosenköpfchen nisten und übernachten im Felsenkranz. Vogelbeobachtung ist im Frühling besonders lohnend. Auch Felsen- und Angola-Python kann man hier noch am ehesten zu sehen bekommen.

Das Reservat ist von zahlreichen Fußwegen durchzogen. Mehrtägige Wanderungen und tägliche Autotouren zum Plateau werden angeboten. Chalets, Bungalows, Campingplatz, Restaurant und Schwimmbad sind auf geschichtlichem Grund gebaut. Der Waterberg-Park liegt etwa 270 km nördlich von Windhuk. Die Sommer sind sehr heiß.

N 27 Daan-Viljoen-Wildreservat

Das kleine Schutzgebiet liegt 25 km westlich von Windhuk im Khomas-Hochland und eignet sich gut für Übernachtungen während der Durchreise. Plätze in Bungalows, ein Camping- oder Wohnwagenplatz müssen im Touristenbüro in Windhuk reserviert werden.

Hartmanns Bergzebra und Kudu kann man gut beobachten. Es gibt auch Elenantilope und viele vorwitzige Paviane. Lebhaftes Vogelleben herrscht am Teich im Rastpark. Restaurant und Schwimmbad vorhanden.

Reiseplanung

Vor der Reise

Informationen sind von folgenden Stellen erhältlich:
➪ Botswana Embassy to European Communities, 159 Avenue de Tervuren, Brussels, Belgium, Tel. 32273-5611 012070, Fax 32273-56318.
➪ Namibia Verkehrsbüro, Im Atzelnest 3, Postfach 2041, 61352 Bad Homburg, Tel. (06172) 406650, Fax 406690.
South African Tourism Board (SATOUR):
➪ An der Hauptwache 11, Postfach 101940, 60313 Frankfurt, Tel. (069) 20656, Fax 280950;
➪ Stefan-Zweig-Platz 11, 1170 Wien, Tel. (1) 470 45110, Fax 4704 5114;
➪ Seestr. 42, 8802 Kilchberg bei Zürich, Tel. (01) 715 1815, Fax 715 1889.

Einreise

Die Länder Botswana, Namibia, Simbabwe und Südafrika sind für Besucher aus der Bundesrepublik Deutschland, Österreich und der Schweiz bis 90 Tage visumfrei, Ausnahme: Besucher aus Österreich benötigen ein Visum für den Aufenthalt in Simbabwe. Reisepässe müssen mindestens für die Dauer des Aufenthaltes gültig sein. Der Nachweis genügender Geldmittel und von Rückflugscheinen kann verlangt werden.

Devisen

Botswana: Botswana Pula (BWP) und Auslandswährungen können unbeschränkt eingeführt werden. Alle Beträge sind bei der Ankunft anzugeben. Ausfuhr bis 50 BWP und Auslandswährung bis zur Höhe der bei der Einreise deklarierten Beträge.
Namibia: Bis zu 500 Namibian Dollar (ND) dürfen eingeführt werden. Auslandische Währung unbeschränkt. Ausfuhr bis zur Höhe der bei der Einreise deklarierten Beträge.
Simbabwe: Bis zu 250 Zimbabwe Dollar (ZWD) dürfen eingeführt werden. Ausländische Währung unbeschränkt. Ausfuhr bis 250 ZWD erlaubt, ausländische Währung bis zur Höhe der bei der Einreise deklarierten Beträge.
Südafrika: Bis zu 500 Südafrikanische Rand (R) dürfen eingeführt werden. Ausländische Währung in unbeschränkter Höhe, einschließlich Reiseschecks in der Landeswährung. Ausfuhr bis zur Höhe der bei der Einreise deklarierten Beträge.

Zollbestimmungen

Botswana: Freie Einfuhr von 400 Zigaretten, 50 Zigarren und 250 g Tabak, 1 Liter Wein, 1 Liter Spirituosen. Kameras, Filme und Schußwaffen müssen bei der Einreise deklariert werden.
Simbabwe: Tabakwaren für Eigengebrauch unbeschränkt, alkoholische Getränke bis 5 Liter, davon höchstens 2 Liter Spirituosen. Waren bis zu 1000 ZWD. Ausfuhr aller in Simbabwe erstandenen Waren erlaubt.
Südafrika: Freie Einfuhr von 400 Zigaretten, 50 Zigarren und 250 g Tabak, 2 Liter Wein, 1 Liter Spirituosen, 50 ml Parfüm. Andere Geschenke bis zum Werte von 500 R.

Gesundheit

Gegenwärtig keine Schutzimpfungen erforderlich, ausgenommen bei Einreise aus einer Gelbfieberzone. Malariavorbeugung empfohlen; ein Risiko besteht hauptsächlich durch die bösartige Form *Plasmodium faliciparum*, die in allen südafrikanischen Ländern festgestellt wurde.
Botwana: Risiko von November bis Juni in den nördlichen Landesteilen, Chobe, Okavango, Nagamiland.

Namibia: Risiko von November bis Juni in nördlichen ländlichen Gebieten.
Simbabwe: Risiko von November bis Juni in allen Landesteilen, die tiefer als 1200 m liegen; im Sambesi-Tal das Jahr hindurch.
Südafrika: Risiko das Jahr hindurch in den niedrig gelegenen Gebieten des nördlichen und östlichen Transvaal (Lowveld) und im östlichen Natal bis zum Tugela River.

Klima/Reisezeit
Generell heiße Sommer, am Abend besonders über dem Hochland stark abkühlend; feucht-heiß im Küstentiefland und Lowveld, kräftige Gewitterbildung. Wintertage meist sonnig, nachts stark abkühlend. Winterregen nur in der Kappprovinz.

Anreise
Mit dem Flugzeug von Frankfurt, Düsseldorf, Hamburg, München, Wien und Zürich. Flugzeit etwa 12 Stunden. Die meisten internationalen Luftlinien fliegen das südliche Afrika an und bieten zum Teil Sonderpreise. Günstige Charterflüge. Pauschalreisen werden von einer Reihe spezialisierter Veranstalter angeboten.
TIP: Die Lufthansa fliegt 4 Ziele im südlichen Afrika an. Wahlweise Hinflug bis Harare, Johannesburg, Kapstadt oder Windhuk; der Rückflug kann von einem anderen dieser Ziele angetreten werden. Das erlaubt Freiheit in der Planung individueller Routen innerhalb der Region, zum Beispiel Hinflug bis Harare, Besuch der Viktoriafälle und des Hwange-Nationalparks, weiter zum Krüger-Nationalpark, Rückflug von Johannesburg.

Zeit
Kein Jetlag. Zeitgleich mit europäischer Sommerzeit, sonst eine Stunde voraus.

Ausrüstung
Wichtiger als Foto- und Videokamera ist ein gutes Fernglas. Das Mitbringen eines ausreichenden Vorrats frischer Filme wird empfohlen. Je nach Aufenthaltslänge den belichteten Film zum Entwickeln in die Heimat schicken. Alles Filmmaterial und die Aufnahmegeräte (auch Video) immer gegen Hitze schützen, besonders im Fahrzeug. Staub aktiv bekämpfen. Campingausrüstung kann geliehen werden; einfache Ausrüstung auch relativ preiswert zu kaufen. Gasflaschen aller Größen erhältlich. Sie stimmen aber nicht mit europäischen Gewinden überein.
ACHTUNG: Während der Schulferien sind die Wild- und Naturreservate überlaufen. Hauptferienzeit ist im Juli und Dezember und etwa 10 Tage zur Osterzeit. Wer in dieser Zeit reisen will, sollte lange im voraus buchen.

Reisen im Land

Auto
Ohne Mietwagen kommt man selten aus. Am besten gleich »Fly and drive« pauschal buchen. Avis, Budget und Imperial sind landesweit und auch international vertreten. Auch Campmobile und Autos mit Allradantrieb können fast überall gemietet werden. Allradantrieb ist jedoch nur in den seltensten Fällen erforderlich. Grenzübertritte sind mit Mietwagen nicht immer möglich. Linksverkehr in allen 4 Ländern. Geschwindigkeitsbeschränkungen zwischen 100 und 120 km/h. Der südafrikanische Automobilclub (AA) übernimmt die Betreuung von Mitgliedern europäischer Automobilclubs. Anschrift:
➪ Automobil Association of South Africa (AA), Automobilclub, P.O. Box 596, Johannesburg 2000, Tel. (011) 407 10 00.
Büros und Pannendienst in allen größeren Orten. Bei Vorlage des Mitgliedsausweises Abschlepphilfe, Rat und Karten. Zeitlich beschränkte Einfuhr des eigenen Fahrzeugs möglich.
ACHTUNG: Offene Fahrzeuge und Krafträder sind in den meisten großen Wildreservaten nicht zugelassen.

Autoverleih

Südafrika (Landesweit »Tollfree«):
Avis Rent-a-Car, Central Reservations,
Tel. 08000 21111;
Budget Rent-a-Car, Tel. 08000 16622;
Imperial Car Rental, Tel. 08003 37300.
Namibia: Avis Autovermietung, Windhuk,
Tel. (061) 33166;
Budget Rent-a-Car, Tel. (061) 228720;
Imperial Car Hire, Tel. (061) 227103;
Kessler Car Hire (Allradantrieb-Spezialist),
Tel. (061) 227638, Fax 224551.
Campmobile: Leisure Rentals, Cnr. Anna-
bella & Osthuizen Street, Boksburg,
P.O. Box 1481, RSA, Tel. (011) 8234308,
Fax 8234309.

Flugzeug

Mehrere lokale Gesellschaften fliegen die
wichtigsten Zentren regelmäßig an. Günstige Rundflüge am besten zusammen mit
internationalem Ticket buchen. Private
Charter überall möglich. Die meisten
Wildreservate besitzen Landebahnen.

Bahn

Das Eisenbahnnetz ist nicht flächen-
deckend. Bahnfahrten sind wegen der
überall verwendeten Kapspur generell
langsam. Lange Abstände werden in der
Regel über Nacht zurückgelegt. Der
berühmte »Blue Train« zwischen Johannesburg und Kapstadt ist teuer, langsam
und für Monate im voraus ausgebucht. Es
gibt mehrere kurze Schmalspurstrecken,
auf denen Dampfzüge als Touristenattrak-
tion verkehren.

Bus

Afrikas Massenverkehrsmittel, besonders in
ländlichen Gebieten. Es gibt jedoch auch
komfortable Busverbindungen zwischen
den größeren Zentren. Auch Pauschalreisen durch die großen Wildreservate wie
Etosha und Krügerpark, in der Regel mit
kundigem Führer, sowie durch landschaftlich interessante Gebiete werden angeboten.

Fahrrad

Nicht zu empfehlen, vor allem, weil den
Verkehrsteilnehmern kein verkehrsgerech-
tes Verhalten im Umgang mit Radfahrern
anerzogen worden ist. Fahrräder sind in
den großen Wildreservaten nicht zugelassen. Auch das teilweise extreme Klima ist
zu berücksichtigen.

Unterkunft

Unterkünfte von einfachen Hütten (oft zusammen mit Campingplätzen) bis zu internationalen Hotels in den Großstädten.
Gästefarmen, besonders in Namibia und
Südafrika.

Camping

Die 1000 Campingplätze im südlichen
Afrika liegen so dicht beieinander, daß
man Tagesreisen nicht zu sehr ausdehnen
muß. In der Trockenzone (Namibia, Botswana) sind die Abstände zum Teil jedoch
wesentlich größer. Die meisten Campingplätze sind gut gepflegt und haben in der
Regel Wannen- und Duschbäder. Entsor-
gungseinrichtungen unbekannt.

Sonstiges

Kleidung

Tagsüber leichte Baumwollkleidung in
gedämpften Farben; beige und grün sind
ideal. Wärmere Wollsachen, besonders
für Winterabende; eventuell Windjacke
für Morgenfahrten. Sonnenbrille, Kopfbe-
deckung, Sonnencremes mit hohem UV-
Faktor, Badezeug, leichte, komfortable
Schuhe und Sandalen.

Telefon

Telefon- und Faxverbindungen in alle
Welt. Meist Direktwahl möglich.

Elektrizität

220–250 Volt Wechselstrom. Für die drei-
poligen Steckdosen gibt es Adapter, die
auch Schukostecker aufnehmen.

Einfache Fähre am Unterlauf des Oranje River in der Nähe der Einmündung des Fischflusses.

Hygiene/Medizinisches

Impfungen werden zur Zeit nirgends verlangt. Leitungswasser kann man überall bedenkenlos trinken. Gemüse und Früchte gründlich reinigen! Vorsicht bei Hamburgern und anderen Snacks aus obskuren Imbißstuben (Tea Rooms usw.) auf dem Lande. Privater Gesundheitsdienst ist mit mitteleuropäischem Standard zu vergleichen, aber sehr teuer. Abschluß einer Krankenversicherung für die Reise wird empfohlen.

Malaria kann in bestimmten Regionen zum Gesundheitsrisiko werden. Informieren Sie sich vor der Ausreise über den neuesten Stand und folgen Sie den Anweisungen Ihres Arztes, besonders bei der Auswahl vorbeugender Medikamente. Ein bösartiger Malariaerreger ist immun gegen Mittel auf Chlorochin-Basis. Gebrauchen Sie ein gutes »Repellant«. Das am meisten empfohlene Produkt in Südafrika: Tabbard. Malariamücken stechen die ganze Nacht hindurch, mit einem Höhepunkt kurz vor dem Morgengrauen. Deshalb: Vor dem Schlafengehen noch einmal einsprühen. Benutzen Sie eventuell ein Moskitonetz. Die Einnahme von Vorbeugungsmitteln in Tablettenform hat bei kurzem Gebrauch keine Nebeneffekte. Anti-Malaria-Tabletten sind in der Region erhältlich.

Die Behandlung der **Bilharziose** ist heute erfolgreich. Die Infektion erfolgt durch wasserlebende Larven des Pärchenegels; deshalb stehende Gewässer meiden!

Das durch **Zecken** übertragene »Tick-Fieber« (»tick typhus«, verursacht durch *Rickettsia conori)* ist leicht mit Antibiotika zu behandeln. Es beginnt in der Regel mit Fieber und Kopfschmerz, gefolgt von einem Hautausschlag auf den Unterarmen. Ohne Behandlung fühlt man sich tagelang sehr unwohl, ist danach aber auf Dauer immun. Vorbeugung: Bei Wanderungen durch Grasland feste Kleidung tragen und Repellant gegen Zecken anwenden.

Giftschlangen

Schlangen sind meist scheu und selten aggressiv. Sie gehen dem Menschen aus dem Weg, und man sieht sie selten. Im südlichen Afrika sind Schlangenbisse mit tödlichem Ausgang sehr selten, mehr Menschen sterben an Bienenstichen oder durch Blitzschlag. Ist man einer Schlange aber doch zu nahe gekommen, bleibt man ruhig stehen und gibt ihr Zeit zur Flucht. Man steigt nicht blindlings über tote Baumstämme. Feste Schuhe und lange Hosen aus grobem Stoff sind in der Wildnis immer vorteilhaft. Als Rückversicherung kann man bei Reisen in die Wildnis Antiserum mitführen, das überall frisch erhältlich ist. Polyvalentes Antivenin wirkt gegen das Gift aller Vipern und Giftnattern; ausgenommen ist das Gift der Baumschlange, das vom behandelnden Arzt bestellt werden muß.

Vor unkundiger Anwendung des polyvalenten Antiserums wird gewarnt. Es sollte intravenös und nur vom Fachmann verabreicht werden. Ausnahme: lebensbedrohende Situation nach dem Biß durch Gabunviper oder Schwarze Mamba, die große Mengen eines starken zytotoxischen Giftes injizieren können. Meist bleibt genug Zeit, den Patienten in ein

Hospital zu schaffen. Es ist wichtig, den Patienten zu beruhigen oder ruhigzustellen und nicht überhastet abzutransportieren.
Gliedmaßen abbinden sollte man nur bei einem Mamba- oder Kobrabiß. Der einfach anzulegende Druckverband setzt sich immer mehr durch. Er richtet keinen Schaden an und soll die Verbreitung des Giftes hinauszögern. Aussaugen ist deswegen umstritten, weil es auch unter günstigsten Umständen nur einen kleinen Teil der tödlichen Dosis entfernt. Spezielle Saugpumpen sind im Handel erhältlich. »Snakebite Kits« erhält man in allen Schlangenparks und in guten Apotheken Südafrikas.

Botschaften und Konsulate
Botswana
⇨ Deutsche Botschaft, P.O. Box 315, Gaborone, Tel. 353143, Fax 353038. Keine Vorwahlnummern innerhalb von Botswana.
Für Schweizer ist die Botschaft in Harare, Simbabwe, zuständig.

Namibia
⇨ Deutsche Botschaft, Independence Avenue 151, P.O. Box 231, Windhoek 9000, Tel. (061) 229217, Fax 222981.
⇨ Österreichischer Honorar-Konsul, Windhoek, Tel. (061) 37934.
⇨ Schweizer Generalkonsulat, Southern Life Tower, Post Street Mall 39, P.O. Box 22287, Windhoek 9000, Tel. (061) 222359 und 22287, Fax 227922.

Simbabwe
⇨ Deutsche Botschaft, 14 Samora Machel Avenue, P.O. Box 2168, Harare, Tel. (4) 731955/8, Fax 790680.
⇨ Schweizer Botschaft, Lanark Rd. 9, Belgravia, P.O. Box 3440, Harare, Iel. (4) 703 997/8, 721384, Fax 794 925.

Südafrika
⇨ Deutsche Botschaft, 180 Blackwood St., Arcadia 0007, Pretoria, Tel. (012) 344 3854.
⇨ Österreichische Botschaft, 1109 Duncan St., Pretoria 0001, Tel. (012) 462483.
⇨ Schweizer Botschaft, 818 George Ave, P.O. Box 2289, Arcadia 0007, Pretoria, Tel. 43 6707, Fax 436771.

Wissenschaftliche Forschung
Das Zentrum für Ökotourismus an der Universität Pretoria koordiniert alle Aspekte des sanften Tourismus im südlichen Afrika: Forschung, Entwicklung, Information. Anschrift:
⇨ Centre for Ecotourism, University of Pretoria, 0002 Pretoria, RSA, Tel. (012) 420 2489, Fax 420 3284.

Artenschutz
Relevante Schutzbestimmungen sind in jedem Reservat erhältlich. Die Fotografische Vereinigung des südlichen Afrikas hat einen »Code of Ethics« herausgegeben, der in vielen größeren Reservaten ausliegt. Anschrift:
⇨ The Photographic Society of Southern Africa, P.O. Box 370, Edenvale 1610, RSA.
Botswana, Namibia, Simbabwe und Südafrika haben das CITES-Abkommen unterzeichnet (Convention on International Trade in Endangered Species), das den Handel mit gefährdeten Arten regelt.

Anhang

Literatur

Automobil Association (AA), Herausgeber (1992): New Southern African Book of the Road (Gute Karten und Tourist-Informationen). – Johannesburg.
Autorenteam (1989): Oceans of Life off Southern Africa. – Kapstadt.
Brack, L. (1991): Field Guide to Insects of the Kruger National Park. – Kapstadt.
Clarke, James (1991): Back to Earth, South Africa's environmental Challenges. – Johannesburg.
Cock, Jacklyn & Eddie Koch, Herausgeber (1991): Going Green. People, Politics and the Environment in S.A. – Kapstadt.
Killick, Donald (1990): The Flora of the Natal Drakensberg. – Kapstadt.
Levy, Jaynee (1993): The complete Guide to Walks and Trails in Southern Africa. – Kapstadt.
Louw, G.N. & M.K. Seely (1982): Ecology of Desert Organisms. – London/New York.
Lovegrove, Barry (1993): The Living Desert of Southern Africa. - Kapstadt.
Palgrave, K.C. (1992): Trees of Southern Africa. – Kapstadt.
Patterson, Rod (1987): Reptilien Südafrikas. – Kapstadt.
Robert's Birds of Southern Africa (1993) (Klassisches Bestimmungsbuch mit deutschen Vogelnamen). – Kapstadt.
Sayce, Katherine, Herausgeber (1987): Encyclopedia Zimbabwe. – Harare.
Smithers, R.H.N. & J.D. Skinner (1990): The Mammals of the Southern African Subregion. – Pretoria.
Sycholt, August (1989): Südafrika – Tiere, Pflanzen, Landschaft. – Hannover.
Sycholt, August (1993): Namibia – Landschaften, Tiere, Pflanzen. – Hannover.
Taylor, Ricky (1991): The Greater St. Lucia Wetlandpark. – Durban.
Van Wyk, P. (1984): Field Guide to the Trees of the Kruger National Park. – Kapstadt.

Wörterbuch
Deutsch-Englisch-Latein

Säugetiere

Afrikanischer Büffel/African Buffalo/Syncerus caffer
Afrikanischer Elefant/African Elephant/Loxodonta africana
Bergriedbock/Mountain Reedbuck/Redunca fulvorufula
Blaubock/Bluebuck/Hippotragus leucophaeus
Blauducker/Blue Duiker/Cephalophus monticola
Bleichböckchen/Oribi/Ourebia ourebi
Bleßbock/Blesbuck/Damaliscus dorcas phillipsi
Braune Hyäne/Brown Hyaena/Hyaena brunnea
Breitmaulnashorn/White Rhinoceros/ Ceratotherium simum
Buntbock/Bontebock/Damaliscus dorcas dorcas
Buschbock/Bushbuck/Tragelaphus scriptus

Busch- oder Steppenschliefer/Rock Hyrax/Heterohyrax brucei
Buschmannhase/Bushman Hare/Bunolagus monticularis
Buschschwein/Bushpig/Potamochoerus porcus
Eisratte/Ice Rat/Otomys slogetti
Elenantilope/Eland/Taurotragus oryx
Erdferkel/Aardvark/Orycteropus afer
Erdmännchen/Suricate/Suricata suricatta
Erdwolf/Aardwolf/Proteles cristatus
Falbkatze/African Wild Cat/Felis silvestris
Fleckenhalsotter/Spotted-necked Otter/Lutra maculicollis
Flußpferd/Hippopotamus/Hippopotamus amphibius
Gepard/Cheetah/Acinonyx jubatus
Giraffe/Giraffe/Giraffa camelopardalis
Goldmull/Grant's Golden Mole/Eremitalpa granti
Grasantilope/Puku/Kobus vardonii
Greisbock/Grysbok/Raphicerus melanotis
Großer Kudu/Greater Kudu/Tragelaphus strepsiceros
Großer Tümmler/Bottle-nosed Dolphin/Tursiops truncatus
Großflußpferd s. Flußpferd

Großriedbock/Common Reedbuck/Redunca arundinum
Grüne Meerkatze/Vervet Monkey/Cercopithecus aethiops pygerythrus
Hartmann-Bergzebra/Hartmann's Mountain Zebra/Equus zebra hartmannae
Honigdachs/Honey Badger/Mellivora capensis
Hyänenhund/Wild Dog/Lycaon pictus
Impala s. Schwarzfersenantilope
Kap-Bergzebra/Cape Mountain Zebra/Equus zebra zebra
Kap-Erdhörnchen/Cape Ground Squirrel/Xerini inauris
Kap-Fingerotter/Cape Clawless Otter/Aonyx capensis
Kapfuchs/Cape Fox/Vulpes chama
Kappavian s. Steppenpavian
Karoo-Buschratte/Karoo Bush Rat/Otomys unisulcatus
Kirkdikdik/Damara Dik-Dik/Madoqua kirki
Klipp- oder Wüstenschliefer/Rock Dassie/Procavia capensis
Klippspringer/Klipspringer/Oreotragus oreotragus
Kronenducker/Grey Duiker/Cephalophus grimmia

Kudu s. Großer Kudu
Kuhantilope/Red Hartebest/Alcelaphus buselaphus
Leier- oder Halbmondantilope/Sassaby/Damaliscus lunatus
Leopard/Leopard/Panthera pardus
Löffelhund/Bat-eared Fox/Otocycon megalotis
Löwe/Lion/Phantera leo

Moorantilope/Lechwe/Kobus leche
Moschusböckchen/Suni/Neotragus moschatus
Nyala s. Tieflandnyala
Ockerfuß-Buschhörnchen/Smith's Bush Squirrel/Paraxerus cepapi
Pavian s. Steppenpavian
Pferdeantilope/Roan Antelope/Hippotragus equinus
Quagga/Quagga/Equus quagga quagga
Rappenantilope/Sable antelope/Hippotragus niger
Schabrackenschakal/Black-backed Jackal/Canis mesomelas
Schirrantilope s. Buschbock
Schwarzfersenantilope/Impala/Aepyceros melampus
Schwarzfußkatze/Blackfooted Cat/Felis nigripes
Schwarznasenantilope/Black-faced Impala/Aepyceros melampus petersi
Spießbock/Gemsbok/Oryx gazella
Spitzmaulnashorn/Black Rhinoceros/Diceros bicornis
Springbock/Springbok/Antidorcas marsupialis
Steinböckchen/Steenbok/Raphicerus campestris
Steppenpavian/Baboon/Papio cynocephalus (3 Unterarten im südl.Afrika)
Steppenschuppentier/Cape Pangolin/Manis temminccki
Steppenzebra/Burchell's Zebra/Equus burchelli
Streifengnu/Blue Wildebeest/Connochaetes taurinus
Streifenschakal/Side-striped Jackal/Canis adustus
Südafrikanische Pelzrobbe/South African Fur Seal/Arctocephalus pusillus
Südafrika-Stachelschwein/Porcupine/Hystrix africae-australis
Südlicher Glattwal/Southern Right Whale/Eubalaena australis
Sumpfantilope/Sitatunga/Tragelaphus spekii

Tieflandnyala/Nyala/Tragelaphus angasii
Tüpfelhyäne/Spotted Hyaena/Crocuta crocuta
Warzenschwein/Warthog/Phacochoerus aethiopicus
Wasserbock/Waterbuck/Kobus ellipsiprymnus
Weißkehlmeerkatze/Samango Monkey/Cercopithecus albogularis
Weißschwanzgnu/Black Wildebeest/Connochaetes gnou
Wüstenluchs/Caracal/Caracal caracal
Zebramanguste/Banded Mongoose/Mungos mungo

Vögel

* Europäische Zugvögel in Winterquartieren im südlichen Afrika

Abdimstorch/Abdim's Stork/Ciconia abdimii
Afrikanische Binsenralle/African Finfoot/Podica senegalensis

Afrikanische Fischeule/Pel's Fishing Owl/Scotopelia peli
Afrikanischer Löffler/African Spoonbill/Platalea alba
Afrikanische Rohrweihe s. Froschweihe
Afrikanisches Sultanshuhn/Lesser Gallinule/Porphyrula alleni
Afrikanische Zwerggans/Pygmy Goose/Nettapus auritus
Alariogirlitz/Blackheaded Canary/Serinus alario
Alpensegler/Alpine Swift/Apus melba*
Amethystglanzstar/Plumcoloured Starling/Cinnyricinclus leucogaster
Amur-Rotfußfalke/Eastern Redfooted Kestrel/Falco amurensis
Angola-Mönchskuckuck/Copperytailed Coucal/Centropus cupreicaudus
Arnottschmätzer/Arnot's Chat/Thamnolaea arnoti
Augurbussard/Augur Buzzard/Buteo augur
Austernfischer/European Oystercatcher/Haematopus ostralegus*
Baobabsegler/Mottled Spinetail/Telacanthura ussheri
Barratts Buschsänger/Barratt's Warbler/Bradypterus barratti
Bartgeier/Bearded Vulture(Lammergeier)/Gypaetus barbatus
Baumfalke/Hobby Falcon/Falco subbueto*
Baumklapperlerche/Flappet Lark/Mirafra rufocinnamomea
Bergbussard/Forest Buzzard/Buteo oreophilus
Bergstar/Palewinged Starling/Onychognathus nabouroup
Bienenesser/European Bee-eater/Merops apiaster*
Blaumantel-Schopfschnäpper/Blue-mantled Flycatcher/Trochocercus cyanomelas
Blaustirn-Blatthühnchen/African Jacana/Actophilornis africanus
Blauwangenspint/Bluecheeked Bee-eater/Merops persicus
Bleichschmätzer/Karoo Chat/Cercomela schlegelii
Blutschnabelweber/Redbilled Quelea/Quelea quelea
Brachschwalbe, Rotflügelige, Schwarzflügelige/Blackwinged Pratincole/Glareola nordmanni*
Brachschwalbe/Redwinged Pratincole/Glareola pratincola
Bradfieldtoko/Bradfield's Hornbill/Tockus bradfieldi
Brandseeschwalbe/Sandwich Tern/Sterna sandvicensis*
Braundrossling/Arrowmarked Babbler/Turdoides jardineii
Brauner Schlangenadler/Brown Snake Eagle/Circaetus cinereus
Braunkehl-Wendehals/Redthroated Wryneck/Jynx ruficollis
Braunkopfliest/Brownhooded Kingfisher/Halcyon albiventris
Braunkopfpapagei/Brownheaded Parrot/Poicephalus cryptoxanthus
Braunmantel-Scherenschnabel/African Skimmer/Rynchops flavirostris
Breitschwanz-Paradieswitwe/Broadtailed Paradise Whydah/Vidua obtusa
Brillenpinguin/Jackass Penguin/Speniscus demersus
Brillenwürger/White Helmetshrike/Prionops plumatus
Bronzeflecktaube/Greenspotted Dove/Turtur chalcospilos
Brubru/Brubru/Nilaus afer
Bruchwasserläufer/Wood Sandpiper/Tringa glareola*

Brustbandprinie/Blackchested Prinia/Prinia flavicans
Bülbülwürger/Yellowspotted Nicator/Nicator gularis
Buntastrild/Melba Finch/Pytilia melba
Buschschwarzkäppchen/Bush Blackcap/Lioptilus nigricapillus

Cabanisweber/Lesser Masked Weaver/Ploceus intermedius chalybaeus

Damaraseeschwalbe/Damara Tern/Sterna balaenarum
Dickschnabelkuckuck/Thickbilled Cuckoo/Pachycoccyx audeberti
Dickschnabellerche/Thickbilled Lark/Galerida magnirostris
Diderikkuckuck/Diederik Cuckoo/Chrysococcyx caprius
Dominikanermöwe/Kelp Gull/Larus dominicanus
Doppelband-Rennvogel/Doublebanded Courser/Smutsornis africanus
Drakensberg-Girlitz/Drakensberg Siskin/Serinus symonsi
Dreifarbenwürger/Redbilled Helmetshrike/Prionops retzii
Drosselwürger/Whitetailed Shrike/Laniturdus torquatus
Dünenlerche/Dune Lark/Mirafra erythrochlamys
Dunkelschnäpper/Dusky Flycatcher/Muscicapa adusta

Eilseeschwalbe/Swift Tern/Sterna bergii
Einsiedlerkuckuck/Redchested Cuckoo/Cuculus solitarius
Elfenschnäpper/Fairy Flycatcher/Stenostria scita
Elsterdrößling/Pied Babbler/Turdoides bicolor
Elsterwürger/Long-tailed Shrike/Corvinella melanoleuca
Erdspecht/Ground Woodpecker/Geocolaptes olivaceus
Erzkuckuck/Green Coucal/Ceuthmochares aereus
Europäischer Bienenesser/European Bee-eater/Merops apiaster

Fahlschulterschmätzer/Buffstreaked Chat/Oenanthe bifasciata
Felsenbussard/Jackal Buzzard/Buteo rufofuscus
Fischeule s. Afrikanische Fischeule
Flamingo/Greater Flamingo/Phoenicopterus ruber
Fleckenprinie/Spotted Prinia/Prinia maculosa
Fleckenuhu/Spotted Eagle-Owl/Bubo africanus
Fledermausaar/Bat Hawk/Macheiramphus alcinus
Fledermaussegler/Böhm's Spinetail/Neafrapus boehmi
Flötenwürger/Tropical Boubou/Laniarius aethiopicus
Flußseeschwalbe/Common Tern/Sterna hirundo*
Froschweihe/African Marsh-Harrier/Circus ranivorus

Gabarhabicht/Gabar Goshhawk/Micronisus gabar
Gabelracke/Lilacbrested Roller/Coracias caudata
Gabelschwanz-Seeschwalbe/Antarctic Tern/Sterna vittata
Gabelschwanzspint/Swallowtailed Bee-eater/Merops hirundineus
Gackeltrappe/Black Korhaan/Eupodotis afra
Gaukler/Bateleur/Terathopius ecaudatus
Geierrabe/Whitenecked Raven/Corvus albicollis

Gelbbrust-Feinsänger/Yellowbreasted Apalis/Apalis flavida
Gelbbrustpieper/Yellowbrested Pipit/Hemimacronyx chloris
Gelbe Baumente/Fulvous Duck/Dendrocygna bicolor
Gelbkehlflughuhn/Yellowthroated Sandgrouse/Pterocles gutturalis
Gelbschnabel-Madenhacker/Yellowbilled Oxpecker/Buphagus africanus
Gelbschnabelente/Yellowbilled Duck/Anas undulata
Gelbschnabeltoko/Yellowbilled Hornbill/Tockus flavirostris
Geradschwanzdrongo/Square-tailed Drongo/Dicrurus ludwigii
Glanzente/Knobbilled Duck/Sarkidiornis melanotos
Glanzhaubenturako/Purplecrested Lourie/Turaco porphyreolophus
Glattnackenrapp/Bald Ibis/Geronticus calvus
Gleitaar/Blackshouldered Kite/Elanus caeruleus
Glockenreiher/Black Egret/Egretta ardesiaca
Goldbugpapagei/Meyer's Parrot/Poicephalus meyeri
Goldbürzel-Bartvogel/Goldenrumped Tinker-Barbet/Pogoniulus bilineatus
Goldrückenspecht/Olive Woodpecker/Mesopicos griseocephalus
Goldschwanzspecht/Goldentailed Woodpecker/Campethera abingoni
Goliathreiher/Goliath Heron/Ardea goliath
Graubrust-Schlangenadler/Southern Banded Snake-Eagle/Circaetus fasciolatus
Graubülbül/Blackeyed Bulbul/Pycnonotus barbatus
Graufischer/Pied Kingfisher/Ceryle rudis
Grauflügelfrankolin/Greywing/Francolinus africanus
Guineataube/Rock Pigeon/Columba guinea
Graukopfkasarka/South African Shelduck/Tadorna cana
Graulärmvogel/Grey Lourie/Corythaixoides concolor
Großer Halsbandnektarvogel/Greater Doublecollared Sunbird/Nectarinia afra
Großer Brachvogel/Curlew/Numenius arquata*
Großer Waldrötel/Miombo Rock-Thrush/Monticola angolensis
Großspornpieper/Orangethroated Longclaw/Macronyx capensis
Grünbülbül/Sombre Bülbül/Andropadus importunus
Grüne Fruchttaube s. Rotnasen-Grüntaube
Grüner Tropfenastrild/Green Twinspot/Mandingoa nitidula
Grünschwanz-Glanzstar/Blue-eared Starling/Lamprotornis chalybaeus
Gurneys Honigesser/Gurney's Sugarbird/Promerops gurneyi
Gurrtaube/Cape Turtle-Dove/Streptopelia capicola

Habichtsadler/African Hawk-Eagle/Hieraaetus pennatus
Hagedasch-Ibis/Hadeda Ibis/Bostrychia hagedash
Hahnschweifwida/Long-tailed Widow/Euplectes progne
Halbmondtaube/Redeyed Dove/Streptopelia semitorquata
Halsbandfeinsänger/Barthroated Apalis/Apalis thoracica
Hammerkopf/Hamerkop/Scopus umbretta
Hartlaubmöwe/Hartlaub´s Gull/Larus hartlaubii
Haubenbartvogel/Crested Barbet/Trachyphonus vaillantii

Haubentaucher/Great Crested Grebe/Podiceps cristatus
Heiliger Ibis/Sacred Ibis/Threskiornis aethiopicus
Helmperlhuhn/Helmeted Guineafowl/Numida meleagris
Helmturako/Livingstone's or Knysna Lourie/Tauraco corythai
Hirtenmaina/Indian Myna/Acridotheres tristis
Hirtenregenpfeifer/Kittlitz's Plover/Charadrius pecuarius
Hornrabe/Ground Hornbill/Bucorvus leadbeateri

Kaffernadler/Black Eagle/Aquila verreauxii
Kammbleßhuhn/Redknobbed Coot/Fulica cristata
Kampfadler/Martial Eagle/Polemaetus bellicosus
Kampfläufer/Ruff Reeve/Philomachus pugnax*
Kapammer/Cape Bunting/Emberiza capensis
Kapgeier/Cape Vulture/Gyps coprotheres
Kap-Grassänger/Grassbird/Sphenoeacus afer
Kap-Grünbülbül/Sombre Bulbul/Andropadus importunus
Kap-Honigesser/Cape Sugarbird/Promerops cafer
Kapkauz/Barred Owl/Glaucidium capense
Kapkormoran/Cape Cormorant/Phalacrocorax capensis
Kapohreule/Marsh Owl/Asio capensis
Kaprohrsänger/Cape Reed-Warbler/Acrocephalus gracilirostris
Kaprötel/Cape Robin/Cossypha caffra
Kapschnäpper/Cape Batis/Batis capensis
Kaptäubchen/Namaqua Dove/Oera capensis
Kaptölpel/Cape Ganet/Morus capensis
Kaptriel/Spotted Dikkop/Burchinus capensis
Kaptschagra/Southern Tchagra/Tchagra tchagra
Kapuhu/Cape Eagle-Owl/Bubo capensis
Kapweber/Cape Weaver/Ploceus capensis
Karruheckensänger/Karoo Robin/Erythropygia coryphaeus
Klaffschnabel/Openbilled Stork/Anastomus lamelligerus
Kleiner Goldweber/Yellow Weaver/Ploceus subaureus
Klippenpieper/Rock Pipit/Anthus cernatus
Klippenrötel/Cape Rock-Thrush/Monicola rupestris
Klunkerkranich/Wattled Crane/Grus carunculata
Knutt/Knot/Calidris canutus*
Kräuselhauben-Perlhuhn/Crested Guineafowl/Guttera pucherani
Kronenadler/Crowned Eagle/Stephanoaetus coronatus
Kronenkiebitz/Crowned Plover/Vanellus coronatus
Kronenkranich/Crowned Crane/Balearica regulorum
Kuhreiher/Cattle Egret/Bubulcus ibis
Kurzschwanzfalke/Taita Falcon/Falco fasciinucha
Küstenscharbe/Bank Cormorant/Phalacrocorax neglectus
Langschwanz-Eremomela/Karoo Eremomela/Eremomela gregalis
Langzehenkiebitz/Longtoed Plover/Vanellus crassiostris
Langzehenrötel/Sentinel Rock-Thrush/Monticola explorator
Lannerfalke/Lanner Falcon/Falco biarmicus
Lappenstar/Wattled Starling/Creatophora cinerea
Lärmrötel/Chorister Robin/Cossypha dichroa

Ludwigstrappe/Ludwig's Bustard/Neotis ludwigii
Maccoa-Ente/Maccoa/Oxyura maccoa
Mahaliweber/White-browed Sparrow-Weaver/Plocepasser mahali
Malachiteisvogel/Malachite Kingfisher/Alcedo cristata
Malachitnektarvogel/Malachite Sunbird/Nectarinia famosa
Mangrovenreiher/Greenbacked Heron/Butorides striatus
Marabu/Marabou Stork/Leptoptilus crumeniferus
Maskenbülbül/Redeyed Bulbul/Pygnonotus nigricans
Maskenpirol/Blackheaded Oriole/Oriolus larvatus
Maskenweber/Masked Weaver/Ploceus velatus
Mäusebussard/Steppe Buzzard/Buteo buteo
Meisensänger/Layard's Titbabler/Parisoma layardi
Meisenschnäpper/Fantailed Flycatcher/Myioparus plumbeus
Meves-Glanzstar/Long-tailed Starling/Lamprotornis mevessii
Milchuhu/Giant Eagle-Owl/Bubo lacteus
Miombonektarvogel/Miombo Doublecollared Sunbird/Nectarinia manoensis
Mohrenralle/Black Crake/Limnocorax flavirostris
Mohrenweihe/Black Harrier/Circus maurus
Monteirotoko/Monteiro's Hornbill/Tockus monteiri
Morgenrötel/Collared Palm-Thrush/Cichladusa arquata
Nachtflughuhn/Doublebanded Sandgrouse/Pterocles bicinctus
Nachtreiher/Blackcrowned Night Heron/Nycticorax nycticorax
Namaflughuhn/Namaqua Sandgrouse/Pterocles namaqua
Namaprinie/Namaqua Prinia/Prinia substriata
Namatrappe/Karoo Korhan/Eupodotis vigorsii
Namibschmätzer/Sicklewinged Chat/Cercomela sinuata
Namibschnäpper/Herero Chat/Namibornis herero
Narina-Trogon/Narina Trogon/Apaloderma narina
Natal-Felsenspringer/Orangebrested Rockjumper/Chaetops aurantius
Natal-Heckensänger/Brown Robin/Erythropygia signata
Natalfrankolin/Natal Francolin/Francolinus natalensis
Natalrötel/Natal Robin/Cossypha natalensis
Neergards Nektarvogel/Neergard's Sunbird/Nectarinia neergaardii
Nilgans/Egyptian Goose/Alopochen aegyptiacus
Nimmersatt/Yellowbilled Stork/Mycteria ibis

Ohrengeier/Lappedfaced Vulture/Torgos tracheliotus
Olirentaube/Rameron Pigeon/Columba arquatrix
Oranjebrillenvogel/Cape White-eye/Zosterops pallidus
Oryxweber/Red Bishop/Euplectes orix
Palmensegler/Palm Swift/Cypsiurus parvus
Paradieskranich/Blue Crane/Anthropoides paradisea
Paradiesschnäpper/Paradise Flycatcher/Terpsiphone viridis
Perlastrild/Pinkthroated Twinspot/Hypargos margaritatus
Perlkauz/Pearlspotted Owl/Glaucidium perlatum

Pfuhlschnepfe/Bartailed Godwit/Limosa lapponica*
Pirol/European Golden Oriole/Oriolus oriolus*
Purpurhuhn/Purple Galinule/Porphyrio porphyrio
Purpurreiher/Purple Heron/Ardea purpurea*

Rallenreiher/Squacco Heron/Ardeola ralloides (Brut- und Zugvogel)*
Raubadler/Tawny Eagle/Aquila rapax
Rauchschwalbe/European Swallow/Hirundo rustica*
Riedscharbe/Reed Cormorant/Phalacrocorax africanus
Riesenfischer/Giant Kingfisher/Ceryle maxima
Riesentrappe/Kori Bustard/Ardeotis kori
Rosapelikan/White Pelican/Pelecanus onocrotalus
Rosenköpfchen/Rosyfaced Lovebird/Agapornis roseicollis
Rostband-Eremomela/Burntnecked Eremomela/Eremomela usticollis
Rotbauchreiher/Rufousbellied Heron/Butorides rufiventris
Rotbauchwürger/Crimsonbreasted Shrike/Laniarius atrococineus
Rotbrust-Nektarvogel/Scarletchested Sunbird/Nectarinia senegalensis
Rötelfalke/Lesser Kestrel/Falco naumanni*
Rötelpelikan/Pinkbacked Pelican/Pelecanus rufescens
Rotfußfalke/Western Redfooted Kestrel/Falco vespertinus*
Rothalsfalke/Rednecked Falcon/Falco chicquera
Rotkopflaubsänger/Yellowthroated Warbler/Seicercus ruficapillus
Rotnasen-Grüntaube/Green Pigeon/Treron calva
Rotschnabeldrossel/Kurrichane Thrush/Turdus libonyana
Rotschnabelente/Redbilled Teal/Anas erythrorhyncha
Rotschnabelfrankolin/Redbilled Frankolin/Frankolinus adspersus
Rotschnabel-Madenhacker/Redbilled Oxpecker/Buphagus erythrorhynchus
Rotschnabeltoko/Redbilled Hornbill/Tockus erythrorhynchus
Rotschopftrappe/Red-crested Korhaan/Eupodotis ruficrista
Rotschwanzschmätzer/Familiar Chat/Cercomela familiaris
Rotstirn-Bartvogel/Pied Barbet/Tricholama leucomelas
Rudds Feinsänger/Rudd's Apalis/Apalis ruddi
Ruderflügel/Pennantwinged Nightjar/Macrodipteryx vexillaria
Rüppellpapagei/Rüppell's Parrot/Poicephalus rueppellii
Rüppelltrappe/Rüppell's Korhaan/Eupodotis rueppellii
Rußnektarvogel/Dusky Sunbird/Nectarinia fusca

Samtweber/Yellowrumped Widow/Euplectes capensis
Sattelstorch/Saddlebilled Stork/Ephippiorhynchus senegalensis
Scharlachspint/Carmine Bee-eater/Merops nubicoides
Schildrabe/Pied Crow/Corvus albus
Schlangenhalsvogel/Darter/Anhinga melanogaster
Schlangensperber/Gymnogene/Polyboroides typus
Schleiereule/Barn Owl/Tyto alba

Schmutzgeier/Egyptian Vulture/Neophron percnopterus
Schneeballwürger/Puffback/Dryoscopus cubla
Schopffrankolin/Crested Francolin/Francolinus sephaena
Schreiadler/Lesser Spotted Eagle/Aquila pomarina
Schreiseeadler/African Fish Eagle/Haliaeetus vocifer
Schwarzbauchtrappe/Blackbellied Korhaan/Eupoditis melanogaster
Schwarzbrust-Schlangenadler/Blackbreasted Snake-Eagle/Circaetus pectoralis
Schwarzente/African Black Duck/Anas sparsa
Schwarzer Austernfischer/Black Oystercatcher/Haematopus moquini
Schwarzhalsreiher/Black-headed Heron/Ardea melanocephala
Schwarzmilan/Yellowbilled Kite(Black Kite)/Milvus migrans*
Schwarzkehl-Lappenschnäpper/Wattle-eyed Flycatcher/Platysteira peltata
Schwarzkopfreiher/Black Egret/Ardea melanocephala
Schwarzschwanz-Schönbürzel/Grey Waxbill/Estrilda perreini
Schwarzstorch/Black Stork/Ciconia nigra*
Schwarzwangengirlitz/Blackeared Canary/Serinus mennelli
Sekretär/Secretary Bird/Sagittarius serpentarius
Senegalliest/Woodland Kingfisher/Halcyon senegalensis
Sichelhopf/Scimitarbilled Woodhoopoe/Rhinopomastus cyanomelas
Siedelweber/Sociable Weaver/Philetairus socius
Smaragdkuckuck/Emerald Cuckoo/Chrysococcyx cupreus
Sporengans/Spurwinged Goose/Plectropterus gambensis
Stanleytrappe/Stanley's Bustard/Neotis denhami
Stelzenläufer/Blackwinged Stilt/Himantopus himantopus
Steppenadler/Steppe Eagle/Aquila nipalensis
Steppenfalke/Greater Kestrel/Falco rupicoloides
Steppenweihe/Pallied Harrier/Circus macrourus*
Stierlingbindensänger/Stierling's Barred Warbler/Camaroptera stierlingi
Strauß/Ostrich/Strutio camelus
Streifenliest/Striped Kingfisher/Halcyon chelicuti
Sumpfcistensänger/Chirping Cisticola/Cisticola pipiens
Swainsonfrankolin/Swainson's Frankolin/Francolinus swainsonii
Tamburintaube/Tambourine Dove/Turtur tympanistria
Teichhuhn/Moorhen/Gallinula chloropus
Terekwasserläufer/Terek Sandpiper/Xenus cinereus*
Textorweber/Spottedbacked Weaver/Ploceus cucullatus
Trauercistensänger/Wailing Cisticola/Cisticola lais
Trauerdrongo/Forktailed Drongo/Dicrurus adsimilis
Trauerkiebitz/Lesser Blackwinged Plover/Vanellus lugubis
Trompeterhornvogel/Trumpeter Hornbill/Bycanistes bucinator
Tüpfelsumpfhuhn/Spotted Crake/Porzana porzana
Turmfalke/Rock Kestrel/Falco tinnunculus
Vierfarbenwürger/Gorgeous Bush-Shrike/Teophorus quadricolor

Wachtel/Common Quail/Coturnix coturnix
Wachtelastrild/Quail Finch/Ortygospiza atricollis
Waffenkiebitz/Blacksmith Plover/Vanellus armatus
Wahlbergadler/Wahlberg's Eagle/Aquila wahlbergi
Wahlbergscharbe/Crowned Cormoran/Phalacrocorax coronatus
Waldnektarvogel/Collared Sunbird/Anthreptes collaris
Wanderfalke/Peregrine Falcon/Falco peregrinus
Weißbartseeschwalbe/Whiskered Tern/Chlidonias hybridus
Weißbauchnektarvogel/Whitebellied Sundbird/Nectarinia talatala
Weißbrauen-Heckensänger/Whitebrowed Robin/Erythropygia leucophrys
Weißbrauenrötel/Heuglin's Robin/Cossypha heuglini
Weißbrustkormoran/Whitebreasted Cormorant/Phalacrocorax carbo
Weißbürzeldroßling/Hartlaub's Babbler/Turdoides hartlaubii
Weißbürzel-Singhabicht/Pale Chanting Goshawk/Melierax canorus
Weißbürzelsegler/Whiterumped Swift/Apus caffer
Weißflügel-Seeschwalbe/Whitewinged Tern/Chlidonias leucopterus
Weißgesicht-Ohreule/Whitefaced Owl/Ptilopsis leucotis
Weißkehlrötel/Whitethroated Robin/Cossypha humeralis
Weißohr-Bartvogel/White-eared Barbet/Stactolaema leucotis
Weißrücken-Nachtreiher/Whitebacked Night-Heron/Gorsachius leuconotus
Weißrückenente/Whitebacked Duck/Thalassornis leuconotus
Weißrückengeier/Whitebacked Vulture/Gyps africanus
Weißstirnspint/Whitefronted Bee-eater/Merops bullockoides
Weißstirnweber/Thickbilled Weaver/Amblyospiza albifrons
Weißstorch/White Stork/Ciconia ciconia*
Wermutregenpfeifer/Caspian Plover/Charadrius asiaticus
Whytes Sylvietta/Redfaced Crombec/Sylvietta whytii
Wiedehopf/Hoopoe/Upupa epops
Wiesenweihe/Montagu's Harrier/Circus pygargus*
Witwenente/Whitefaced Duck/Dendrocygna viduata
Witwenstelze/Afr. Pied Wagtail/Motacilla aguimp
Wollhalsstorch/Woollynecked Stork/Ciconia episcopus
Wollkopfgeier/Whiteheaded Vulture/Trigonoceps occipitalis
Woodwardschnäpper/Woodward's Batis/Batis fratrum

Ziegenmelker/European Nightjar/Caprimulgus europaeus
Zimtbrustsänger/Cinnamonbreasted Warbler/Euryptila subcinnamomea
Zimtroller/Broadbilled Roller/Eurystomus glaucurus
Zimttaube/Cinamon Dove/Aplopelia larvata
Zwergadler/Booted Eagle/Hierraaetus pennatus (Brut und Zugvogel)*
Zwergdommel/Little Bittern/Ixobrychus minutus*
Zwergohreule, Afrikanische/Scops Owl/Otus senegalensis
Zweifarbenwürger/Swamp Boubou/Laniarius bicolor

Zwergfalke/Pygmy Falcon/Polihierax semitorquatus
Zwergflamingo/Lesser Flamingo/Phoeniconaias minor
Zwergpinkpink/Ayres' Cisticola/Cisticola ayresii
Zwergstrandläufer/Little Stint/Calidris minuta*
Zwergtaucher/Dabchick/Tachybaptus ruficollis

Fische, Amphibien, Reptilien

Afrikanischer Ochsenfrosch/Bullfrog/Pyxicephalus adspersus
Angola-Python/Anchieta's Dwarf Python/Python anchietae
Bergpuffotter/Berg Adder/Bitis atropos
Blaukehlagame/Tree Agama/Agama atricollis
Boomslang/Boomslang/Dispholidus typus typus
Boulenger-Flachschildkröte/Karoo Padloper/Homopus boulengeri
Büschelbrauenotter/Western Many-horned Adder/Bitis cornuta
Felsenpython/Southern African Rock Python/Python sebae natelensis
Felsen-Schildechse/Giant Plated Lizard/Gerrhosaurus validus
Gabunviper/Gaboon Adder/Bitis gabonica gabonica
Gehörnte Puffotter/Horned Adder/Bitis caudalis
Geometrische Landschildkröte/Geometric Tortoise/Psammobates geometricus
Gesprenkelter Kurzkopffrosch/Breviceps adspersus
Grüne Mamba/Green Mamba/Dendroaspis angusticeps
Kapkobra/Cape Cobra/Naja nivea
Karoo-Gürtelschweif/Girdled Lizzard/Cordylus polyzonus polyzonus
Lappenchamäleon/Flap-necked Chameleon/Chamaeleo dilepsis
Lederschildkröte/Leatherback Turtle/Dermochelys coriacea
Mabuya/Rainbow or Blue-tailed Kopjeskink/Mabuya quinquetaeniata
Nilkrokodil/Nile Crocodile/Crocodylus niloticus
Nilwaran/Water Leguaan or Nile Monitor/Varanus niloticus
Pantherschildkröte/Leopard Tortoise/Geochelone pardalis
Pfeilotter/Common Night Adder/Causus rhombeatus
Puffotter/Puff Adder/Bitis arietans
Riedfrosch/Hyperolius sp.
Ringhalskobra/Rinkhals/Hemachatus haemachatus
Sandechse/Anchieta's Dune Lizard/Aporosaura anchietae
Schlammspringer/Mud-Skipper/Periophthalmus kaolo
Schnabelbrust-Schildkröte/Angulate Tortoise/Chersina angulata
Schwarze Mamba/Black Mamba/Dendroaspis polypepis
Schwarzweiße Kobra/Forest Cobra/Naja melanoleuca
Speikobra/Mocambique Spitting Cobra/Naja mossambica
Sporn-Flachschildkröte/Greater Padloper/Homopus femoralis
Unechte Karettschildkröte/Loggerhead Turtle/Caretta caretta

Uräusschlange/Egyptian Cobra/Naja haje annulifera
Weißkehl-Steppenwaran/Rock or Tree Leguaan/Varanus exanthematicus albigularis
Wüstenchamäleon/Namaqua Chameleon/Chamaeleo/namaquensis
Wüstengecko/Web-footed Gecko/Palmatogecko rangei
Zeltschildkröte/Tent Tortoise/Psammobates tentorius
Zwergpuffotter/Side-winding Adder/Bitis peringueyi

Insekten und andere Wirbellose

Augenspinner/Emperor moths/Fam. Saturniidae
Fiebermücke/Mosquito/Anopheles sp.
Schwärmer/Hawk moths/Fam. Spingidae
Stabschrecke/Phasmida
Tsetsefliege/Tsetse Fly/Glossina morsitans

Pflanzen
Arten, die keinen deutschen Namen haben, sind hier mit ihrem wissenschaftlichen Namen angegeben.

Acacia nigrescens/Knobthorn
Acacia burkei/Black Monkey Thorn
Acacia welwitschii/Delagoa Thorn
Adenium multiflorum/Impala Lily
Affenbrotbaum/Baobab/Adansonia digitata
Ahnenbaum/Leadwood Tree/Combretum imberbe
Aloe pillansii/Bastard Quiver Tree
Anabaum/Ana Tree/Acacia albida
Apfelblattbaum/Apple Leaf/Capassa violacea
Bärenohr/Auser Daisy (Bittergousblom)/Arctotis fastuosa
Baumfarn/Common Tree Fern/Cyathea dregei
Baumfarne/Tree Ferns/Cyatheaceae
Bergbambus/Berg Bamboo/Thamnocalamus tessellatus
Bergdattel/Bird Plum/Berchemia discolor
Bergmahagoni/Mountain Mahogany/Entandrophragma caudatum
Bergzypresse/Mountain Cypress/Widdringtonia nodiflora
Blutblume/Blood Flower/Haemanthus coccineus
Blutfruchtbaum/Purple-pod Terminalia/Terminalia prunioides
Brunsvigia radulosa/Candelabre Flower
Buschmannskerze/Bushman's Candle/Sarcocaulon marlothii
Celtis africana/White Stinkwood
Clanwilliam-Zeder/Clanwilliam Cedar/Widdringtonia cedarbergensis
Combretum microphyllum/Flame Creeper
Combretum zeyheri/Large-fruited Bushwillow
Cussonia paniculata/Mountain Cabbage Tree
Drüsenakazie/Water Acacia/Acacia nebrownii
Dumpalme/Ilala Palm/Hyphaene natalensis
Dünenfedergras/Stipagrostis sabulicola
Ebenholzbaum/False or Wild Ebony/Euclea pseudebenus
Fackellilie/Red Hot Poker/Kniphofia caulescens
Farbkätzchenstrauch/Sickle-Bush/Dichrostachys cinerea
Federgras/Stipagrostis gonatostachys
Fensterpflanze/Fenestraria rhopalophylla
Fieberbaum/Fever Tree/Acacia xanthophloea
Gemsbokgurke/Gemsbok Cucumber/Acanthosicyos naudinianus

Grauer Kameldorn/Grey Camelthorn/Acacia haematoxylon
Greyia sutherlandii/Natal Bottle Brush
Hakendornakazie/Black Thorn/Acacia mellifera
Halbmensch/Halfmens/Adenium namaquanum
Halleria lucida/Tree Fuchsia
Hottentotskohl/Hotnotskool/Trachyandra falcata
Kameldornbaum/Camelthorn Tree/Acacia erioloba
Kapbuche/Cape Beech/Rapanea melanophloeos
Kapesche/Cape Ash/Ekebergia capensis
Khaya nyasica/Red Mahogany
Kiggelaria africana/Wild Peach
Köcherbaum/Kokerboom/Aloe dichotoma
Königin der Namib/Queen of the Namib/Hoodia gordonii
Königsprotea/King Protea/Protea cynaroides
Korallenbaum/Coral Tree/Erythrina lysistemon
Kudubusch/Red Bush Willow/Combretum apiculatum
Lebende Steine/Stone Plants/Lithops sp.
Leberwurstbaum/Sausage Tree/Kigelia africana
Leucospermum sp./Pincushion Proteas
Makalanipalme/Real Fan Palm/Hyphaene ventricosa
Marula/Marula/Sclerocarya birrea
Mittagsblumen/Mesembryanthemaceae
Mopane/Mopane/Colophospermum mopane
Moringa/African Moringa/Moringa ovalifolia
Nara/Nara (Butternut)/Acanthosicyos horrida
Nataler Aloe/Natal Aloe/Aloe spectabilis
Ölbaum/Wild Olive/Olea africana
Olea capensis macrocarpa/Ironwood
Olinia emarginata/Hard Pear
Palmfarn/Cycad/Cycadaceae
Papyrusstaude/Papyrus/Cyperus papyrus
Podocarpus falcatus/Outeniqua Yellowwood
Podocarpus latifolius/Real Yellowwood
Protea caffra/Sugar Bush Protea roupelliae/Silver Sugar Bush
Quinine-Baum/Quinine Tree/Rauvolfia caffra
Riedgräser/Sedges/Cyperaceae
Ringelhülsenakazie s. Schirmakazie
Rosinenbusch/Raisin Bush/Grewia
Rote Disa/Red Disa (Pride of Table Mountain)/Disa uniflora
Sambesifeige/Zambesi Fig/Ficus zambesiaca
Schirmakazie/Umbrellathorn/Acacia tortillis
Schmuckkörbchen/Cosmos/Cosmos bipinnatus
Schmucklilie/African Lily/Agapanthus africana (inapertus)
Schotia afra/Karoo Boer-bean
Schwimmfarn/Kariba Weed/Salvinia molesta
Seerose/Water Lily/Nymphaea caerulea
Selbstmord-Gladiole/Suicide Gladiolus/Gladiolus flanaganii
Sideroxylon inerme/White Milkwood
Silberbaum/Silver Tree/Leucadendron argenteum
Speckbaum/Spekboom/Portulacaria afra
Stechpalme/African Holly/Ilex mitis
Süßdorn/Sweet Thorn/Acacia karroo
Sykomore/Sycamore Fig/Ficus sycomorus
Syzygium cordatum/Water Berry/Umdoni
Tambuti/Tamboti/Spirostachys africana
Teak/Kiaat/Pterocarpus angolensis
Trichilia emetica/Natal Mahogony
Tsamma-Melone/Tsamma Mellon/Citrullus lanatus

Umdoni/Water Berry Tree/Syzygium cordatum
Wart-ein-bißchen/Buffalo Thorn Tree/ Ziziphus mucronata
Weißstamm/Shepherd's Tree/Boscia albitrunca
Welwitschia/Welwitschia/Welwitschia mirabilis
Wilde Kastanie/Cape Chestnut/Calodendron capense
Wilde Dattelpalme/Wild Date/ Phoenix reclinata
Wilde Tamariske/Wild Tamarisk/Tamarix usneoides
Würgfeige/Strangler Fig/Ficus ingens

Englisch-Deutsch

Säugetiere

Aardvark/Erdferkel
Aardwolf/Erdwolf
African Wild Cat/Falbkatze
African Buffalo/Afrikanischer Büffel
African Elephant/Afrikanischer Elefant

Baboon/Steppenpavian
Banded Mongoose/Zebramanguste
Bat-eared Fox/Löffelhund
Black-faced Impala/Schwarznasenantilope
Black Wildebeest/Weißschwanzgnu
Black Rhinoceros/Spitzmaulnashorn
Black-backed Jackal/Schabrackenschakal
Blackfooted Cat/Schwarzfußkatze
Blesbuck/Bleßbock
Bluebuck/Blaubock
Blue Duiker/Blauducker
Bluemantled Flycatcher/Blaumantel-Schopfschnäpper/Trochocercus cyanomelas
Blue Wildebeest/Streifengnu
Bontebock/Buntbock
Bottle-nosed Dolphin/Großer Tümmler
Brown Hyaena/Braune Hyäne
Burchell's Zebra/Steppenzebra
Bushbuck/Buschbock (Schirrantilope)
Bushman Hare/Buschmannhase
Bushpig/Buschschwein

Cape Clawless Otter/Kap Fingerotter
Cape Mountain Zebra/Kap-Bergzebra
Cape Fox/Kapfuchs
Cape Pangolin/Steppenschuppentier
Cape Ground Squirrel/Kap-Erdhörnchen
Caracal/Wüstenluchs
Cheetah/Gepard
Common Reedbuck/Großriedbock

Damara Dik Dik/Kirkdikdik

Eland/Elenantilope

Gemsbok/Spießbock, Oryxantilope
Giraffe/Giraffe
Grant's Golden Mole/Goldmull
Grey Duiker/Kronenducker
Grysbok/Greisbock

Hartmann's Mountain Zebra/Hartmann-Bergzebra
Hippopotamus/Flußpferd
Honey Badger/Honigdachs

Ice Rat/Eisratte
Impala/Schwarzfersenantilope

Karoo Bush Rat/Karoo Buschratte
Klipspringer/Klippspringer

Lechwe/Moorantilope
Leopard/Leopard
Lesser Flamingo/Zwergflamingo/Phoenicenaias minor

Lion/Löwe
Mountain Reedbuck/Bergriedbock
Nyala/Tieflandnyala
Oribi/Bleichböckchen
Porcupine/Südafrika-Stachelschwein
Puku/Grasantilope
Quagga/Quagga
Red Hartebest/Kuhantilope
Roan Antelope/Pferdeantilope
Rock Hyrax/Busch- oder Steppenschliefer
Rock Dassie/Klipp- oder Wüstenschliefer
Sable Antelope/Rappenantilope
Samango Monkey/Weißkehlmeerkatze
Sassaby/Leier- oder Halbmondantilope
Side-striped Jackal/Streifenschakal
Sitatunga/Sumpfantilope
Smith's Bush Squirrel/Ockerfuß-Buschhörnchen
South African Fur Seal/Südafr.Pelzrobbe
Southern Right Whale/Südlicher Glattwal
Springbok/Springbock
Spotted Hyaena/Tüpfelhyäne
Spotted-necked Otter/Fleckenhalsotter
Steenbok/Steinböckchen
Suni/Moschusböckchen
Suricate/Erdmännchen

Vervet Monkey/Grüne Meerkatze

Warthog/Warzenschwein
Waterbuck/Wasserbock
Wattle-eyed Flycatcher/Schwarzkehl-Lappenschnäpper/Platysteira peltata
White Rhinoceros/Breitmaulnashorn
Wild Dog/Hyänenhund

Vögel

Abdim's Stork/Abdimstorch
African Pied Wagtail/Witwenstelze
African Hawk-Eagle/Habichtsadler
African Marsh-Harrier/Froschweihe
African Black Duck/Schwarzente
African Fish-Eagle/Schreiseeadler
African Broadbill/Kap-Breitrachen
African Jacana/Blaustirn-Blatthühnchen
African Finfoot/Afrikanische Binsenralle
African Spoonbill/Afrikanischer Löffler
African Skimmer/Braunmantel-Scherenschnabel
Alpine Swift/Alpensegler
Antarctic Tern/Gabelschwanz-Seeschwalbe
Arnot's Chat/Arnottschmätzer
Arrowmarked Babbler/Braundroßling
Augur Buzzard/Augurbussard
Ayres' Cisticola/Zwergpinkpink

Bald Ibis/Glattnackenrapp
Bank Cormorant/Küstenscharbe
Barn Owl/Schleiereule
Barratt's Warbler/Barratts Buschsänger
Barred Owl/Kapkauz
Bartailed Godwit/Pfuhlschnepfe
Barthroated Apalis/Halsbandfeinsänger
Bateleur/Gaukler
Bat Hawk/Fledermausaar
Bearded Vulture (Lammergeier)/Bartgeier
Black Korhaan/Gackeltrappe
Black Egret/Glockenreiher
Black Harrier/Mohrenweihe
Black-headed Heron/Schwarzhalsreiher
Black Crake/Mohrenralle
Black Eagle/Kaffernadler
Black Egret/Schwarzkopfreiher
Black Stork/Schwarzstorch
Black Oystercatcher/Schwarzer Austernfischer
Blackbellied Korhaan/Schwarzbauchtrappe
Blackbreasted Snake-Eagle/Schwarzbrust-Schlangenadler

Blackchested Prinia/Brustbandprinie
Blackcrowned Night-Heron/Nachtreiher
Blackeared Canary/Schwarzwangengierlitz
Blackeyed Bulbul/Graubülbül
Blackheaded Oriole/Maskenpirol
Blackheaded Canary/Alariogirlitz
Blackshouldered Kite/Gleitaar
Blacksmith Plover/Waffenkiebitz
Blackwinged Pratincole/Schwarzflügel-Brachschwalbe
Blackwinged Stilt/Stelzenläufer
Bluecheeked Bee-eater/Blauwangenspint
Blue Crane/Paradieskranich
Blue-eared Glossy Starling/Grünschwanz-Glanzstar
Blue-mantled Flycatcher/Blaumantel-Schopfschnäpper
Böhm's Spinetail/Fledermaussegler
Booted Eagle/Zwergadler
Bradfield's Hornbill/Bradfieldtoko
Broadbilled Roller/Zimtroller
Broadtailed Paradise Whydah/Breitschwanz-Paradieswitwe
Brown Robin/Natal-Heckensänger
Brown Snake-Eagle/Brauner Schlangenadler
Brownheaded Parrot/Braunkopfpapagei
Brownhooded Kingfisher/Braunkopfliest
Brubru/Brubru
Buffstreaked Chat/Fahlschulterschmätzer
Burntnecked Eremomela/Rostband Eremomela
Bush Blackcap/Buschschwarzkäppchen

Cape Ganet/Kaptölpel
Cape Vulture/Kapgeier
Cape Robin/Kaprötel
Cape Rock-Thrush/Klippenrötel
Cape Batis/Kapschnäpper
Cape Weaver/Kapweber
Cape White-eye/Oranjebrillenvogel
Cape Reed-Warbler/Kaprohrsänger
Cape Bunting/Kapammer
Cape Sugarbird/Kap-Honigesser
Cape Cormorant/Kapkormoran
Cape Eagle-Owl/Kapuhu
Carmine Bee-eater/Scharlachspint
Caspian Plover/Wermutregenpfeifer
Cattle Egret/Kuhreiher
Chirping Cisticola/Sumpfcistensänger
Chorister Robin/Lärmrötel
Cinamon Dove/Zimttaube
Cinnamonbreasted Warbler/Zimtbrustsänger
Collared Palm-Thrush/Morgenrötel
Collared Sunbird/Waldnektarvogel
Common Tern/Flußseeschwalbe
Common Quail/Wachtel
Copperytailed Coucal/Angola-Mönchskuckuck
Crested Francolin/Schopffrankolin
Crested Guineafowl/Kräuselhaubenperlhuhn
Crested Barbet/Haubenbartvogel
Crimsonbreasted Shrike/Rotbauchwürger
Crowned Plover/Kronenkiebitz
Crowned Eagle/Kronenadler
Crowned Cormorant/Wahlbergscharbe
Crowned Crane/Kronenkranich
Curlew/Großer Brachvogel

Dabchick/Zwergtaucher
Damara Tern/Damaraseeschwalbe
Darter/Schlangenhalsvogel
Diederik Cuckoo/Diderikkuckuck(Goldkuckuck
Doublebanded Courser/Doppelband-Rennvogel
Doublebanded Sandgrouse/Nachtflughuhn
Drakensberg Siskin/Drakensberg-Girlitz
Dune Lark/Dünenlerche
Dusky Flycatcher/Dunkelschnäpper
Dusky Sunbird/Rußnektarvogel

Eastern Redfooted Kestrel/Amur-Rotfußfalke

Egyptian Goose/Nilgans
Egyptian Vulture/Schmutzgeier
Emerald Cuckoo/Smaragdkuckuck
European Golden Oriole/Pirol
European Bee-eater/Bienenesser
European Nightjar/Ziegenmelker
European Oystercatcher/Austernfischer
European Swallow/Rauchschwalbe

Fairy Flycatcher/Elfenschnäpper
Familiar Chat/Rotschwanzschmätzer
Fantailed Flycatcher/Meisenschnäpper
Flappet Lark/Baumklapperlerche
Forest Buzzard/Bergbussard
Forktailed Drongo/Trauerdrongo
Fulvous Duck/Gelbe Baumente

Gabar Goshawk/Gabarhabicht
Giant Eagle-Owl/Milchuhu
Giant Kingfisher/Riesenfischer
Goldenrumped Tinker-Barbet/Goldbürzel-
Bartvogel
Goldentailed Woodpecker/Goldschwanz-
specht
Goliath Heron/Goliathreiher
Gorgeous Bush-Shrike/Vierfarbenwürger
Grassbird/Kap-Grassänger
Great Crested Grebe/Haubentaucher
Greater Doublecollared Sunbird/Großer Hals-
bandnektarvogel
Greater Flamingo/Flamingo
Greater Kestrel/Steppenfalke
Green Coucal/Erzkuckuck
Green Twinspot/Grüner Tropfenastrild
Green Pigeon/Rotnasen-Grüntaube
Greenbacked Heron/Mangrovenreiher
Greenspotted Dove/Bronzeflecktaube
Grey Waxbill/Schwarzschwanz-Schönbürzel
Grey Lourie/Graulärmvogel
Greywing Francolin/Grauflügelfrankolin
Ground Woodpecker/Erdspecht
Ground Hornbill/Hornrabe
Gurney's Sugarbird/Gurneys Honigesser
Gymnogene/Schlangensperber

Hadeda Ibis/Hagedasch-Ibis
Halfcollared Kingfisher/Kobaldeisvogel
Hamerkop/Hammerkopf
Hartlaub's Babbler/Weißbürzeldroßling
Hartlaub's Gull/Hartlaubmöwe
Helmeted Guineafowl/Helmperlhuhn
Herero Chat/Namibschnäpper
Heuglin's Robin/Weißbrauenrötel
Hobby Falcon/Baumfalke
Hoopoe/Wiedehopf

Indian Myna/Hirtenmaina

Jackal Buzzard/Felsenbussard
Jackass Penguin/Brillenpinguin

Karoo Chat/Bleichschmätzer
Karoo Eremomela/Langschwanz-Eremomela
Karoo Korhan/Namatrappe
Karoo Robin/Karruheckensänger
Kelp Gull/Dominikanermöwe
Kittlitz's Plover/Hirtenregenpfeifer
Knobbilled Duck/Glanzente
Knot/Knutt
Kori Bustard/Riesentrappe
Kurrichane Thrush/Rotschnabeldrossel

Lanner Falcon/Lannerfalke
Lappedfaced Vulture/Ohrengeier
Layard's Titbabler/Meisensänger
Lesser Blackwinged Plover/Trauerkiebitz
Lesser Spotted Eagle/Schreiadler
Lesser Kestrel/Rötelfalke
Lesser Masked Weaver/Cabanisweber
Lesser Galinule/Afrikanisches Sultanshuhn
Lilacbreasted Roller/Gabelracke
Little Bittern/Zwergdommel
Little Stint/Zwergstrandläufer
Livingstone's or Knysna Lourie/Helmturako
Long-tailed Starling/Meves-Glanzstar

Long-tailed Shrike/Elsterwürger
Longtailed Widow/Hahnschweifwida
Longtoed Plover/Langzehenkiebitz
Ludwig's Bustard/Ludwigstrappe

Maccoa/Maccoa-Ente
Malachite Kingfisher/Malachiteisvogel
Malachite Sunbird/Malachitnektarvogel
Marabou Stork/Marabu
Marsh Owl/Kapohreule
Martial Eagle/Kampfadler
Masked Weaver/Maskenweber
Melba Finch/Buntastrild
Meyer's Parrot/Goldbugpapagei
Miombo Rock-Thrush/Großer Waldrötel
Miombo Doublecollared Sunbird/Miombonek-
tarvogel
Montagu's Harrier/Wiesenweihe
Monteiro´s Hornbill/Monteirotoko
Moorhen/Teichhuhn
Mottled Spinetail/Baobabsegler

Namaqua Sandgrouse/Namaflughuhn
Namaqua Prinia/Namaprinie
Narina Trogon/Narina-Trogon
Natal Robin/Natalrötel
Natal Francolin/Natalfrankolin
Neergard's Sunbird/Neergards Nektarvogel

Olive Woodpecker/Goldrückenspecht
Openbilled Stork/Klaffschnabel
Orangebrested Rockjumper/Natal-Felsen-
springer
Orangethroated Longclaw/Großspornpieper
Osprey/Fischadler
Ostrich/Strauß

Pale Chanting Goshawk/Weißbürzel-Singha-
bicht
Palewinged Starling/Bergstar
Pallied Harrier/Steppenweihe
Palm Swift/Palmensegler
Paradise Flycatcher/Paradiesschnäpper
Pel's Fishing Owl/Afrikanische Fischeule
Pennantwinged Nightjar/Ruderflügel
Peregrine Falcon/Wanderfalke
Pearlspotted Owl/Perlkauz
Pied Babbler/Elsterdrossling
Pied Barbet/Rotstirn-Bartvogel
Pied Crow/Schildrabe
Pied Kingfisher/Graufischer
Pinkbacked Pelican/Rötelpelikan
Pinkthroated Twinspot/Perlastrild
Plumcoloured Starling/Amethystglanzstar
Puffback/Schneeballwürger
Purple Galinule/Purpurhuhn
Purple Heron/Purpurreiher
Purplecrested Lourie/Glanzhaubenturako
Pygmy Falcon/Zwergfalke
Pygmy Goose/Afrikanische Zwerggans

Quail Finch/Wachtelastrild

Rameron Pigeon/Oliventaube
Red Bishop/Oryxweber
Red-crested Korhaan/Rotschopftrappe
Redbilled Hornbill/Rotschnabeltoko
Redbilled Teal/Rotschnabelente
Redbilled Frankolin/Rotschnabelfrankolin
Redbilled Quelea/Blutschnabelweber
Redbilled Helmetshrike/Dreifarbenwürger
Redbilled Oxpecker/Rotschnabel-Maden-
hacker
Redchested Cuckoo/Einsiedlerkuckuck
Redeyed Bulbul/Maskenbülbül
Redeyed Dove/Halbmondtaube
Redfaced Crombec/Whytes Sylvietta
Redknobbed Coot/Kambleßhuhn
Rednecked Falcon/Rothalsfalke
Redthroated Wryneck/Braunkehl-Wendehals
Redwinged Pratincole/Brachschwalbe
Reed Cormorant/Riedscharbe
Rock Pigeon/Guineataube

Rock Pipit/Klippenpieper
Rock Kestrel/Turmfalke
Rosyfaced Lovebird/Rosenköpfchen
Rudd's Apalis/Rudds Feinsänger
Ruff,Reeve/Kampfläufer
Rufousbellied Heron/Rotbauchreiher
Rüppell's Korhaan/Rüppelltrappe

Sacred Ibis/Heiliger Ibis
Saddlebilled Stork/Sattelstorch
Sandwich Tern/Brandseeschwalbe
Scarletchested Sunbird/Rotbrust-Nektarvogel
Scimitarbilled Woodhoopoe/Sichelhopf
Scops Owl/Afrikanische Zwergohreule
Secretary Bird/Sekretär
Sentinel Rock-Thrush/Langzehenrötel
Sicklewinged Chat/Namibschmätzer
Sociable Weaver/Siedelweber
Sombre Bulbul/Kap-Grünbülbül
South African Shelduck/Graukopfkasarka
Southern Tchagra/Kaptschagra
Southern Banded Snake-Eagle/Graubrust-
Schlangenadler
Spotted Crake/Tüpfelsumpfhuhn
Spotted Dikkop/Kaptriel
Spotted Eagle-Owl/Fleckenuhu
Spotted Prinia/Fleckenprinie
Spottedbacked Weaver/Textorweber
Spurwinged Goose/Sporengans
Squacco Heron/Rallenreiher
Square-tailed Drongo/Geradschwanzdrongo
Stanley's Bustard/Stanleytrappe
Steppe Eagle/Steppenadler
Steppe Buzzard/Mäusebussard
Stierling's Barred Warbler/Stierlingbindensän-
ger
Striped Kingfisher/Streifenliest
Swainson's Frankolin/Swainsonfrankolin
Swallowtailed Bee-eater/Gabelschwanzspint
Swamp Boubou/Zweifarbenwürger
Swift Tern/Eilseeschwalbe

Taita Falcon/Kurzschwanzfalke
Tambourine Dove/Tamburintaube
Tawny Eagle/Raubadler
Terek Sandpiper/Terekwasserläufer
Thickbilled Weaver/Weißstirnweber
Thickbilled Cuckoo/Dickschnabelkuckuck
Thickbilled Lark/Dickschnabellerche
Tropical Boubou/Flötenwürger
Trumpeter Hornbill/Trompeterhornvogel

Wahlberg's Eagle/Wahlbergadler
Wailing Cisticola/Trauercistensänger
Wattle-eyed Flycatcher/Schwarzkehl-Lappen-
schnäpper
Wattled Starling/Lappenstar
Wattled Crane/Klunkerkranich
Wattled Plover/Senegalkiebitz
Western Redfooted Kestrel/Rotfußfalke
Whiskered Tern/Weißbartseeschwalbe
White Pelican/Rosapelikan
White Stork/Weißstorch
White Helmetshrike/Brillenwürger
White-browed Sparrow-weaver/Mahaliweber
White-eared Barbet/Weißohr-Bartvogel
Whitebellied Sundbird/Weißbauchnektarvo-
gel
Whitebreasted Cormorant/Weißbrustkormo-
ran
Whitebrowed Robin/Weißbrauen-
Heckensänger
Whitefaced Duck/Witwenente
Whitefaced Owl/Weißgesicht-Ohreule
Whitefronted Bee-eater/Weißstirnspint
Whiteheaded Vulture/Wollkopfgeier
Whitenecked Raven/Geierrabe

Whiterumped Swift/Weißbürzelsegler
Whitetailed Shrike/Drosselwürger
Whitethroated Robin/Weißkehlrötel
Whitewinged Tern/Weißflügel-Seeschwalbe
Wood Sandpiper/Bruchwasserläufer
Woodland Kingfisher/Senegalliest
Woodward's Batis/Woodwardschnäpper
Woollynecked Stork/Wollhalsstorch

Yellow Canary/Gelbbauchgirlitz
Yellow Weaver/Kleiner Goldweber
Yellowbilled Duck/Gelbschnabelente
Yellow billed Hornbill/Gelbschnabeltoko
Yellowbilled Kite (Black Kite)/Schwarzer Milan
Yellowbilled Oxpecker/Gelbschnabel-Maden-
   hacker
Yellowbilled Stork/Nimmersatt
Yellowbreasted Apalis/Gelbbrust-Feinsänger
Yellowbrested Pipit/Gelbbrustpieper
Yellowrumped Widow/Samtweber
Yellowspotted Nicator/Bülbülwürger
Yellowthroated Sandgrouse/Gelbkehlflughuhn
Yellowthroated Warbler/Rotkopflaubsänger

Fische, Amphibien, Reptilien

Anchieta's Dune Lizard/Sandechse
Anchieta's Dwarf Python/Angola-Python
Angulate Tortoise/Schnabelbrust-Schildkröte

Berg Adder/Bergpuffotter
Black Mamba/Schwarze Mamba
Boomslang/Boomslang
Bullfrog/ Afrikanischer Ochsenfrosch

Cape Cobra/Kapkobra
Common Night Adder/Pfeilotter

Egyptian Cobra/Uräusschlange

Flap-necked Chameleon/Lappenchamäleon
Forest Cobra/Schwarzweiße Kobra

Gaboon Adder/Gabunviper
Geometric Tortoise/Geometrische Land-
   schildkröte
Giant Plated Lizard/Felsen-Schildechse/
   Gerrhosaurus validus
Girdled Lizzard/Karoo-Gürtelschweif
Greater Padloper/Sporn-Flachschildkröte
Green Mamba/Grüne Mamba

Horned Adder/Gehörnte Puffotter

Karoo Padloper/Boulenger-Flachschildkröte

Leatherback Turtle/Lederschildkröte
Leopard Tortoise/Pantherschildkröte
Loggerhead Turtle/Unechte Karettschildkröte

Mocambique Spitting Cobra/Speikobra
Mud-Skipper/Schlammspringer

Namaqua Chameleon/Wüstenchamäleon
Nile Crocodile/Nilkrokodil
Puff Adder/Puffotter

Rainbow or Blue-tailed Kopjeskink/Mabuya
Rinkhals/Ringhalskobra
Rock or Tree Leguaan/Weißkehl-Steppenwa-
   ran
Side-winding Adder/Zwergpuffotter
Southern African Rock Python/Felsenpython

Tent Tortoise/Zeltschildkröte
Tree Agama/Blaukehlagame

Water Leguaan or Nile Monitor/Nilwaran
Web-footed Gecko/Wüstengecko
Western Many-horned Adder/Büschelbrau-
   enotter

Pflanzen

African Lily/Schmucklilie
African Moringa/Moringa
African Holly/Stechpalme
Ana Tree/Anabaum
Apple Leaf/Apfelblattbaum
Auser Daisy (Bittergousblom)/Bärenohr

Baobab/Affenbrotbaum
Bastard Quiver Tree/Aloe pillansii
Berg Bamboo/Bergbambus
Bird Plum/Bergdattel
Black Monkey Thorn/Acacia burkei
Black Thorn/Hakendornakazie
Blood Flower/Blutblume
Buffalo Thorn Tree/Wart-ein-bißchen
Bushman's Candle/Buschmannskerze

Camelthorn Tree/Kameldornbaum
Candelabre Flower/Brunsvigia radulosa
Cape Beech/Kapbuche
Cape Ash/Kapesche
Cape Chestnut/Wilde Kastanie
Clanwilliam Cedar/Clanwilliam-Zeder
Common Sugarbush/Protea caffra
Common Tree Fern/Baumfarn
Coral Tree/Korallenbaum
Cosmos/Schmuckkörbchen
Cycad/Palmfarn

Daisy/verschiedene Gattungen der
   Asteraceae
Delagoa Thorn/Acacia welwitschii
False or Wild Ebony/Ebenholzbaum
Fever Tree/Fieberbaum
Flame Creeper/Combretum microphyllum
Gemsbok Cucumber/Gemsbokgurke
Grey Camelthorn/Grauer Kameldorn
Halfmens/Halbmensch
Hard Pear/Olinia emarginata
Hotnotskool/Hottentotskohl
Ilala Palm/Dumpalme
Impala Lily/Adenium multiflorum
Ironwood/Olea capensis macrocarpa

Kariba Weed/Schwimmfarn
Karoo Boer-bean/Schotia afra

Kiaat/Teak
King Protea/Königsprotea
Knob-thorn/Acacia nigrescens
Kokerboom/Köcherbaum

Large-fruited Bushwillow/Combretum zeyheri
Leadwood Tree/Ahnenbaum
Lithops (Stone Plants)/Lebende Steine

Marula/Marula
Mopane/Mopane
Mountain Cypress/Bergzypresse
Mountain Mahogany/Bergmahagoni
Mountain Cabbage Tree/Cussonia paniculata

Nara (Butternut)/Nara
Natal Mahogony/Trichilia emetica
Natal Aloe/Nataler Aloe
Natal Bottle Brush/Greyia sutherlandii

Outeniqua Yellowwood/Podocarpus falcatus

Papyrus/Papyrusstaude
Pincushion/Leucospermum sp.
Purple-pod Terminalia/Blutfruchtbaum

Queen of the Namib/Königin der Namib
Quinine Tree/Quinine-Baum

Raisin Bush/Rosinenbusch
Real Yellowwood/Podocarpus latifolius
Real Fan Palm/Makalanipalme
Red Disa (Pride of Table Mount.)/Rote Disa
Red Hot Poker/Fackellilie
Red Bush Willow/Kudubusch
Red Mahogany/Khaya nyasica

Sausage Tree/Leberwurstbaum
Sedges/Riedgräser
Shepherd's Tree/Weißstamm
Sickle-Bush/Farbkätzchenstrauch
Silver Sugar Bush/Protea roupelliae
Silver Tree/Silberbaum
Spekboom/Speckbaum
Strangler Fig/Würgefeige
Suicide Gladiolus/Selbstmord-Gladiole
Sweet Thorn/Süßdorn
Sycamore Fig/Sykomore (Eselsfeige)

Tamboti/Tambuti
Tree Ferns/Baumfarne
Tree Fuchsia/Halleria lucida
Tsamma Mellon/Tsamma-Melone

Umbrella-Thorn/Schirmakazie

Water Acacia/Drüsenakazie
Water Lily/Seerose
Water Berry/Syzygium cordatum
Welwitschia/Welwitschia
White Milkwood/Sideroxylon inerme
White Stinkwood/Celtis africana
Wild Olive/Ölbaum
Wild Peach/Kiggelaria africana
Wild Tamarisk/Wilde Tamariske
Wild Date/Wilde Dattelpalme

Yellowwood/Podocarpus
Zambesi Fig/Sambesifeige

Register

Fett gedruckte Seitenzahlen verweisen auf
Fotos, schräg gedruckte auf Essays (Text blau
unterlegt).

Tier- und Pflanzennamen

Bildnachweis

W. Wisniewski: 148m, 164or, 169or, 175u, 191
K. Wothe: 83
H. Zutter-Roth: 173o, 175o
Alle anderen Fotos: A. Sycholt

Die Natur als Reiseziel

Informationen und Impressionen für reiselustige Naturfreunde

»... mit diesen ›Reiseführern Natur‹ wurde eine wichtige Lücke geschlossen. Es war mir vergönnt, in den letzten dreißig Jahren alle von Ihnen publizierten Räume zu besuchen und ich kann ermessen, welche konzentrierte Einstimmung Sie jedem Naturfreund mit den vorzüglich ausgerichteten Reisevorbereitungen ermöglichen. Ich bin sicher, daß der BLV mit dieser Produktion allen reisefreudigen Naturfreunden eine große Hilfe sein wird.«

Heinz Sielmann

»Endlich, kann man nur sagen! Es gibt endlich gute Reiseführer für Leute, die vor allem die Natur des Gastlandes erkunden wollen. Vorbei sind die Zeiten, in denen man sich aus mehreren Büchern alle notwendigen Informationen über Nationalparks, Tiere, Pflanzen, Wander- und Beobachtungsmöglichkeiten selber zusammentragen mußte...«

Ein Herz für Tiere

Bereits erschienen:

Brigitte Fugger/Wolfgang Bittmann, **Australien** • Wolfgang Bittmann/Brigitte Fugge, **Galapagos** • Johannes Kautzky, **Griechenland – Festland und Küste** • Gertrud Neumann-Denzau/Helmut Denzau, **Indien** • Winfried Wisniewski, **Island** • Hans-Heiner Bergmann/Wiltraud Engländer, **Kanarische Inseln** • Eberhard und Klaudia Homann, **Malaysia** • Horst und Wally Hagen, **Ostafrika** • Roberto Cabo, **Spanien** • Eckart Pott/Werner Küpker, **Südliches Skandinavien** • Aygün und Max Kasparek, **Türkei** • Wolfgang Bittmann/Brigitte Fugger, **USA** • Matthias Schellhorn, **Neuseeland** • Bernhard Gall/Martin Wikelski, **Brasilien, Venezuela** • Gerhard Beese, **Balearen** • Renate und Achim Kostrzewa, **Schottland mit England und Wales** • Angelika Lang/Sven Halling/Detlef Singer, **Nördliches Skandinavien mit Finnland** • August Sycholt, **Südliches Afrika**

In Vorbereitung:
- Inseln im Indischen Ozean
- Nepal mit Sikkim und Bhutan
- Südliches Frankreich
